Пётр I

世 界 名 人 传

彼得大帝传

闫世盛/编著

内蒙古文化出版社

图书在版编目（CIP）数据

彼得大帝传 / 闫世盛编著 . -- 呼伦贝尔：内蒙古文化出版社，
2018.6（2020.8重印）

ISBN 978-7-5521-1500-0

Ⅰ . ①彼… Ⅱ . ①闫… Ⅲ . ①彼得一世（1672-1725）—传记 Ⅳ .
① K835.127=4

中国版本图书馆 CIP 数据核字 (2018) 第 138225 号

彼得大帝传

闫世盛　编著

总 策 划	丁永才　崔付建
责任编辑	王　春
特约编辑	文　樨
出版发行	内蒙古文化出版社
	（呼伦贝尔市海拉尔区河东新春街 4 付 3 号）
印刷装订	三河市华东印刷有限公司
开　　本	710 毫米 × 1000 毫米　1/16
印　　张	16.25　字　数　248 千
版　　次	2018 年 6 月第 1 版
印　　次	2020 年 8 月第 2 次印刷
书　　号	978-7-5521-1500-0
定　　价	38.00 元

前　言

　　彼得大帝，即俄国历史上的彼得一世。他生于1672年，卒于1725年，是罗曼诺夫王朝第四代沙皇，也是俄国历史上最伟大的帝王之一。

　　彼得大帝的一生，历经了坎坷与磨难，但也书写了顽强与奋进，最终留下了光辉的印记与些许的遗憾。彼得刚登基沙皇时，哥哥伊凡五世与他共同执政，出现了"一座皇宫、两个沙皇"的尴尬局面；而姐姐索菲娅公主也觊觎沙皇宝座，伙同彼得的妻子共同发动了政变，彼得险些惨遭毒手……彼得清除政敌的过程是艰辛的，他们既是自己的亲朋好友，又是落后旧势力的狂热代表，血浓于水的亲情曾让彼得无法下手。他多么希望那些阴谋能自行化解，多么希望那些不懂自己的人们终能够体会他的良苦用心，可惜，在现实面前，只有你死我活的斗争。毫不夸张地说，彼得前行中迈出的每一步，都流淌着他的血与泪。

　　清除掉政敌后，摆在彼得面前的，是一个千疮百孔、落后愚昧的"莫斯科维亚"——国家机构冗杂涣散、国内经济发展滞后、工商业进程迟缓，没有正规的陆军，海军仍是一片空白……这些问题全部摆在年少的彼得面前，他必须提出行之有效的策略进行改革，才不会被虎视眈眈的奥斯曼帝国、瑞典王国以及日耳曼人蚕食殆尽！

　　力排众议后，彼得终于迈出了改革的步伐。他组建了俄国强大的正规陆军和海军，通过旷日持久的北方战争，战胜了昔日海上强国瑞典，夺回了波罗的海出海口以及沿岸地区，使俄国一夜之间跻身于海上霸主的行列；同时，他对国家的政治机构进行精简和改革，提高了工作效率，加强了君主专制的中央集权；在经济方面，彼得推动了俄国工业、手工业以及国内外经济贸易的发展，国家税收不再单纯依靠原始的农业，充实了国库，也为他进一步改革奠定了坚实的经济基础；在科教文化方面，他的改革和贡献也是巨大的，正是彼得一手创办了各类学校、普及了教育，建立了俄国最早的科学院、博物馆和公共图书馆等等。这些，都是彼得大帝改革引以为傲的辉煌成就。

与其他国君不同，彼得不喜欢稳坐在高高的庙堂之上，他敏而好学、勤于劳作，喜欢深入民间学习技艺，特别是从事各种各样的劳动，哪怕最枯燥、劳累的劳动，彼得也要虚心学习、躬身体验。

1697年在大使团出访西欧的时候，彼得就曾化名为"普列奥布拉任斯科耶团军士彼得·米哈伊洛夫"，跟随大使团一同出访。其间，他为了学习西欧先进的技术，不辞辛劳地留在当地学工，伐木、抡锤、搬运，什么脏累差的活他都肯干。这一好习惯，几十年都没有变，即便是在兴建圣彼得堡时，彼得也拿着自己的锤子和斧头，与其他工人一起劳作。后人在诗歌中歌颂彼得，在典籍里赞颂彼得。他的过人之处，除了他对俄国所进行的大刀阔斧的改革之外，还有他摒弃贪图享乐、万事敢为人先、吃苦耐劳的伟大人格魅力。马克思曾说过，18世纪出现了两位伟大的帝王，一位是中国的康熙大帝，而另一位，就是俄国的彼得大帝。后人无论怎样夸奖彼得，都是不为过的。

然而彼得大帝的改革具有阶级局限性，无论他的改革策略多么有先见之明，都始终是从统治阶级、封建贵族的角度出发，人民群众被剥削、被压迫的处境不仅没有得到缓解，反而被越来越多的苛捐杂税所束缚，百姓破产、民不聊生，最终激起了人民起义。因此，彼得大帝的改革是不彻底的，俄国经济、政治、文化等方面的落后，也不可能得到根本的改善。也正是因为这些原因，彼得大帝是俄国近代史上争议最大的人物之一。

本书全面、客观地介绍了彼得大帝的生平事迹，既记述了彼得大帝的光辉成就，也描写了他充满矛盾的性格，对了解和研究彼得大帝，有着科学的参考价值。

闫世盛

二〇一五年二月 于济南

目 录

第十七章　彼得大帝改革的反对者们

第十八章　彼得辞世与后人的评价

第一章　幼年彼得

17世纪末期，曾经盛极一时的俄罗斯民族，正在面临前所未有的生存危机。这个骁勇善战的民族，在当时被欧洲其他国家戏称为"受伤的北极熊"。

那时的俄罗斯，版图已经由原来的"偏僻莫斯科维亚"，扩展到西至第聂伯河上游、东抵鄂霍次克海、北达北冰洋、南临里海西北岸，是地跨欧亚两洲的封建大帝国。然而，它与已经走上资本主义道路的西欧国家相比，经济依然贫穷落后，科技与文化、教育领域更是处于原始黑暗与愚昧未开化的状态。西欧列强们早已对广袤的俄罗斯垂涎三尺了，瑞典人、土耳其人曾不止一次地试图去入侵和蚕食俄罗斯的土地。面临生死存亡的俄罗斯人，正在焦灼地等待一位开明、进步的国君祛除俄罗斯的沉疴积弊，将这头"受伤的北极熊"从困境中挽救出来，从而与发达的西欧列强相抗衡。

1672年5月30日夜，莫斯科克里姆林宫里，一名男婴在众人的翘首企盼中诞生了。他的父亲沙皇阿列克谢·米哈伊洛维奇陪伴在母亲纳塔利娅·基里洛芙娜·纳雷什金娜皇后身边，共同迎接了他的到来，并为他取名为"彼得·阿列克谢耶维奇·罗曼诺夫"。

尽管他是沙皇阿列克谢·米哈伊洛维奇的第十二个孩子，但却丝毫没有减弱人们庆祝的热情。皇子诞生的消息很快传遍全国，第二天黎明，老百姓自发聚集到圣母安息大教堂，为皇子举行了隆重的祈祷仪式，祈求他健康、平安。在人们心目中，似乎这位排名第十二的小皇子天生就与其他皇子、公主有着天壤之别，他能为逐渐衰亡的罗曼诺夫家族增添新鲜的血液，能为陈腐守旧的俄罗斯带来新的希望。

日渐式微的王朝

在民众自发举行祈祷仪式的同时，皇后豪华的金殿内也举行了盛大的庆祝活动。无需特别邀请，一时之间，全国上下的大人物们争相来贺。这些嘉宾之中，有皇族大臣，有军队头领，也有商业大亨，他们从全国各地连夜赶来，向沙皇及皇后呈上最崇高的敬意，也向小皇子献上最衷心的祝福。

沙皇非常高兴，破例出席庆典，并接待了参加庆典的一众嘉宾，这让所有人都受宠若惊。沙皇之所以如此高兴，是有原因的。

在阿列克谢·米哈伊洛维奇的眼中，儿子彼得的出生，为王朝的复兴增加了新的希望。有些事情，虽然朝中上下无人敢说，但沙皇非常清楚，昔日伟大的罗曼诺夫家族正日渐衰微——这是一个不容置疑的事实。

罗曼诺夫家族的创立者，是彼得的祖父米哈伊尔·费奥多罗维奇老沙皇。老沙皇一生坎坷凄惨，自幼恶疾缠身、瘦弱多病，原本体质就不好的他，在童年时又罹患腿疾，这给他身心带来极大打击。

然而，身体上的缺陷，只是老沙皇悲惨命运的一部分，他的父母在他的精神和心灵上，施加了更大的摧残。老沙皇登上沙皇的宝座后，他的父母就架空了他的权力，将他当作一个只会喘气的"傀儡木偶"。当时，老沙皇的父亲费奥多尔·尼基季奇·罗曼诺夫被称为"著名的教宗菲拉列特"，他手握重权，掌管着朝廷和军队的一切政务；而母亲则是一位伟大的修女，被尊称为"大长老玛尔法"，同样享有崇高的宗教地位，在朝中呼风唤雨。他们俩根本不把这个当沙皇的儿子放在眼中，有时甚至当众斥责、打骂他。

老沙皇对自己的身体感到自卑，对虚无的君权感到愤懑，整日沉浸在悲伤之中，精神状态极差。在这样悲惨的环境中，他郁郁不得志，悄无声息地走完了碌碌无为的一生。他生前虽然养育了很多子女，但病的病、亡的亡，最后活下来的只有阿列克谢，也就是彼得的父亲。

彼得的父亲阿列克谢·米哈伊洛维奇沙皇，身心也存在很多缺陷。与父亲瘦弱的身体不同，他天生肥胖——几乎病态般的肥胖。过度肥胖，导致他脾气敏感而暴躁，动辄辱骂和惩罚别人。在性格秉性上，他也天生存在一些问题，比如性情消极、做事拖拉、处理问题不果断。虽然他接受过高等教育，也阅读过大量的书籍；但是因为这些天生的缺陷，导致他既不能与旧传统决裂，又不能完全接受新鲜事物，游离于两者之间，优柔寡断。

虽然他不是一位合格的国君，更不是一位有远见的改革家，但他却是狂热的狩猎者与教徒。他喜欢携鹰去狩猎，"鹰路上的哥萨克军士"是当时的人们给这位沙皇起的绰号；同时，他又精通教职、恪守教规，在教会中起着执事和长老的作用。阿列克谢沙皇几乎将所有精力都放到了这些喜好上，对人民的疾苦和需求毫不知情，也丝毫不想去理会。

在阿列克谢与第一任皇后玛丽娅·伊利尼奇娜·米洛斯拉夫斯基的婚姻中，一共生育了五个儿子和六个女儿，其中三个儿子在年幼时就不幸去世了，仅剩下两个体弱多病的儿子费奥多尔和伊万。面对仅存的这两个皇子，阿列克谢非常清楚，他们俩既不会成为罗曼诺夫家族复兴的希望，也不会成为他日后的依靠。

这种失望的情绪，一直到彼得出生才得以改变，这正是阿列克谢沙皇对彼得诞生如此高兴的原因。

也许是世人的祈祷灵验，又或许是罗曼诺夫家族命不该亡，小彼得遗传了母亲纳塔利娅·基里洛芙娜·纳雷什金娜的基因，他的身体像母亲所在的纳雷什金家族族人一样，结实而健壮，完全不像他多病的祖父和父亲。这一点，让所有人都很欣慰。不管是阿列克谢沙皇还是纳塔利娅·基里洛芙娜·纳雷什金娜皇后，大家都确信一点，眼前这个结实健壮的孩子，长大后一定会成为一个很了不起的人。他会将皇冠戴到自己的头上，凭借自己的力量，将帝王的权杖和国家的命运牢牢掌握在手中。

正如所有人所祈祷、期盼的那样，这位小皇子出生后就健康苗壮地成长着，但是又出乎所有人的意料，这位皇子与他的父辈、祖辈有着不同的眼界和思维。他在保全日渐式微的罗曼诺夫家族的同时，又将对它进行大刀阔斧式的改革，使它能够得以延续下去。所以从这个角度看，彼得出生的这天，

不仅是一位皇子的诞辰日，更是俄罗斯帝国一位伟大改革家的诞生之日！

幸福而多难的童年

集万千宠爱于一身的小彼得，自然是整个皇宫最娇贵的皇子。其他的皇子、皇女们，奶妈照顾一小段时日便能离开，但彼得的奶妈们却一直照顾他到两岁半。

其实，除了奶妈之外，还有很多的仆人围着小彼得精心照料着。当奶妈们不在他身边时，育儿室里仍然热闹，有经验的保姆、宫女们寸步不离——这足以看出沙皇与皇后对他的疼爱。

父母给予的无微不至的疼爱和关照，让小彼得的身心健康发展。他性格开朗，爱说爱笑，还喜欢玩一些激烈的游戏。当众多玩具摆在他面前时，他没有选布娃娃，没有选积木，而是选择了一些与众不同的玩具，比如小战船、弓箭、短枪和小炮，这些玩具有着相同的共性——都是具有攻击性的武器。在别的孩子看来，这些玩具枯燥无味，但小彼得却玩得不亦乐乎，一个人能把玩好久。

当一个人玩得不再尽兴时，他身边有了自己的小伙伴。这些孩子们与小彼得年龄相仿，有几个年龄略长，他们陪小彼得一起玩木枪、木炮，几十年后与彼得一起用真枪、真炮，共同实现了彼得的改革梦想。他们是彼得在改革道路上最亲密无间的战友，为俄罗斯的改革贡献了不可磨灭的力量。

小孩子的喜好是多变的，他们今天喜欢这个玩具，明天或许就会喜欢另一种玩具，但彼得除外。彼得对武器类玩具的喜好，从未变过，到了三四岁时，喜欢的程度又更深了一步。他不仅仅玩，而且还将它们融入自己的军事游戏中。他所热衷的游戏，无一例外都与军事和战争有关。彼得的童年时期，就是在这样的游戏娱乐中度过，无忧无虑、无拘无束。

但不幸的事还是降临到了沙皇的头上，那一年，彼得刚满四岁。

阿列克谢沙皇因为肥胖的身体，带来了很多并发症，他长期忍受坏血病和水肿的折磨，身体早已无法支撑。1676年1月19日，彼得的父亲一病不起，几天后便离开了人世。根据宫廷规则，沙皇去世后应由长子继位皇位。费奥多尔·阿列克谢耶维奇是彼得同父异母的哥哥，也是阿列克谢与第一任妻子玛丽娅·伊利尼奇娜·米洛斯拉夫斯基的大儿子，在沙皇去世后，他理所应当地成为了新一任沙皇。

皇宫之内的权势斗争是激烈的，每当新一任沙皇继位时，宫廷和朝政的旧有格局都会重新洗牌。新任沙皇登基后，他和他所代表的家族势力，都会为争夺权力而"大开杀戒"，就算是同父异母的兄弟姐妹也无法幸免。新沙皇的母亲玛丽娅·伊利尼奇娜·米洛斯拉夫斯基嫉妒心极强，她所在的米洛斯拉夫斯基家族人数众多，很快就霸占了宫廷内的重要职位。然而，他们的野心不只如此，他们还要铲除异己，目光很快就盯上了彼得和他的妈妈。

新沙皇的米洛斯拉夫斯基家族不能容忍纳雷什金家族在皇宫中继续生存，他们要把彼得和他的妈妈赶出皇宫。新沙皇的担忧不是毫无根据的，早在沙皇阿列克谢·米哈伊洛维奇去世前，宫廷上下就已经默认彼得为下一任的沙皇人选。那个还在玩玩具的弟弟，现在虽然毫无敌意，但谁能保证几年、十几年后不会与自己争皇位呢？即便他不争，他的妈妈呢？他妈妈所在的纳雷什金家族呢？这些都是不得不考虑的问题，也是在皇宫中能够生存下来的重要法则。

最后，新沙皇认定小彼得是他身边的一颗定时炸弹，也是他必须除掉的眼中钉。

有了这一想法后，米洛斯拉夫斯基家族加深了对纳塔利娅·基里洛芙娜·纳雷什金娜及其儿子彼得的仇视。当新任沙皇费奥多尔登上皇位的那一刻起，就决定了纳塔利娅·基里洛芙娜·纳雷什金娜和彼得日后坎坷的命运。

要想在充满政治斗争的宫廷中屹立不倒，靠山的作用非常重要，毫不夸张地说，这座靠山的兴衰荣辱，直接决定着被庇护者的生死存亡。面临危机的太后纳塔利娅·基里洛芙娜·纳雷什金娜，这时向她的靠山阿尔塔蒙·谢尔盖耶维奇·马特维耶夫寻求帮助。

这位太后的养育者，曾被老沙皇亲自册封为亲信大贵族，有着崇高的地位。他不只徒有名号，手中还握有重权。在外国使节的眼中，与其说他是位

尊贵的大贵族，不如说他是一位掌控政权的首席大臣。他在皇宫中庇护着太后，也庇护着整个纳雷什金家族，在他的保护下，一切都相安无事。

然而，新沙皇登基后，这位首席大臣也遭到了排挤，可谓命途多舛。沙皇找借口将这位首席大臣革职，剥夺了他先前的所有称号，包括老沙皇册封的"亲信大贵族"。之后，沙皇又将他和他的家人流放到了偏远的地区，使他的号召力和影响力降到最低。即便是这样，新沙皇和他的拥护者们依然不放心，为防止他卷土重来，最终将他关押到了位于普斯托泽尔斯克城的监狱中。太后与纳雷什金家族的靠山，就这样轰然倒下了。

收拾完这个大靠山，新任统治者又将矛头对准了太后的哥哥伊万·基里洛维奇。伊万在宫廷中也是一位号召力极强的重臣，他和他的党羽同样是新沙皇必须除掉的隐患。有了处理首席大臣的经验，新沙皇处理起太后的哥哥可谓是轻车熟路：他将伊万革职，让他一无所有，然后驱逐出皇宫，伊万从此一蹶不振。

没了靠山，家族势力迅速衰弱，再加上哥哥伊万被驱逐出皇宫，正在守寡的太后一夜之间四面楚歌。往日奉承、巴结她的官员、宫女和侍从们，一改往日的热情嘴脸，像看一只落水狗一样，对她冷眼相待。受到冷落的不止这位落寞的太后，就连她的儿子——小彼得，也牵连其中未能幸免。

这是多么讽刺的一件事！要知道，在不久之前，小彼得还被一众朝臣尊称为"未来的沙皇"，是统治着整个大俄罗斯、小俄罗斯和白俄罗斯的国君。现在，小彼得不再风光，他也陷入了前所未有的窘境。

因祸得福的逆境

太后与小彼得无依无靠，没有人愿意与他们母子俩说话，他们只能整日躲在克里姆林宫的房间内。天灾人祸面前，一向坚强的纳塔利娅·基里洛芙娜·纳雷什金娜也束手无措，更无法向年幼的彼得解释那些数不清的疑惑。

在这种常人无法忍受的孤寂中，太后度过了那个漫长的1676年。为了躲避政治上的迫害，直到1682年，她才决定搬出克里姆林宫，迁居到科洛缅斯科耶村，之后又在圣三一修道院附近住了一段时间。

远离了权力象征的克里姆林宫，这意味着她距离核心权力越来越远。太后心中有说不出的苦衷，但是形势所迫，为了儿子彼得，她只能这样忍辱负重。

而年幼的小彼得，他根本就不会明白在他身边究竟发生了什么事。他丝毫感觉不到皇宫中的权力倾轧，意识不到母亲的日益窘困，更预测不到自己的命运已经悄然发生变化。对年幼的彼得来说，他所感兴趣的依旧是那些武器类的玩具，还有军事类的游戏，成年人的宫廷事务对他来说没有任何概念可言。

小彼得专心玩自己的游戏，平静而怡然自得，然而这种平静终于在1679年的年末被打破。年末的一天，育儿室内负责照顾彼得的奶妈、保姆们突然全都不见了，取代她们的是一群男仆。奶妈们的离去与男仆的出现，意味着新沙皇对彼得不再像孩子一样照顾，而是拿他当敌人一样来"监视"。这位小皇子的一举一动、一言一行，都被沙皇掌握得一清二楚。

彼得刚开始有些惊讶，也有些不适应，可随后他的不适就烟消云散。虽然是男仆照顾他，但他的兴趣和爱好却丝毫没有发生变化。彼得向男仆罗季翁·斯特列什涅夫发号施令，让他按照自己的要求，到木房去订做游戏所需的军刀和战斧；画师卡尔普·伊万诺夫，则按照彼得的要求，铺展开大张的高级绘图纸，为他描绘"十二个月和天体运行图"。男仆们的到来，不仅没有束缚住小彼得，反而让他接触了更多阳刚、理性的东西，这对他之后心智的发展，起到了重要的作用。

与这些知识渊博的男仆接触后，小彼得的注意力发生了巨变，由以前的游戏和娱乐，突然转移到学习文化知识上。

关于小彼得受教育的情况，一位历史学家曾在他的著作里有所记载。这位名叫克列克申的学者，与彼得同在一个时代，彼得对他十分崇敬。在他的著作《回忆录》中，曾这样记载彼得开始受教育的情形——

沙皇费奥多尔虽然对彼得这个弟弟心有芥蒂，但他毕竟是彼得的教父，有引导信徒的责任和义务。他看到小彼得整日沉溺于游戏和娱乐，不思学习、不学无术，非常不满。眼前这个孩童，即便他曾经被众人追捧，是沙皇的有力竞争者，但他已经被自己打败，不可能再东山再起，更何况他是自己的皇弟，日后可能会为自己效忠。思索再三，他挑选了一个风和日丽的日子，和颜悦色地向太后纳塔利娅·基里洛芙娜·纳雷什金娜建议说："太后，彼得年纪已经不小了，是时候该让他接受教育了。"

太后的第一反应是震惊的，她不知道沙皇费奥多尔在打什么主意，又要用什么办法来迫害她心爱的儿子。但是沙皇的"建议"不能违背，而且小彼得的确也到了该学习的年龄了，于是她顺从地接受了沙皇费奥多尔的建议，让彼得开始了受教育的历程。

作为已逝沙皇的皇子，彼得为什么会没有接受常规的教育呢？其实，在彼得父亲阿列克谢沙皇去世前，他曾经指派当时极有才华的人作为小彼得的老师，他的名字叫梅尼修斯，是一位德高望重的将军。梅尼修斯是一个苏格兰人，他在苏格兰接受了比当时俄罗斯更加先进的文化教育，还对军事方面的知识了然于胸。阿克列谢沙皇对梅尼修斯精通欧洲诸国语言，并且曾经游历过这些国家的能力和经历，表示非常钦佩，他也想让年幼的彼得能够像梅尼修斯一样，成为"欧洲通"，因为当时的欧洲诸国，比俄罗斯帝国发达许多倍。

然而，阿列克谢美好的愿望，随着他的去世而消失。阿列克谢去世后，小彼得只有四岁，一个四岁的孩子，怎么可能会对发达的欧洲文化和技术产生兴趣呢？他只适合学习最基本的知识，甚至是从发音、识字开始，即便是学富五车的梅尼修斯，也不能改变这个事实。当阿列克谢沙皇去世后，皇宫内的其他势力就按捺不住了，其中一股势力以彼得的姐姐索菲娅公主为首。她从修道院内出来后，对这个骨子里透着聪明才智的弟弟虎视眈眈，她担心小彼得按照父亲的计划培养下去，终有一天会从自己手中夺走政权，这是索菲娅公主最不想看到的事。有什么办法阻止这件事的发生呢？索菲娅公主权衡再三，决定将其扼杀在萌芽中——她要教坏小彼得。

索菲娅公主的计划是剥夺小彼得接受正规教育的机会，放纵他的行为，让他脱离管教。为此，她威逼利诱梅尼修斯将军，让他放弃对彼得的教育；同时，她还安排了众多可以泯灭意志的消遣方式，比如各种消磨时间的玩具，以及各地进献来的珍馐美味——这些东西对一个成年人来说，都无法抵抗，更何况是一个孩子！它们足以让一个四五岁的孩子放下手中的书本，投身于"吃喝玩乐的事业"中。索菲娅公主心里打着如意算盘：用不了多久，小彼得就会因为过度放纵而荒废学业，变成一个懒惰蠢笨的人；说不定过度的吃喝，还会损伤他的肠胃，从而落下残疾和疾病。

然而，忠诚的梅尼修斯将军早已看穿了索菲娅公主的心思，他反复强调，这样的安排会毁掉小彼得的一生。威逼利诱不成功，索菲娅公主只能采取最后的办法，利用政治手段迫害梅尼修斯将军，剥夺了他的将军头衔，开除了他作为小彼得教师的职务。一无所有的梅尼修斯将军被迫无奈，只能与刚刚成为小学生的彼得分别。

阿列克谢沙皇明智的决定，就这样被索菲娅公主破坏了，然而命运之神并没有放弃小彼得。时隔几年，彼得的哥哥费奥多尔成为沙皇后，又重启了小彼得接受教育的计划。福兮祸所伏，祸兮福所倚。虽然失去了权力和势力，但小彼得又像其他皇子、公主一样，开始接受系统的教育，这为他日后东山再起、重新夺回帝王权杖，提供了非常必要的契机。

由于史料缺失，我们无法得知关于彼得受教育过程的全部记录，也不知道沙皇费奥多尔是否有让最杰出的宫廷老师去培养彼得，但是1683年，在呈文衙门做书吏的尼基塔·莫伊谢耶维奇·佐托夫先生正式成为小彼得的老师那一刻，意味着小彼得又找到了真正属于他的老师。佐托夫先生不仅是彼得的启蒙老师，更是他的恩师，对他思想的启蒙、眼界的开拓，起到了至关重要的作用。

第二章　射击军的第一次叛乱

　　射击军是俄罗斯一支古老的队伍，由伊凡大帝创建而成。射击军又被称为"弓箭队"或者"火枪队"，根据武器的不同，他们被编制为二十多个团，每个团大约一千人，兵力和作战能力都令人生畏，对外可攻城略池，对内可保家护国。射击军曾在多次战役中大获全胜，为俄罗斯立下屡屡战功，是英雄的象征。

　　然而，正是这支装备精良、名声在外的队伍，却存在很大的隐患。

　　射击军成员恃功生宠，他们在享受着特殊的优厚待遇的同时，又不想再冒生命危险上任何战场。这些人的军饷由国库专项拨款，旱涝保收的同时，远比其他士兵挣得多。除此之外，他们还为自己的家人设置了"特区"，在这片"特区"内，经商以及开办工厂是不需要缴纳一分税款的，有些工厂甚至连营业执照都不需要办理，可谓是享尽一切特权。

　　普通人是无法加入射击军的，因为他们是内部继承制，世世代代子承父业。他们虽然是士兵，但却有完全的人身自由，这意味着他们可以在和平时期当士兵，而遇到战争时又能变成工人或农民。总之，他们占尽了各种便宜和优势，越来越被世人和当政者所不齿，地位也逐渐边缘化。

　　失去了昔日荣耀的射击军，自然不肯罢休，他们一直在等待着，等待着重新回到荣耀巅峰的机会。于是，在1682年这个多事之秋，他们的机会终于来了。

两大集团斗争的激化

新沙皇费奥多尔在位时间并不长，六年后，随着大教堂三下缓慢的钟声落下，宣告这位沙皇与世长辞了。那一天，是1682年的4月27日。

费奥多尔膝下无儿无女，皇位的继承又成了一个棘手的问题。按照传统，如果沙皇没有子女继承皇位，那么应由沙皇的兄弟来继承皇位。此时，费奥多尔还幸存的兄弟只有两位，一个是他的亲弟弟伊万，另一个是他同父异母的弟弟彼得。究竟该让谁来继承皇位呢？

稍微了解情况的人，都知道伊万与彼得孰强孰弱。伊万虽然是已故沙皇的亲弟弟，但他患有先天痴呆症，而且羸弱多病，根本就没有管理国家的能力。彼得虽然只有十岁，但他体格健壮、思维敏捷，甚至在刚出生时，就已经被当作了未来沙皇的不二人选。尽管两人有着天壤之别，谁是最佳沙皇人选不言而喻；但他们背后所代表的势力却不甘于事实，千方百计为谋得自己的利益而斗争。

为此，两大利益集团公然对立，并为皇位明争暗斗。这两大集团，一个拥护伊万，另一个拥护彼得，矛盾愈发尖锐。

拥护伊万的第一集团，并非真的认为伊万可以胜任国君之位，实际上，他们有着自己的小算盘。这一集团以索菲娅·阿列克谢耶芙娜公主为首领，她是沙皇阿列克谢的长女，自幼贪恋权力，在皇宫中非常活跃。在她的号召下，很多富有权力斗争经验的人纷纷加入，他们中有贵族、重臣，有素来以"八面玲珑"著称的米洛斯拉夫斯基家族，还有两个叫作齐克列尔、奥泽罗夫的人，他们是射击军的团长，率领着一支人数众多、训练有素的队伍。

拥护彼得的第二集团，主要以纳雷什金家族集团组成。前面我们已经提到，纳雷什金家族以首席大臣阿尔塔蒙为靠山，可惜他被沙皇费奥多尔清剿，之后整个纳雷什金家族在宫廷中日渐衰微，其影响力几乎可以忽略不计。但是，这个家族也有自己的盟友，他们拉拢了还有势力的多尔戈鲁基家族。除了一些名望贵族之外，一些有着真才实学的年轻人也被拉入了纳雷什金家族的阵营。

这些年轻人中，有一个叫鲍里斯·阿列克谢耶维奇·戈利岑的人，也加入了拥护彼得的集团，这个人日后成为了彼得大帝的师父，为彼得东征西战立下汗马功劳。

至此为止，两大利益集团完全形成。他们通过在宫廷和国家事务中的影响力，来争取获得更多的核心权力，拉拢更多教会和贵族成员。唯有这样，才能让他们心仪的皇子登上沙皇宝座。所以，从争夺利益这一点来讲，这两个集团毫无本质区别。

两大集团虽然都声势浩大，但他们之间的实力相较而言，却有着很大差异。首先，来说说支持伊万的米洛斯拉夫斯基家族。这个家族的成员普遍接受过高级教育，有文化、有教养，这使得他们在别人眼中更富涵养与诚信。米洛斯拉夫斯基家族巧妙利用这些"光环"，广泛交际，与很多家族和贵族、大臣们保持着良好的友谊关系。他们都是伊万坚强而有力的后盾。

而彼得的境况却远不如伊万。彼得背后的纳雷什金家族，在宫中影响力不大，再加上新沙皇的清剿，家族中已经没有什么人能撼动朝野了。他们除了曾经养育彼得之外，根本没有能力帮助彼得夺权，更不用说激励他奋进，甚至鼓励他对俄罗斯进行大刀阔斧的改革了。彼得当上沙皇后，全凭自己的力量和能力，一点一点争取到声望与荣耀。

随着两大集团矛盾的不断激化，决定新任沙皇的日期也逐渐临近。按照传统，新沙皇人选的最终锁定，是由宗教会议、杜马等会议来决定的，这是一系列的复杂会议。然而，已故沙皇费奥多尔的葬礼即将临近，那些繁琐的会议要加快进程了。

宗主教约阿基姆很看好小彼得，他能预感到这个十来岁的孩子，能掀开俄罗斯历史的新篇章，带领俄罗斯人走向富足与强大之路。在他有意或无意的劝说下，越来越多的人将目光投向彼得。当大贵族、贵族等人聚集到一起，召开商讨会议时，他们几乎一边倒地拥护彼得，希望彼得能够成为新沙皇。

有支持者，自然也有反对者。他们认为伊万是费奥多尔沙皇的亲弟弟，由他来继承皇位这是天经地义的事，而彼得最多只能是备选人员。反对者的言论激怒了支持者们，他们发誓与反对者抗争到底，其中，戈利岑家族和多尔戈鲁基家族甚至打算通过武力来强行夺得皇位。他们推测选举沙皇一事，很有可能会演变成军事斗争，他们用宽大的外套来作掩护，遮蔽他们身上的甲胄与武器。

尽管支持彼得的人数众多，但米洛斯拉夫斯基家族作为伊万的拥护者，他们绝对不会中途放弃。他们的首领索菲娅公主，甚至不顾违背祖上规定的戒律，抛头露面出现在公众的视野中，用带有煽动性和迷惑性的谎言，为自己的集团争取最后一线希望。她高调参加沙皇的葬礼，而且还哭着对毫不知情的人民说："沙皇费奥多尔是被别有用心的人毒害致死的，现在，他们的魔爪又伸向了伊万，可怜的伊万危在旦夕！"

昔日"和平相处"的两大家族，在这个特殊时刻同时摘掉了虚伪的面具，暗斗在一夜间变为明争，矛盾激化到无法调和的境地。此时的每一步策划、每一个反应都事关成败。彼得的支持者们信心满满，他们只需顺其自然，彼得就会顺利登上沙皇宝座。然而，索菲娅公主出人意料的行为以及纳雷什金家族的错误应对方式，导致彼得原本有利的局面骤然丧失殆尽。

纳雷什金家族的致命错误

索菲娅公主的一系列举动危险而疯狂，这极有可能给彼得带来灾难，甚至是生命威胁。太后得知后既生气又惊慌失措，沙皇葬礼的祈祷仪式还没有结束，她就带着小彼得匆忙离开了天使长大教堂。

索菲娅公主的举动得到了成效，不知实情的民众开始相信她的谎言。旗开得胜的米洛斯拉夫斯基家族乘胜追击，他们为了夺取最终的胜利，不惜利用一切可以利用的机会。当他们得知纳雷什金家族和同盟家族已经作好武力夺权的准备时，他们也慌忙寻找一支善用武力的队伍。在当时的俄罗斯，除了国家军队之外，还有什么队伍能用来打仗呢？交际广泛的米洛斯拉夫斯基家族，想到了他们的好朋友——齐克列尔和奥泽罗夫。

齐克列尔和奥泽罗夫是射击军的团长，他们麾下有一支能征善战的射击军队伍。射击军在整个莫斯科负责守卫工作，他们不仅分布在各个城门和塔楼上，还在克里姆林宫担任宫廷的警卫任务。如果整支射击军能加入反击彼得的阵营，那么米洛斯拉夫斯基家族可以说胜券在握了。可是，用什么办法把他们拉拢过来呢？任何人都有弱点，米洛斯拉夫斯基家族很快就发现了射击军成员的弱点。

虽然射击军担负着重任，但他们却并不为朝廷所重视，最明显的表现就是他们的工资很低——比之前丰厚的军饷少多了，而且经常被拖欠工资。射击军的成员有人身自由，他们在非战时可以过普通百姓的生活，职业也比较多元化，既有工人也有手工业者。为了弥补被克扣和拖欠的军饷，他们需要新的经济来源去养家糊口。本来工资就比之前少了很多，还时不时被拖欠，这让射击军们十分不满。为了养家糊口，他们不得不在工作之余，再去给人打工做手艺活、摆地摊干点儿小生意。颇具讽刺的是，当时整个俄罗斯经济都不景气，就算是享有特殊权利的射击军们，生活也是十分拮据，处境很惨。

可是，税收却对他们一点也不怜悯。不管收入高低，也不管工资能否及时、足量发放，高额的税收一分钱也不会减少。贫苦的生活、高额的税收，使得射击军们几乎无法生活下去，沉重的压力让他们更加不满。米洛斯拉夫斯基家族正是利用这一点，将射击军拉入自己的阵营中。

索菲娅公主、伊万·霍万斯基公爵等人开始在公开场合为射击军鸣不平。他们将射击军团召集到一起，替他们出声，控诉不公平的待遇。他们很聪明，淡化了政府和射击军团团长的腐败，将所有错误和矛头都转移到了纳雷什金家族。他们甚至明确地告诉射击军成员们，导致他们悲惨生活的罪魁祸首正是纳雷什金家族。

射击军士兵们终于爆发了。他们在米洛斯拉夫斯基家族的刻意教唆下，将与纳雷什金家族亲近的大贵族抓住，毒打、威胁他们，并扬言要把所有坏人全部杀死。然后，米洛斯拉夫斯基家族不失时机地站出来，他们向射击军证明自己是他们的盟友，全力支持他们的行为。但是，在此之前，射击军们需要先做一件事，那就是拥护伊万登上沙皇的宝座。

一场叛乱即将爆发。面对越来越明显的征兆，纳雷什金家族却犯了三个致命的错误。这三个错误，一步一步让射击军陷入疯狂和暴动，最终导致纳雷什金家族集团的覆灭。

　　第一个错误，寄希望于别人，消极等待。射击军高涨的叛乱情绪已经不再遮遮掩掩，他们随时可能全面失控。即便如此，纳雷什金家族也没有采取任何措施，他们将解决办法寄托到别人身上，希望颇有声望的大贵族阿尔塔蒙·马特维耶夫能平息叛乱。可惜，大贵族阿尔塔蒙·马特维耶夫并不在莫斯科，他收到纳雷什金家族的求助信息后，虽然马不停蹄地向莫斯科进发，但却错失了平息叛乱的先机，这是他们犯下的第一个错误。

　　第二个错误，任由事态发展，问题逐渐复杂化。史学家们曾这样评价过1682年射击军的叛乱——这场叛乱是被挑唆和误导的，他们与纳雷什金家族并非有着深仇大恨。如果纳雷什金家族在叛乱爆发前能够采取行而有效的办法，消除误会、破解阴谋，那么这场叛乱完全可以避免。但是，纳雷什金家族并未这样做，他们任由事态的发展，对日渐灼热的叛乱袖手旁观。纳雷什金家族无论是"仁慈"还是"无能"，总之他们的绥靖政策和静观其变给了敌人充足的时间。事态急剧变化，甚至酝酿出了新的危机——负责管理射击军的长官们已经无法再控制射击军成员，这些士兵不再听从以前长官的命令，就连最高级别的射击军衙门长官老公爵尤里·多尔戈鲁基也没有了往日的威严和影响力。射击军们根本就不把这位老长官放在眼里，他们拿他开玩笑，取笑、辱骂他，令他颜面荡然无存。

　　在纳雷什金家族日夜盼望下，大贵族阿尔塔蒙·马特维耶夫终于赶到了莫斯科。然而，他来迟了。当他了解到事态的详细情况后，这位身经百战的大贵族倒吸了一口凉气——事到如今，他的号召力和影响力在愈演愈烈的叛乱面前犹如杯水车薪，已是无能为力、回天乏术了。

　　射击军的长官被拉下台，新的长官粉墨登场。这位自任的新长官，就是伊万·霍万斯基公爵。这位公爵很了不得，他能言善辩、骄傲自大，黑白是非一旦到了他的嘴里，立刻让人无法分辨真假。正是在他的领导和教唆下，射击军士兵将所有愤懑情绪，全部向纳雷什金家族倾泻而来。他们列出了所有与纳雷什金家族关系好的大贵族名单，称他们为"背叛者"，是真正的敌人，并将这些"死亡名单"四处散布，影响极其恶劣。

射击军不分昼夜的肆意而为，给米洛斯拉夫斯基家族提供了充足的时间，他们暗中紧锣密鼓地准备，随时可以发动叛乱。

叛乱的开始与失控

当一切准备就绪后，5月15日，叛乱正式开始。

米洛斯拉夫斯基家族成员散布谣言，说纳雷什金家族为了让彼得登基，已经将可怜的伊万杀死。这个谣言成为压死骆驼的最后一根稻草，射击军们的狂暴情绪达到了顶点。中午时分，射击军向克里姆林宫出击，他们要为伊万报仇，惩罚"罪该万死"的纳雷什金家族和"野心家"彼得。

反叛军来势凶猛，守卫森严的克里姆林宫还未关闭上城门，就已经被射击军攻陷。庄严而神圣的克里姆林宫广场瞬间就被大批狂怒的射击军成员占领，他们叫嚷着、谩骂着，企图攻向宫廷的更深处。

宁静的宫廷变得吵吵嚷嚷，太后意识到了事情的危急。她将儿子彼得藏在她的房中，用身体紧紧护着彼得，唯恐有人会伤害他。但当知道事情的原委之后，她知道躲藏不是办法，她必须站出来，澄清关于整个事件的谣言。

长时间的思索后，太后从房间走出来，不仅带着儿子彼得，还有彼得的哥哥伊万皇子。跟随他们一同出来的，还有宗主教和大贵族，他们都面临着生死存亡的极大考验。

当伊万完好无损地出现在广场前的门廊时，射击军们惊讶万分——不是说伊万皇子已经被杀死了嘛！他怎么还能出现在这呢？惊讶过后，他们意识到自己被欺骗了，这是一个彻头彻尾的谎言。然而，他们已经做出了足以被砍头的暴行，进退维谷之中，不知该如何收场。

大贵族阿尔塔蒙·马特维耶夫站了出来，他向逐渐平静的射击军成员许诺，如果立刻离开这里的话，所有人的责任不予追究。射击军们有了台阶可下，正准备结队离开克里姆林宫。但此时一个不该出现的人出现了，这个人就是米哈伊尔·多尔戈鲁基，他的出现使事态发生了天大的逆转。这正是纳雷什金家族所犯的第三个错误，也是最致命的错误。

米哈伊尔·多尔戈鲁基冲着射击军们叫喊，态度十分蛮横，而且还威胁他们，扬言要按反叛罪把他们全部抓起来。他的话使射击军们无法放心离开，而他的态度又重新点燃了射击军们的怒火，反正横竖都是一死，不如先下手为强，把眼前这个嚣张的家伙杀死！

不知谁呐喊了一声后，射击军们犹如嗜血的恶狼，一起冲进了红色的门廊里。他们先是把米哈伊尔·多尔戈鲁基暴打了一顿，然后抬起他，刺死在长矛的利刃上。与米哈伊尔·多尔戈鲁基一起陪葬的，还有许多贵族和大贵族，比如阿尔塔蒙·马特维耶夫、格里戈里·罗莫达诺夫斯基·亚济科夫、尤里·多尔戈鲁基和阿法纳西·纳雷什金等人，他们都是纳雷什金家族的成员与拥护者，名字都在射击军之前所列的死亡名单之上。

虽然中间出现了一点小波折，但事态还是按预定的计划进行着，米洛斯拉夫斯基家族非常满意。他们一边为射击军提供必需的粮食和物资，一边给他们下达指令，继续大肆屠杀纳雷什金家族的成员。

据史料记载，这场大规模的屠杀持续了多日。屠杀之后，纳雷什金家族及其拥护者所剩无几，除了太后、彼得和几位幸存者外，几乎全军覆没。太后与彼得继续留在宫中，而那几位幸存者则没有那么幸运，他们被驱逐到偏远的修道院，永无出头之日。

这场叛乱以纳雷什金家族集团的灭亡作为战斗胜利的最终标志，米洛斯拉夫斯基家族大获全胜。伊万如愿地当上了沙皇，但在宗主教等人的坚持以及伊万·霍万斯基公爵的要求下，彼得也登上了沙皇的宝座，与哥哥伊万共同成为沙皇。为了区分两者，伊万成为"第一沙皇"，彼得是"第二沙皇"。尽管伊万成了沙皇，但他体弱多病、头脑不清；而彼得又年幼，无法胜任沙皇一职。

鉴于诸多"难以解决的问题"，米洛斯拉夫斯基家族的首领索菲娅公主"临危受命"。她将弟弟伊万和彼得当作傀儡，自己成了名副其实的执政者。然而，她的"女沙皇"宝座坐起来并不那么舒服，因为在她面前，出现了新的问题——昔日受她教唆、听她指挥的射击军，已经有了自己的想法，他们不再受她的指挥，相反，她却越来越被动，渐渐沦为射击军的工具。这意味着，射击军的叛乱已经到了失控的窘境。

射击军叛乱的初衷是为自己谋福利，他们并不在乎谁来当沙皇，只要自己能有稳定的经济收入、有受人尊敬的地位，其他的事都与自己无关。这次叛变之后，射击军们意识到一个问题——导致他们身份卑微、工资低下的罪魁祸首，是因为国家不重视他们。如果射击军能够成为保卫沙皇和宫廷的禁卫军，成为国家不可或缺的一部分，那么他们的处境就会发生翻天覆地的变化。有了新的目标，他们动力十足。

在帮助伊万登上沙皇宝座、协助米洛斯拉夫斯基家族剿灭纳雷什金家族之后，伊万·霍万斯基公爵也如愿成为射击军的衙门长官。他对这支队伍采取放纵的态度，任由其在莫斯科城内胡作非为。索菲娅公主在皇宫中并不踏实，她不停地收到射击军暴行的消息，还有伊万·霍万斯基企图篡夺皇位、屠杀米洛斯拉夫斯基家族的传闻，她担心伊万·霍万斯基和他的射击军会再次失控。

其实，在利用伊万·霍万斯基之前，索菲娅公主就对他存有戒心，本想利用完之后让其"杯酒释兵权"；不料，他像一匹脱缰的野马，根本就控制不住。现在，索菲娅公主除了害怕他们之外，仿佛别无其他。

然而，解铃还须系铃人。这场叛乱的真正策划者是索菲娅公主，她蓄谋已久的政变不可能允许别人摘取胜利果实，只是怎么对付这群脱缰的野马，索菲娅公主一时还没有办法而已。不过她心里很清楚，照这样发展下去，胡作非为的射击军很快就会失去支持——民众的支持，还有许多贵族和大贵族的支持。

叛乱的最终利益者

经过周密的部署和计划，射击军们终于要"狮子大开口"了。他们以信仰为借口，以召开辩论会为幌子，开始向皇宫提出条件了。1682年7月5日，辩论会在克里姆林宫的多棱宫如期召开。会上，他们并未变更旧有的分裂派教义信仰，也没有违背索菲娅公主关于处死教徒的命令，他们的目的只有一个，那就是提高待遇。

射击军代表向皇宫要求，将之前少得可怜的俸禄提高到每人每月二十五银卢布，这个数字在当时是相当可观的，所以对皇宫来说，这笔财政支出也是巨大的。索菲娅公主畏惧他们，只能唯唯诺诺接受这一要求。可是，射击军的条件还不止这个，他们还要对所有大贵族进行审判，并在克里姆林宫的红场上建一个纪念碑，以此来纪念射击军在5月15日至17日的"丰功伟绩"。索菲娅公主答应了他们这一系列的无理要求，她这样做，一方面是为了防止射击军再次失控，另一方面，她在寻找反攻的机会。

不管在哪个社会，一个集团利益的获得，必定是建立在其他集团利益损害基础之上的。射击军的地位越来越高，他们损害了广大平民百姓、奴仆以及荷洛普的利益。射击军将自己当作俄罗斯命运的主宰者，是最有力量的集团，根本瞧不起平民百姓和荷洛普，更不屑与他们来往。

克里姆林宫非常担忧，射击军傲慢的行为与态度很有可能会激发起广大平民的骚乱。如果一波未平一波又起，对俄罗斯政局来说，无疑是致命的。

地位、金钱都得到满足的射击军们，并未停止自己的贪婪。他们把索菲娅这位"女沙皇"越来越不放在眼里，"赶快退位进修道院"这样的话语成为他们挂在嘴边的口头禅。坐在沙皇之位上的索菲娅公主，整日如坐针毡。她的处境堪忧，既无法消灭射击军，又不想任由他们摆布。8月20日这天，她痛下决心，带着伊万和彼得两位皇子，搬出了莫斯科的克里姆林宫，前往莫斯科附近的科洛缅斯科耶村，最后又来到了圣三一修道院附近的沃兹德维任斯科耶村。那里没有射击军的成员，只有贵族率领的民军。

索菲娅公主和两位皇子出走后，皇宫中只剩下贵族与射击军。没了索菲娅公主这个傀儡，射击军将蛮横的态度转移到了贵族的身上。贵族们再也无法忍受射击军居然敢对皇室发号施令，若稍有不满，就会惹来杀身之祸。既然惹不起，那只能躲了。贵族们自愿搬出克里姆林宫，来到圣三一修道院，在那里，他们与索菲娅公主会合了。

有了大贵族、贵族以及他们率领的民军支持，索菲娅公主又重新看到了希望。她假借与射击军长官伊万·霍万斯基商议国家大事为由，将他和他的儿子召到了沃兹德维任斯科耶村。伊万·霍万斯基父子俩来到沃兹德维任斯科耶村，没想到索菲娅公主居然对他们设下了"鸿门宴"。

伊万·霍万斯基之所以激怒索菲娅公主，失控的射击军只是其中一个方面的原因，另外，霍万斯基企图蚕食索菲娅的权力，是另一个重要因素。霍万斯基计划让自己的儿子与皇室一位公主结婚，以此来使家族跻身于皇室贵族行列。他选中了索菲娅公主的妹妹凯瑟琳，想让她做自己未来的"儿媳"。当索菲娅公主知道他这个计划后怒不可遏，她无法容忍一个野心家潜伏在她的身边，更不允许庶民来玷污高贵的皇室血统，于是她假装与霍万斯基商谈国事，实则暗中准备抓捕。

兴高采烈的霍万斯基父子刚到沃兹德维任斯科耶村，就立即被索菲娅公主的军队所抓获。9月17日这天，索菲娅公主下令处死了伊万·霍万斯基父子俩，终于出了一口恶气。

没有了首领，虽然射击军负隅顽抗，但坚不可摧的克里姆林宫此时更像是一个铜墙铁壁的笼子。他们被困在这个笼子里，唯有等死的份儿。为了免于一死，射击军们向索菲娅公主负荆请罪，希望公主能饶他们一命。

这匹脱缰的野马，嚣张气焰全消，终于肯向索菲娅公主俯首称臣了。索菲娅公主将红场上竖起的纪念碑拆除，并任命了新的射击军衙门长官，他就是在制服射击军过程中立下大功的费奥多尔·沙克洛维特。

铲除了纳雷什金家族，又处死了伊万·霍万斯基，同时将射击军掌握到了自己手中，索菲娅公主既无内忧，又无外患。从此，俄罗斯史上属于索菲娅·阿列克谢耶芙娜的时代正式拉开了序幕。

第三章　索菲娅公主时代

索菲娅公主能登上俄罗斯政权的巅峰，并非历史的偶然。

早在彼得的哥哥费奥多尔出任沙皇时，她就已经开始筹谋她的女沙皇计划。费奥多尔沙皇虽然年龄比彼得大，但他成为沙皇时，也依然是个孩子，而且还体弱多病。这样一个不够成熟的沙皇身边自然少不了那些贪恋权力的大臣们，而在这些人中，费奥多尔的姐姐索菲娅是最有野心的。

尽管索菲娅那时还被关在修道院里，但她却不停地向外释放信息——她是沙皇的亲姐姐，她才是最有资格辅佐沙皇的人。然而，由于习俗的限制，公主是不能离开修道院的，更不能从事任何政治活动。有什么办法可以既不碰触习俗，又能实现自己的政治抱负呢？索菲娅公主在修道院里苦思冥想，终于想出了一个万全之策。

她大大方方地提出了申请，申请进克里姆林宫去照顾生病的弟弟费奥多尔沙皇。不出所料，她的申请很快就获得批准。索菲娅飞一般来到克里姆林宫，她表现得十分殷勤，一直守在费奥多尔沙皇的床边，还包揽了替费奥多尔喂药、吃饭的工作。索菲娅公主的付出人尽皆知，弟弟费奥多尔沙皇对此感恩不尽，皇宫中的贵族和大臣们更是赞扬着这位大公无私的姐姐。或许，在索菲娅公主刚进克里姆林宫时，她的确对费奥多尔百般呵护，但当她站稳脚跟之后，她的真面目还是露了出来。

但是，当人们醒悟过来时已经为时已晚。在费奥多尔沙皇去世后，索菲娅公主以彼得和伊万两个沙皇弟弟为傀儡，全面掌控了俄罗斯国家的政权，一个属于索菲娅公主的时代，已经悄然拉开了序幕。

贪权恋势的公主

按照古俄罗斯君主制度的习俗，任何公主都不可以继承皇位。她们生来就被排除在继承权之外，皇室对她们的孩子更是设置了复杂的防范制度，以预防皇权落入他姓之手。为了防止意外发生，公主们被禁止结婚，她们在青少年时期会被安排在女性修道院里，防止与其他男性接触。

虽然不能结婚、掌权，虽然处境与囚犯无异，但公主们在富丽堂皇的修道院里仍然享受着极度奢华的生活。历代的公主们都是这样生活，她们在数不清的女保姆、女侍从的服侍下，过着衣来伸手、饭来张口这种单调、无所事事的生活。

可是，索菲娅公主却不想步她们的后尘。她大胆而活跃，在修道院内心神不宁，一心想从这里逃脱出去，更渴望能获得权力。索菲娅公主对入世的追求，除了性格的原因外，还与她的老师西梅翁·波洛茨基修道士有关。

西梅翁·波洛茨基修道士学识渊博，他是一位宫廷世人，又是沙皇子女的家庭教师。在他的感染下，索菲娅公主对文化和拉丁语产生了浓厚的兴趣。通过学习，她发现"权力"是一种妙不可言的东西，从此之后就开始疯狂迷恋追求权力，所思所想都是如何取得权力，并如何增强自己的权力。

曾压抑过、挣扎过、努力过，所以当索菲娅公主正式掌握俄罗斯的统治权后，她深知权力的来之不易，更知道守住权力的艰辛。在索菲娅公主掌管整个俄罗斯政务过程中，有一个人的名字不得不提，他就是索菲娅的宠臣，同时也是颇具能力的政治家，他的名字叫作瓦西里·瓦西里耶维奇·戈利岑。

瓦西里·戈利岑学富五车、机敏过人，他熟知国家政务运作，并策划了一系列的改革，其中，"俄军改革筹备委员会"就是在他提议下创建的。此外，他还取缔了备受诟病的门第制，任人唯贤，打破之前的任人唯亲。他是索菲娅摄政时期当之无愧的政府首脑。

有位叫作奈维尔的外国使节，曾对戈利岑进行了采访，让我们看看这位首脑人物不为人知的一面——戈利岑的房间很简洁，这与大贵族一向的奢华习俗大相径庭。在这间不大的房子内，有一间很特殊的内室，它的墙壁由书架组成，上面摆满了书籍。书架上，还挂着地图、钟表和温度计，简约但却很实用。戈利岑喜欢在这里面静思，正是在这里，他策划出了很多伟大的改革计划。戈利岑曾告诉奈维尔，国家经济拮据、农民生活贫苦，是因为农民没有自己的土地；如果国家免费给农民提供土地，让他们自给自足，在丰收时，国家只征收一部分税收，那么既可以保障农民丰衣足食，国家也可以增加税收收入，一举两得。奈维尔对他的想法非常赞同，惊讶于他的远见卓识。

土地改革只是戈利岑改革计划的一小部分，他还亲口告诉奈维尔改革军队的计划。可惜在索菲娅公主摄政时，这些改革计划都没有付诸实施，或者因为某些原因中途停止。即便如此，奈维尔还是尊敬地称呼戈利岑为"伟大的戈利岑"。

能干的大臣，还需要有好的君主来支持才行。戈利岑的才能毋庸置疑，但索菲娅公主并不是他改革计划的最佳搭档。史学家曾这样评价过戈利岑，如果他不是誓死效忠于贪恋权力的索菲娅公主，如果他能加入到彼得的阵营中，那么他一定是彼得进行改革的得力助手。可惜，他没有这样做。索菲娅公主并非惧怕改革，她也非常支持戈利岑的改革计划，只是她的精力都放到了"权力"上，其他都是次要的。

与多年之后彼得进行的改革一样，戈利岑所实施的改革也不是一帆风顺的，他的做法遭到了大贵族的反对，因为这触动了他们的既得利益。大贵族对戈利岑颇有微辞，对支持他的索菲娅公主也略有不满。

大贵族们的利益受损，他们既不敢怒也不敢言。他们在等一个机会，这个机会足可以搞垮戈利岑。很快，这个机会来了。

失败的外交与远征

这个机会，源自索菲娅政府失败的外交政策。

1686年，俄国与波兰缔结盟友，两国主张互帮互助。之后，波兰在与邻国克里木汗国的战争中战败，波兰向俄国求助，希望能借助俄国的力量将克里木汗国征服。

这在索菲娅公主眼中并不是一件难事。翌年春，她委派戈利岑为远征军总指挥，率领着十几万俄国军队向南方遥远的克里木进军了。途中，大军路过乌克兰，乌克兰的统治者萨莫伊洛维奇为讨好"女沙皇"以及戈利岑，主动将自己率领的几万哥萨克军加入远征军。远征军浩浩荡荡，行走在荒野的草原上。

按照当时的预测，十几万的远征军攻打克里木汗国，是一件胜券在握的事。但途中，远征军却遇到了前所未有的麻烦。这年六月，就在远征军距离克里木不到一百公里的地方，广袤的草原突然发生了火灾，熊熊大火阻断了远征军的去路。他们本想绕道而行，没想到却被大火围困，十几万人被大火所伤，死亡无数。

戈利岑灰头土脸逃回莫斯科，活着回来的远征军寥寥可数，损失极为严重。为了推脱责任，戈利岑将所有错误都推到了乌克兰统治者萨莫伊洛维奇身上。索菲娅公主一怒之下，将这位统治者治罪，并让伊万·斯捷潘诺维奇·马泽帕成为了新的统治者。

戈利岑此行不仅无功而且还有过失，这让索菲娅非常难堪，大贵族们对她的不满和抱怨纷至沓来。索菲娅意识到戈利岑往日英勇能干的光辉形象已经不再，他在大贵族心中地位骤降，连带会威胁到自己的统治权。

索菲娅公主对此绝不能容忍，她要让戈利岑恢复往日的威信和形象。在哪里失败就从哪里站起来，索菲娅公主决定，让戈利岑再率领一支超过十五万人的大军，向土耳其进发。土耳其一直是俄罗斯的眼中钉，无奈它是块硬骨头，之前多次征战都奈何不了土耳其。如果戈利岑这次能够不负众望，将土耳其一举拿下，那么他不仅能恢复地位，而且还能重新获得大贵族们的敬佩。最重要的一点是，她索菲娅的政权可以掌握得更加牢固。

休整了一年后，1689年2月，戈利岑再次率领大军向土耳其远征了。这次远征，表面上看只是俄罗斯对他国的一次普通战争，但对索菲娅公主来说却有着深远的意义。这一战的成败与否，直接决定了索菲娅公主今后的命运。

当远征军再次来到南方的草原时，灾难又一次降临。这次不是草原的火灾，而是突如其来的瘟疫。瘟疫在士兵与牲畜间迅速传播，还没等到达土耳其，十五万士兵已经死了一大半。远征军走过的荒野上遍布横尸，惨状让人无法直视。

出师不利，在这种状态下，恐怕连一支弱旅都战胜不了，更何况是固若金汤的彼列科普。当远征军来到土耳其边境的彼列科普时，士兵们毫无斗志，他们备受疾病困扰，精力难以集中。不只士兵这样，他们的首领戈利岑同样心神不宁。面对久攻不下的彼列科普，这位首领苦苦找不到攻克的办法。如果破釜沉舟、背水一战，或许还有赢的希望，但他却迟迟下不了拼死一战的决心。戈利岑看不到任何希望，又担心土耳其士兵对他们展开围剿，心想还不如当机立断撤退算了。

为了自保，戈利岑下令撤退，他带着精兵强将首先撤离，撇下了成千上万的病号以及被吓破胆而掉队的弱兵。这些来不及撤退的士兵，没有了首领的指挥和大部队的掩护，在遭受疾病、饥渴的同时，还遭遇了鞑靼部队的偷袭，几乎全军覆没。

两次远征均以失败告终，戈利岑无法再推脱责任了。他在宫廷中的声望跌倒了最低点，前途尽毁。而他给索菲娅公主带来了更大的麻烦，这是索菲娅最不想看到的。

两次没有成果的远征，耗费了国家大量的人力、财力和物力，内阁议会以及杜马成员相当不满，他们对索菲娅提出了质疑，直接威胁到索菲娅的统治大权。索菲娅向她的拥护者寻求帮助，但结果却令她万分失望——仅有一小部分大贵族站在她这边。只有他们的支持还远远不够，索菲娅公主非常清楚，这些大贵族与其说是支持自己，还不如说是依附于自己的蛀虫，起不到什么作用。

众叛亲离下的最后挣扎

索菲娅公主再次向贵族们求助，他们在射击军叛乱中拯救了索菲娅，索菲娅也给了他们该有的荣誉和财富，但他们这次却不想再帮索菲娅公主。原因很简单，索菲娅公主夺权摄政后把他们这些恩人忘得一干二净，他们在索菲娅背后不停地发牢骚。就连一向不参与政治的俄国教会，在宗主教约阿基姆的带领下，也向索菲娅公主和戈利岑公开表示了反对。

皇宫中暗流涌动，皇宫之外也不太平。平民百姓对索菲娅公主的不满也日益增长，全国各地不约而同出现了小规模的平民起义。别有用心的人最喜欢乱糟糟的场面，他们利用人们的不满情绪，制造各种骚乱、抢劫和火灾等。索菲娅公主没人可差遣，导致国家对那些犯罪行为无能为力。既然犯罪没人去惩罚，那么加入犯罪行列的人越来越多，他们中间不乏贵族和公爵，比如洛巴诺夫罗斯托夫斯基公爵和彼得·基金、伊万·米库林，他们居然也公然干起了勒索的行当。

索菲娅公主感觉自己的执政根基越来越不稳定，怎么办？昔日的盟友一个个离她而去，她再也没有力挽狂澜的能力了。冥思苦想中，索菲娅公主想到了最后一个办法，这也是她最初尝到权力甜头所依靠的力量——射击军。当初她利用射击军叛乱，消灭了敌对的家族势力集团，一步一步掌控了整个俄罗斯。现在，如果射击军再来一次叛乱的话，说不定也能将她的政敌再次清洗干净，这样她就可以继续做自己的"女沙皇"梦了。

索菲娅最大的心愿，就是能够名正言顺成为女皇，她甚至为自己绘制了一套穿着皇袍的肖像，等到登基那天，挂在克里姆林宫的墙壁上。然而，上天并不想让她的"女沙皇"梦顺顺利利实现。当她派亲信与射击军沟通时，射击军对她登基加冕的想法反应冷淡，他们不反对，但也不全力支持，因为他们忘不了1682年9月发生的事——正是索菲娅公主镇压了射击军，并将他们的首领霍万斯基父子残忍处死。这件事，让他们寒心不已。

即使没有人全力支持自己，但索菲娅公主却丝毫不想放弃她的女皇梦。她将策略转移到了人民的身上，如果人民支持她、拥护她，那么大贵族、贵族们自然也会支持她自己，谁也不敢违背人民的意愿。为此，她增加了自己抛头露面的次数，不管是隆重的朝觐场合，还是面向人民的公开演讲，只要有与人民接触的机会，她一个都不放过。她不断向人民抛出橄榄枝，展现自己的宽容与博爱，力求获得人民的拥护和爱戴。她甚至在公文中自称是"整个大、小、白俄罗斯的专制女君主"，用这个复杂而高贵的称呼来表明自己完全配得上登基加冕。

可是，她的这一举动却惹得太后愤怒不已。太后纳塔利娅·基里洛芙娜·纳雷什金娜在背地里咆哮着质问——她索菲娅一介女流，凭什么将自己的名字与伟大的君主们列在一起？她以为我们皇室没有男继承人了吗？我们不仅有，而且还一直为复兴俄罗斯而努力着！

太后怒归怒，她不会当着索菲娅的面前提及此事，更不会因此而怠慢索菲娅公主。双方都竭力保持着克制与忍让，维持着面子上的良好关系。平静的表面下，隐藏着不可调和的矛盾，而且这一矛盾日益严重，时不时就会迸发出来。

昔日宠臣戈利岑向索菲娅公主进言，他认为，阻碍公主登上沙皇宝座的罪魁祸首不是大贵族的堕落，也不是贵族们的失信，而是因为太后的存在——太后挡住了索菲娅公主加冕登基之路。他甚至还说，如果当初在射击军叛乱时趁机将太后杀死的话，说不定公主早已正式成为沙皇了。

当射击军叛乱的时候，索菲娅公主为什么没有杀死太后呢？其实，索菲娅公主以及杀红眼的射击军们当初是要置太后于死地的。当叛乱开始时，太后十分害怕，她不是担心自己，而是担心她的儿子彼得。趁着克里姆林宫一片混乱时，太后将小彼得夹在自己腋下，飞快地向沙皇家庭修道院跑去。两个射击军士兵看到了逃跑的太后，他们紧追不舍，一直追到修道院。太后祈祷修道院的大门赶紧关上，但是在大门关闭之前，两个士兵还是冲了进来，太后只能搂着小彼得藏在祭坛下。当两位追兵举起剑，要对太后和小彼得下毒手时，面对神圣的修道院和祭坛，他们突然心虚了，最终丢下剑灰溜溜逃跑了。就这样，太后和小彼得在叛乱中捡回了一条命。

想杀死太后和小彼得的不止戈利岑一个人，索菲娅公主另一位得力助手——平时沉默寡言的沙克洛维特也这样认为。他觉得索菲娅公主还没有完全失败，只要她能狠下心将太后杀死的话，一切还会回到预计的正轨上来。索菲娅公主将这种想法传达给射击军们，希望他们也能对太后产生不满的情绪。果不其然，士兵中对太后开始有了不满和牢骚，有人还称呼太后为"母熊"。他们扬言要把太后杀死，如果她的儿子彼得出来阻止的话，他们同样不会饶恕彼得，因为他也罪该万死。

射击军们之所以突然会有这种骚动，全因索菲娅的鼓动。索菲娅像之前教唆他们反抗纳雷什金家族一样，谎称太后和宗教主不仅反对她和伊万，而且还想将射击军赶尽杀绝。为了达到自己的目的，索菲娅公主不惜采用一切办法，哪怕是最残暴、最荒唐的手段，她也丝毫不会手软。她曾经导演了一出戏，目的就是让射击军来反对太后。她让亲信穿着一件与彼得舅父列夫·基里洛维奇·纳雷什金完全一样的衣服，让他来假扮列夫·基里洛维奇，再找一个人假扮射击军士兵。当两位演员各自就位时，好戏开演了——这位"列夫·基里洛维奇"在莫斯科街上狂奔，他在追赶并毒打一位"射击军士兵"。这出戏专门演给真正的射击军们看，企图引起他们愤怒的共鸣。

彼得一边维护自己的权力，一边顾及自己与母亲的安危。为此，他忍辱负重，在与索菲娅公主为数不多的公开争执中，他最终都是选择了忍让。

索菲娅公主期待着，或许下一场射击军叛乱，就在不远处。届时，射击军们会像以前那样拿着刀肆意砍杀敌对的大贵族们，让整个克里姆林宫害怕得颤抖。她将再次利用叛军之手将太后和彼得全部杀死，谁也无法再来阻止自己登基了。

可是，此时的射击军已经不再是当年的射击军。他们被索菲娅公主镇压后紧紧束缚着，当年叛乱的热情早已被浇灭，现在再怎么鼓动也是徒劳。

发生变化的不只是射击军，还有彼得。此时的彼得，也不再是当年那个弱小的皇子了，他已经长大成人，有独当一面的勇气和能力了。

第四章　彼得的成长与索菲娅公主的垮台

射击军叛乱后，索菲娅公主摄政，这对太后塔利娅·基里洛芙娜·纳雷什金娜来说并不是一个好消息。她担心彼得的这位"好姐姐"总有一天会对他们母子俩下毒手，于是销声匿迹，躲在克里姆林宫的房间里。

由皇后变成太后，再被逐入冷宫，整日战战兢兢如履薄冰，太后对索菲娅公主除了憎恨，还是憎恨。

母亲的这种情绪，逐渐影响到小彼得身上。1682年之后的起初几年，他还不知道母亲为何要抱怨，她与宫中之人所谈论的不是索菲娅的阴谋诡计，就是无尽的叹息。

再不满的情绪，也阻挡不了时间的推进。转眼间，彼得已经由牙牙学语的婴幼儿，成长为一个英俊少年。虽然他贵为沙皇，但却过着四处逃难的生活，住在克里姆林宫自不必说，就是莫斯科也没法长时间停留。太后衡量再三，最终让他远离了象征着政权核心的克里姆林宫和莫斯科。没办法，他们在索菲娅公主的势力范围内，随时都有生命危险。

远离了政权，就远离了纷扰。在这段时间内，彼得正是对知识需求最为旺盛的时候，他有充足的精力来学习，所以那段屈辱的时间对彼得来说并不算太坏。

小彼得有限的学习之路

总体来说，索菲娅公主摄政后，对彼得的影响巨大，具体来讲，主要体现在两个方面：一是小彼得的学习之路，二是他的抗压能力。

我们首先来看一下，1682年之后，小彼得在学习知识方面所发生的变化。

太后感觉在克里姆林宫不能久留，她带着小彼得离开了莫斯科，来到了附近的小村庄沃罗比耶沃村。后来，他们又换了几个地方，最终定居到了普列奥布拉任斯科耶村。

小彼得在普列奥布拉任斯科耶村，遇到了他人生中非常重要的一位老师——尼基塔·莫伊谢耶维奇·佐托夫。佐托夫不仅是彼得学识方面的老师，而且对他思想、性格的形成也有不容忽视的影响。皇子的这位老师，其实并不完全符合宫廷教师的要求，皇室在为皇子、公主挑选家庭教师时，有两点要求：一是博学而温和，二是不可酗酒。佐托夫的脾气很好，他知识渊博，所以第一点还是符合的，但他却嗜酒如命。

这在以前来说，皇室绝对不会找这样的人来给皇子、公主当老师的。但是现在情况特殊，离开人才济济的皇宫，身边有学识、会教书的人屈指可数。太后再三考虑，最终也就认可了佐托夫。

新来的老师有点"小毛病"，并不像皇宫中的其他老师整天像个完美的圣人。彼得不仅没有瞧不起，反而对佐托夫非常感兴趣。在他长大后，他亲自册封佐托夫为"最逗乐、最爱酩酊大醉"的公爵，其中的师徒情深，可见一斑。

佐托夫有着自己独特的教学模式，他在教授小彼得时并不急于让他看书识字。课堂上，他滔滔不绝地朗诵赞美诗集、福音书等，这让彼得感到十分钦佩——面前这位喜欢喝酒、整日醉醺醺的老师，居然能记住这么多东西，好神奇啊！他的兴趣得到充分调动，在学习时完全占据主动。没花费多少时间，小彼得已经将字母表、赞美诗集、福音书等启蒙、基础内容牢记于心，背得滚瓜烂熟。

佐托夫也没想到这位皇子如此聪明与努力，他在完成第一步教学计划后，又开始了第二个步骤。他利用小彼得求知欲强、理解力超群的特点，向他讲述一些历史名人、外国风情等知识，还画了一些图片给他看。这些图片直观性强，小彼得仅需看几遍，就能牢牢掌握住。佐托夫在得知小彼得喜欢玩武器、军事游戏后，还特意让画师在彼得玩游戏的本子上，将各类武器、有规模的军队及战斗场面画出来，彼得爱不释手。

在彼得暂居的房间里，摆满了书籍和图册，它们囊括了天文、历法和文史知识，佐托夫总是有办法让这些书籍内容生动而直观地体现出来。彼得沉浸在知识的海洋中，乐此不疲。寓教于乐的方式，既让彼得扩展了眼界，又能让他过目不忘，起到了事半功倍的效果。

休息时，佐托夫会讲述一些历史伟人的事迹，小彼得依偎在他脚下，听他娓娓道来。比如，伊凡雷帝沙皇是如何利用贵族击败大贵族的，他对他的国度又进行了怎样的改革；亚历山大·涅夫斯基在涅瓦河东岸伊若拉河口如何击溃强大的瑞典人，又如何在楚德湖冰面上将德国狗骑士打成了真正的落水狗。这些故事让彼得听得出神，他仿佛亲眼看到了这些磅礴的战争场面，还幻想着自己终有一天能够手举利剑，向敌人阵营冲杀。

尽管小彼得对这位老师非常满意，但他的母亲始终觉得这个嗜酒的男人不太靠谱，她又委托别人找到了宫廷教师涅斯捷罗夫。涅斯捷罗夫最终也列入了彼得的教师名册，他教授了彼得很长的时间。但在彼得心中，他最敬佩、最爱戴的老师，还是那个酒鬼佐托夫。彼得成为沙皇后，没有忘记这位启蒙恩师，安排已是高龄的佐托夫担任了近臣办公厅总长，并且允许他继续饮酒。

然而，再博学的佐托夫，知识也是有限的。按照传统，皇子、公主在学习基本知识外，还要研习众多宫廷学术，比如教会祈祷、拉丁语、希腊语、社交礼仪等。彼得的父亲就是一位精通教会祈祷的学者，他对祈祷的每一个细节都会"斤斤计较"，如果有人祈祷的方式不对，他会不顾礼节，在教堂之上破口大骂。史料记载，在一次宗主教举行的祈祷仪式上，一位朗诵者将"主啊"说成了"父啊"，这对别人来说没有什么，因为"父啊"也是一种习惯性称呼，没有什么不对的地方。但彼得的父亲却大发雷霆，他认为教规中有明确的规定，要称呼神为"主啊"，否则就是对神的极度不尊敬。彼得的哥哥费奥多尔沙皇以及索菲娅公主都完整地学习了这些知识，所以，小彼得也需要学习宫廷学术。

可是，彼得最终却没有研习这些所谓的宫廷学术。彼得并不是讨厌学习，他的求知欲很强，什么事都会力求做到最好，相信如果条件允许的话，彼得一定会在宫廷学术上成为一位了不起的大学者。但是，现实是残酷的，彼得为了躲避索菲娅公主的迫害而搬出了皇宫，所以他身边并不具备这样的老师——博学的佐托夫老师同样无能为力。除了条件不允许之外，还有两个重要原因，最终让彼得放弃了对这些知识的学习，成为宫廷学术的"浅学者"。

原因之一，人心险恶，信任成为奢侈品。

索菲娅公主深居克里姆林宫，整日沉溺于自己的权术，对彼得的学习并不关心。曾有大臣向索菲娅公主进言，说彼得身边缺少精通宫廷学术的老师，希望公主能够开恩，派几位老师去教授彼得。但公主对此充耳不闻，她视彼得为强有力的竞争对手，巴不得他不学无术，这样她就可以名正言顺地成为女沙皇了。

而太后也曾思考过这个问题，彼得需要有人来教他宫廷学术，但用谁才能放心呢？皇宫中专门教授皇子宫廷学术的人是一位叫作西梅翁·波洛茨基的老师，他的才能毋庸置疑，但他却是索菲娅公主的老师，并且与她走得很近。除了他之外，还有很多有学问的基辅修道士，但他们都倾向于索菲娅公主，与她暗中勾结。彼得现在是安全的，一旦将他们安插到彼得的身边，谁能保证他们不会向彼得下毒手呢？

太后的这些疑虑并非没有依据，她曾不止一次听到外面的流言蜚语。那些传闻非常可怕，大都是关于米洛斯拉夫斯基家族再次屠杀纳雷什金家族，或者索菲娅公主派手下要将她和彼得"烧死"的内容。虽然这些传闻大多经过了渲染，但太后宁可信其有，绝对不敢拿自己最疼爱的儿子开玩笑。思前想后，她决定，宁可让儿子彼得在这方面有所欠缺，也不能让那些恶徒们伤害他、毒害他。在这个人心险恶的环境中，谁能拍着胸脯说值得信任呢？信任，在太后眼中可能是最奢侈的东西了。

原因之二，恩师佐托夫的影响。

佐托夫不拘礼节，从他整日酗酒就能看出。他崇尚自由，致力于人性的解放。在他眼中，那些繁冗复杂的宫廷学术只会让彼得束手束脚，这个不敢做、那个不敢想，最终被宫廷学术所毒害。在他的影响下，彼得对枯燥、刻板的宫廷规矩进行了修改，"最逗乐""不醉不归"的聚会规矩随之而来。这在当时是不可思议的，受过严格礼仪教育的贵族、贵妇们对此完全接受不了。有些评论家甚至明确指出彼得的那些"不拘礼节"的行为，实质上是严重渎神的。

我们无法得知彼得是否真的相信"上帝"，起码他不会像他的父亲一样笃信忠诚。但彼得并非完全讨厌教会的东西，他对教堂唱歌、祈祷的喜爱是真心的，这里面包含了他对技艺的追求以及舞台演出的天赋与热情。

基础知识已经学完，而宫廷学术又终止学习，彼得的学习生涯就这样结束了。与别的皇子、公主相比，彼得学习的知识的确很少。既然不能再学习，那么剩下的时间被彼得全部用在了游戏上——他一直所钟爱的军事游戏。

愈来愈真的军事游戏

彼得对武器、军事游戏的喜爱，一直到长大都没有变。在他学习的时候，只有休息之余才能玩。现在，学习已经结束，他的所有时间又重返游戏之中。

曾有人劝说太后，彼得年纪这么小就停止学习，大好时间全都荒废了。太后也知道这样对彼得今后的发展并不好，但那又能怎么办呢？与其日夜担心被歹人所害，还不如就让他做一个"浅学者"。每天，她看到彼得开心地玩他的军事游戏，自己也觉得心情舒畅了很多。太后不觉感慨，只要儿子能健健康康、平平安安，管他有多少知识呢。

一度放下的小战斧，又被彼得打磨得光光亮亮，而那些镶在描图纸上的字母表，却一天天黯淡了下来。没过多久，彼得几乎已经把它们忘了，许多字母的草体他都无法辨认出来，这就是他过早结束学业的弊端。据史料记载，彼得在临终时想把自己的遗言写下来，但他却写得错字连篇，几乎每一句都有字母、音符标注出错的地方。

与别的孩子的玩有所不同的是，彼得的"玩"，是他自我学习的开始，也是他继续教育的延续。只不过，他的这些知识来自于游戏、手艺和劳动。彼得这种与众不同的"玩"，为他扩展了视野、增进了知识，也弥补了他没有完成正规教育的不足。

让我们先看一下，彼得在玩些什么样的游戏。

离开皇宫后，虽然生活条件大不如前，但是彼得可以玩的地方却增加了十几倍——宽敞的庭院、广袤的田野，这都是彼得的游戏场所，这是克里姆林宫所不具备的。地方变大了，玩的花样自然也多了起来。彼得在游戏过程中，将玩伴组成了一个"游戏兵团"。

这个"游戏兵团"，就是不久之后俄罗斯禁卫军的先驱和雏形。小伙伴们在这里没有礼节的束缚，不再受场地的限制，玩的玩具越来越大，功能也越来越强。在沃罗比耶沃村，彼得接触到了真的大炮，并将很少量的火药倒入其中，玩起了大炮射击游戏。

彼得在玩大炮，索菲娅公主却并不以为然。在俄罗斯有句古老的谚语："只要孩子不哭不闹，什么东西都可以给他当玩具。"索菲娅公主并不在乎彼得是玩真大炮，还是玩真枪真刀，只要他的心思和注意力都在玩具上，那么他就会完全脱离宫廷事务、玩物丧志，最终将沙皇之位拱手让出。正是出于这种想法，索菲娅公主会满足彼得对玩具的一切愿望。1683年，在她的同意下，大贵族加夫里拉·伊万诺维奇·戈洛夫金将十六门大炮从军火库拉出，送到工匠那里进行了一番改制，最后送给彼得。也正是那一年，彼得从他的众多玩伴中挑选出了十名技艺超群的人，他们被称为"游戏马倌"。在这十人中有一个叫作谢尔盖·布赫沃斯托夫的人，他从二十四岁开始陪伴彼得，后来成为沙皇禁卫军的军人，被授予少校军衔。彼得非常宠爱他，称他为"俄罗斯的第一名军人"。

当然，彼得喜欢的玩具不只是大炮，具有杀伤性的火枪、斧头和尖矛等军事用品，也开始向彼得所在的地方运去。每次运送时，都会专门使用一辆四轮大车。大车从皇宫出发，行驶在乡间的小路上，车轮把石子压得发出"咯吱咯吱"的声音，这个声音能传很远，一直传到彼得和他的游戏兵团所在的地方。每当听到这个声音，彼得他们就会暂停正在进行的游戏，跑到村口兴奋地等待着，他们七嘴八舌地猜测着今天会有哪些新武器运来？长枪、火炮的火药快用光了，会不会得到补给？刀剑已经卷刃了，小战鼓也已经敲破了，如果能有新的替代该有多好！

索菲娅公主目送装满各种玩具的大车驶离皇宫，大车每次离去，她心中就暗暗祈祷，希望这些玩具能让彼得忘记自己的身份、忘记正在经受的委屈、忘记所有的仇恨；希望他能从这些玩具中确定自己的人生方向，比如变成一个真正的"鼓手"，或者被外国的手艺、游戏所吸引，跟随外国使者到他国去。总之，只要他的心和人能离皇宫越来越远，那么他干什么都无所谓。

索菲娅公主为自己的"糖衣炮弹"计划沾沾自喜，多年后，当她从沙皇宝座上被彼得赶下来时，才真正认识到这些"玩具"带来的可怕后果，可惜为时已晚！

彼得的兴趣是广泛的，他小时候喜欢玩武器类玩具，稍大点儿后，对身边的一切事物都产生了浓厚的兴趣。当他看到石匠工人在凿石建房时，他向工人们请教石匠工艺；当他看到木匠在锯木头、做家具时，他效仿着木匠们的动作，自己制作了一把小木枪；当他看到印刷工人飞快地印刷字时，他全神贯注地看着，连吃饭都忘记了。彼得的兴趣，绝非心血来潮、浅尝辄止，他一旦喜欢上，就会全身心钻研进去。在他这种执着精神感召下，皇宫给他定做了石匠用的小铁锹和铁锤，还有木匠用的小斧头，之后，完备的木工台、打铁器具也一应俱全。彼得所学习的这些劳动手艺，是宫廷教师所不会的，也是其他皇子、公主一辈子都学不到的。他从中获取了新的知识，积累了丰富的实践经验，并将其融会贯通。

随着彼得接触的东西越来越多，他的疑问也越来越多。身边的侍从、老师已经无法解答他的疑问，特别是很多军事知识、天文知识。问题越来越多，当彼得的星盘让人从法国捎来时，他终于忍不下去了——谁能告诉我，星盘如何使用？又有谁能解答我心中的所有问题呢？！

太后不得不去想办法，她托人去请教那些信得过的人。

一位自称有博士学位、无所不知的德国人进入了太后的视线中。太后对扎哈尔·冯·德尔·古尔斯特博士进行了一番考察，在确认他不是索菲娅公主的人、对彼得也不会有恶意之后，于是将他请来，教授彼得使用星盘。但是，很好笑的是，太后将全部精力放到了考察他是敌是友上，却忘记了对他的学识进行考证。当这位无所不知的大学问家亲口告诉彼得，他也没有接触过星盘时，他骗吃骗喝的伎俩败露了。

好在这位假博士还有位真才实学的朋友，扎哈尔·冯·德尔·古尔斯特为了摆脱尴尬境地，他找来了一个叫作弗兰茨的荷兰人。

从某种意义上来说，弗兰茨的到来，促使彼得的人生轨迹发生实质性的改变。弗兰茨不仅真的会用星盘，而且还精通几何学、建筑学等学科，他将彼得快积压到胸口的疑问一个个全部解决，让彼得心服口服。

学到了新知识，彼得还接触到了新东西。1688年，彼得在伊兹马伊洛沃村的仓库里发现了一艘破旧的英国小艇。这艘小艇不同于他平时玩游戏用的平底船和双桅风帆船，它具备更快的速度。当彼得找到这艘英国小艇时兴奋得不得了，他期盼能有人帮他修好这艘更好、更快的船了。

弗兰茨对此束手无策，但他很快就想到了一个人，他的老乡——荷兰人布兰德。布兰德是一位造船工匠，他曾为老沙皇阿列克谢·米哈伊洛维奇效力，是"鹰号"海船的副工长。他对船舰了如指掌，会造船一定也会修船。在弗兰茨的引荐下，布兰德帮助彼得将这艘小艇修好了。

这艘小艇有着划时代的意义，它是俄罗斯舰队的始祖。布兰德修好小艇后，又教授彼得驾驶小艇——真正的驾驶。彼得驾驶着小艇，穿梭在河流之上，刺激而自豪，仿佛化身为了海上霸主，攻无不克、战无不胜。他突然萌生了一个大胆的想法，他要多建几艘这样的小艇，游戏兵团就可以跟他一起玩"海战"的游戏。之后，一艘艘舰船真的造了出来，它们先是摆放在普罗西亚内的池塘上，随着数量的增多，又转移到佩列亚斯拉夫湖上。当佩列亚斯拉夫湖再也无法容纳下彼得的舰船时，宽阔的亚乌扎河成为彼得最理想的船坞。舰船一艘艘停靠在亚乌扎河上，它们一字排开，这标志着俄罗斯舰队的诞生。

彼得在普列奥布拉任斯科耶村生活时，接触了很多外国学者，也学到了很多国外的先进知识，在此，有一点需要特别说明一下。据彼得回忆，他那时所见的很多手艺精湛、学问高深的外国人大都是德国人，他称呼他们为

"有学问的德国人"，实则不然。那时彼得还年幼，他对外国了解得还不够深，只是因为先前接触过的几个人都是德国人，比如那个假博士，所以才会给他一种错觉——有文化的外国人都是德国人。其实在这些"德国人"中，大多数不是德国人，而是荷兰人，比如弗兰茨和布兰德。所以在有些书籍或者口头相传的故事中，关于彼得的老师都是德国人一说，是错误的。

不去学什么宫廷学术、不懂祈祷礼仪，更不是什么神学家，在别人眼中，彼得这是"不学无术"；但对他自己来说，却有着非凡的意义。他不学神学，不学雄辩术和诗艺，却学到了更加实用的数学、几何学、航海术和建筑学，而且最重要的是这些都是彼得的最爱。将自己的所有精力全部投放到自己最喜欢的东西上，谁敢说这是在浪费时间呢？

彼得的确没有浪费一分一秒，当他的游戏规模越来越大时，他在普列奥布拉任斯科耶村的亚乌扎河畔边建成了大型的游戏堡垒，他将其骄傲地命名为"普列斯堡"。

有了属于自己的固定场所，彼得的"游戏兵团"数量也随着扩大。在当时，"游戏兵团"成为一股新兴的力量，参与者因为都是彼得的玩伴，所以年龄都不算大，但却充满了阳光与激情。少年们齐聚一堂，大家广开言路，为"游戏兵团"添砖加瓦。彼得采纳了他们的意见，在建成普列斯堡后，又陆续建成了存放武器的军火库、相当于会议室的聚会木房以及类似于办公室的军官房。

彼得和他的"游戏兵团"越来越像样，负责监视彼得的探子告诉索菲娅公主，彼得的游戏有些"过火"，他的人和玩具更像是一支全副武装的部队。

但索菲娅公主对此漠不关心，她对身边的人说，彼得是在玩游戏，仅此而已。她傲慢地说，那些陪伴彼得玩的人，不管彼得在游戏中册封他们什么官衔，他们只是一群地位卑微的"马倌"而已。

"马倌"一说，传到了彼得的耳朵里。他听到后心里十分不平静，没想到自己的小伙伴们在姐姐眼中只不过是一群没有地位的小卒子而已。他意识到一件事，要想别人看得起自己，首先要自己看得起自己，他下了决定，并付诸到行动中。他首先筛选出一些出身世袭名门的玩伴，他们的身份已经

不被皇宫认可，更无政治前途可言，他们被送到彼得这里，是来当奴仆赎罪的。彼得让他们放下手中的锅铲、马缰和笤帚，隆重地在公开场合将他们提拔为"游戏兵团"的团员——这在"游戏兵团"中，享有无上的荣誉。同时，彼得还给他们发放俸禄——不是因为他们陪自己玩游戏，而是因为他们属于"皇职人员"。彼得这一招，不仅拉拢了很多人才，他们对彼得更加忠心，而且还抬高了"游戏兵团"和团员的地位，一举而多得。

就这样，"游戏兵团"最早的两个军营，普列奥布拉任斯科耶营和谢苗诺夫营诞生了，每个营都有三百人，配备着彼得亲自制作的精良武器。"游戏兵团"和它的这两个军营，是俄罗斯禁卫军团的摇篮，彼得小心翼翼地利用这股力量来和姐姐索菲娅公主进行抗衡。

说完索菲娅公主摄政后对彼得学习之路的影响，我们再谈一下对彼得抗压能力的影响。前者的影响，对彼得来说无疑是积极的；但后者的影响，我们无法去判定是好是坏，毕竟在一个只有十一岁的男孩面前将他的舅舅和多位长辈残忍杀死，肯定不是一件好事。

彼得爱玩游戏，他在1682年射击军叛乱之前就已经在克里姆林宫修建了一处不大的游戏场。彼得很喜欢在这里玩耍，这里能跑能跳、能喊能叫，不像在宫中的育儿室里，动不动就被人提醒"小点声""慢着点"。但是，自从发生了射击军叛乱事件后，彼得再也不到这里玩耍了，他不仅不喜欢这里，而且还很痛恨这里。每当夜晚来临时，每当他被那些真实发生的噩梦惊醒时，他对这里的感情只有憎恨。

阴影、噩梦与隐忍

彼得永远不会忘记1682年5月在这片游戏场前所发生的事。那一天，他正在这里玩耍，却突然被母亲强行拉回了房间。母亲的手一直在发抖，他不知道自己究竟做错了什么，向母亲连连道歉。母亲并没有惩罚他，反而说这不关他的事，并且一再嘱咐他：千万不要出声，更不要跑到门外面！母亲战栗着，用身躯抵着门，紧紧抱着他，小声抽泣了起来。

侍从们也与平日大不相同，他们脸色苍白，焦急的眼神中写满了不安。母亲不停地向他们打听消息，当几位近臣与母亲交谈过后，母亲不再哭泣。她犹豫再三，最终带着他与哥哥伊万，走出了皇宫，来到了游戏场所在的红色门廊边。

门廊外聚集了很多人，他们都是生面孔。这些人一点礼貌都没有，他们不仅没有鞠躬致意，而且还大声地叫嚷，对诸位大臣和卫兵毫不惧怕。彼得本想趁机跑到他的游戏场，继续刚才的游戏，但母亲紧紧握着他的手，让他根本无法动弹。不知怎么回事，这些人突然生气了，他们不仅将舅舅阿法纳西·纳雷什金杀死，而且还将自己最爱戴的阿尔塔蒙·马特维耶夫用尖矛插死了！这些血腥的场景，一幕幕印在小彼得的脑海中，终生无法抹去。

令人吃惊的是发生血腥惨剧时，小彼得亲眼目睹，却一点也没表现出害怕来。当时宫女、侍从的尖叫声、哀嚎声此起彼伏，别的孩子早已吓哭、吓晕，但彼得却面不改色。或许，这给彼得带来的冲击实在是太大了，他已经无法用正常人的情绪来表达了。不过，自从那件事发生后，彼得有了严重的心理阴影，他的肩部经常痉挛，心情激动时，面部神经的抽搐还会让他的模样发生扭曲。

小彼得始终没有哭，他将所有情绪全部强压下来。当他将眼角那滴即将流出的眼泪强行憋回去时，他那超乎寻常的抗压能力已具雏形。强大的抗压力，这大概也是彼得比其他同龄人要显得早熟的重要原因。

出于各种原因而搬出克里姆林宫的彼得，少年和青年时代都是在郊外的村子中长大。虽然不能在皇宫居住，但他偶尔也要回去参加一些必要的典礼，比如庆祝仪式和接待外国使团。豪华的皇宫中，索菲娅公主坐在最前面，她的后面分别是伊万沙皇和彼得沙皇，彼得的座位比伊万再略靠后一点。尽管如此，彼得举手投足、言谈举止所散发出来的个人魅力和耀眼光辉，是谁也比不上的。索菲娅公主就算不给他说话的机会，彼得单是坐在那里，就已经吸引了所有外国使节的注意力。

外国使节在来俄罗斯之前，听闻有两位年龄不大的小沙皇，但他们却不认识眼前这位大约有十六七岁的小伙子。一时间，他们疑惑纷纷，请求索菲娅公主介绍这位年轻人。索菲娅公主不屑地告诉他们，这就是那个整日与玩具为伴的弟弟彼得。外国使节惊讶万分，他们绝对没有想到那个十来岁的小孩居然有十六七岁小伙子的外表和举止，他完全具备王者之气！

有位叫作肯普费尔的瑞典使团秘书，曾在1683年到访过俄罗斯，并有幸在克里姆林宫觐见了两位沙皇。他将那次经历记录了下来，详细地描述了伊万与彼得的不同：

刚一进豪华会客厅的门廊，首先最引人注目的是地上铺着的地毯。这块巨大的土耳其地毯铺满了整个会客厅，它的奢华与它所在的地方非常搭配。沿着地毯向前走，会客厅豁然开朗，正面的墙壁上悬挂着一张巨大的圣像，庄严而神圣。在圣像下面，是两位沙皇的所坐之处。

两位沙皇身穿镶着闪光宝石的皇袍，正襟危坐在两张银质的安乐椅上。哥哥伊万沙皇坐在前面，他将头上的皮帽向下拉，一直遮住眼睛，不管使节说什么，他都一直低着头，谁也不理，整个会见过程一动不动地坐在椅子上。而弟弟彼得则与他不同，彼得精力充沛，双眼目光如炬，他有一张漂亮的脸蛋，上面写着自信与坦诚。每当有人说话时，他都全神贯注地看着，时而思考、时而点头，显示出极大的兴趣。他的形象、神情和态度，与慵懒、乏味、提不起精神来的高官们格格不入，也让这些高官尴尬和难堪。

当使节提交公文时，按照宫廷礼仪，沙皇在接过文书时会有侍从将他挽扶起身，向该国的国君致以礼节性的问候。由于伊万和彼得都是沙皇，而伊万行动迟缓，所以彼得理应等着哥哥一同起身。然而彼得却迫不及待地从椅子上跳起来，他没有等伊万，也不用侍从挽扶。他很有礼貌地举起帽子，同时快速说出通用的问候语："贵国的国王陛下，我们亲爱的兄弟卡罗鲁斯·斯韦斯基，近来龙体是否安好？"

以上记载，清晰地描述出了彼得的成熟与稳重，这与他年龄极为不符，而造成彼得少年早熟的原因，正是他遭受的非人经历以及所承受的巨大压力。

　　不遵循宫廷礼仪，没有教养、没有文化，索菲娅公主对彼得的意见越来越大。当然，这些都是次要的，让索菲娅公主最不放心的是彼得日益丰满的羽翼。在一次无意间的谈话中，索菲娅公主得知彼得对她和她所在的米洛斯拉夫斯基家族有着诸多的不满，甚至还有些痛恨。这让索菲娅公主坐立不安，再加上之前彼得的"游戏兵团"更像是一支军队，索菲娅公主终于不再坐视不理。

　　索菲娅公主的担心是对的。随着彼得日渐长大，他开始审视过往所发生的一切。他会向母亲和身边的近臣询问：记忆深处，那群留着小胡子的射击军，为什么要冲他们大嚷大叫，还将他的舅舅等亲友残忍杀死？自己身为沙皇，为什么不能居住在皇宫之中？什么都不懂的伊万都可以处理国家事务，为什么我就不行呢？

　　对此，彼得的母亲如实告诉了他——这一切都是由索菲娅公主一手造成的，是她将彼得的舅舅杀死，是她将彼得赶出了克里姆林宫，是她霸占了原本属于彼得的事业。彼得将索菲娅公主和射击军同旧莫斯科制度联系在一起，他心中暗自发誓：对这些人和事，绝对不饶恕！

　　然而在残酷的环境中，彼得已经学会了隐忍。他强压着心中的怒火，对索菲娅公主等人唯唯诺诺、曲意逢迎。他非常小心地处理与索菲娅公主之间的关系，生怕她向亲友和自己痛下毒手。

　　即便这样，彼得依然打消不了索菲娅公主对他的敌视。在公主心中，只有太后和彼得永远消失，她才能心安。

　　伊万因为身体原因，一直没有结婚，而身强力壮的彼得则到了适婚年龄。1689年1月，太后让彼得迎娶了大贵族费奥多尔·阿夫拉莫维奇的女儿费奥多罗夫娜·洛普金娜。彼得结婚，宣布他已正式长大成人，根据之前的约定，索菲娅公主就要"卸下重任"，将沙皇的权杖转交给彼得。

　　索菲娅公主认为彼得不敢与她闹翻，就算他结婚了，也绝对不敢向她来索要行政大权。没想到，彼得顽强守护应属于自己的权力，他可以不按时登基加冕，同意与索菲娅公主有一段时间的"和平共处"，但他不可能像原来那样什么事都不做。为此，他作出了让步，先到各个部门视察一下工作，等到对国家事务完全熟悉后，再与姐姐商谈以后的事。

彼得的让步，在索菲娅看来却是一种威胁——彼得终于露出了狐狸尾巴，他想一个人独揽大权！

对于彼得的婚姻，索菲娅公主不仅持反对意见，甚至还公然全力阻止这场婚姻。原因很简单，彼得结婚，不仅意味着他长大成人，而且他一旦生儿育女，会极大破坏当前的平衡，对自己的利益集团是十分不利的。伊万患有先天性疾病，他无法生儿育女，何时会寿终正寝更是让人天天担忧的事情。但是彼得结婚生子后，他就成了唯一具备皇室子嗣的人，成为万人拥戴的沙皇也会成为情理之中的事。

索菲娅公主深知在皇宫生存的规则，几百年来，不管是王位的争夺战，还是改朝换代的斗争，总有相当一部分人，他们虽然表面上对当局者忠心耿耿，但是心里有一杆秤千古不变，那就是并不在乎谁对谁错，最重要的是谁获得胜利的机会更大一些。当非执政者一方的势头越来越强劲时，他们会悄悄向他靠拢，暗中牺牲主人的利益也在所不惜。就目前来说，克里姆林宫里也出现了这一境况——彼得结婚后，独霸皇权的机会越发增大，一些贵族甚至围坐在他身边，与他谈论国事。

这一暗潮的涌动一发不可收拾，皇宫中，那些年轻的贵族表现尤为激烈，他们根本就不把伊万沙皇放在眼里，对梦想做"女沙皇"的索菲娅公主更是不屑一顾。索菲娅公主的霸道专政与任人唯亲，让他们觉得自己仕途无望、前途黯淡，他们将目光纷纷投向彼得，只有在那里，他们才能获得新的希望。

索菲娅公主已经意识到自己的支持者正急速减少，她对此也感到深深的焦虑与不安。为了掩饰这一切，她开始大肆表彰自己的支持者，捏造出许多"战绩"和"捷报"，以此来授予荣誉和勋章。然而这一做法起不到丝毫作用，捏造出来的东西不会让任何人信服，她的那些公爵与将军在战场上究竟是胜利还是失败，大家都一清二楚。

人心的涣散，预示着索菲娅公主的处境越来越危险，她开始手忙脚乱，用什么办法可以打败这个势头强劲的弟弟呢？慌乱之中，她想到了一个可以斩草除根的方法——刺杀彼得。可是，这一提议很快就遭到了反对，就连费奥多尔·沙克洛维特·列昂季耶维奇这样的宠臣也极力反对索菲娅公主要刺杀彼得的提议。按这样的趋势发展下去，索菲娅公主距离她的垮台时间已经不远了。

索菲娅公主的垮台

姐弟终于针锋相对，两者的矛盾不可避免，并且日益焦灼。双方都积极作着准备，在皇宫中拉帮结派、收买人心。索菲娅公主手中还掌握着大权，按说应该处于上风，但事实却并非如此。大贵族和贵族已经不再追随她了，当初一手将她捧上台的射击军也有心无力，真正能支持索菲娅公主的力量越来越少。相反，彼得的同盟却越来越多，最有力的盟友是俄国宗主教阿基姆及他所掌管的俄国教会，他们一直都站在太后背后，在太后和彼得最艰苦的时候给予了物质和精神上的极大支持。

教会的态度很明确，但贵族们却举棋不定。未来会是什么样子，谁也无法预测。索菲娅公主虽然颓势已露，但瘦死的骆驼比马大，实力依旧不容小觑。彼得年龄还小，他的那些所谓的支持者不过是想当第二个、第三个"索菲娅"，以此要挟这位少年沙皇来摄政罢了，所以他们的"忠心"非常值得怀疑。考虑再三，他们决定采取中立态度，谁也不攀、谁也不惹，只是对索菲娅公主不再像之前那样友好了。

两虎相斗必有一伤。彼得与索菲娅公主开始明争暗斗时，有些人趁机打起了小算盘，他们想坐收渔翁之利。这些人趁着彼得还未准备好、索菲娅公主又苦于"出师无名"，伪造了一封信件，于1689年8月送到了克里姆林宫，直达索菲娅公主的手里。信中说，彼得将他的"游戏兵团"全副武装，火枪和火炮里都装满了弹药，他们将于7日夜间偷袭莫斯科，目的是要将索菲娅公主处死。7日白天，索菲娅公主信以为真，将莫斯科防卫提升到最高级别，并主动出击，在莫斯科逮捕了彼得的贴身侍从普列谢耶夫以及两名"游戏兵团"的团员。

射击军中有彼得的亲信，五百人长拉里昂·叶利扎罗夫最先得到了消息，他知道索菲娅公主所做的一切都在针对彼得，战争一触即发。他派遣两位同样效忠于彼得的射击军士兵连夜赶到普列奥布拉任斯科耶村，将消息告知了彼得。

原本是想让彼得早点准备战事的，没想到这个消息对彼得的情绪产生了极大影响。1682年的射击军叛乱带给彼得的刺激实在是太大了，他犹如惊弓之鸟，下意识慌忙逃跑。当他听到索菲娅公主要对自己下手的消息后，他连衣服都没来得及穿，只穿了一件衬衫，赤着脚跳上了一匹快马，惊慌逃离了普列奥布拉任斯科耶村。直到逃出了很远，逃进一片树林后，彼得才勉强下马喘息，并匆匆穿上了衣服。只休息了片刻光景，彼得担忧追兵赶来，与缅希科夫继续又马不停蹄地赶路，直到逃进圣三一修道院。

史料记载，事发之后彼得的身体极度抽搐，他四肢颤抖，很长一段时间晚上无法入睡。当他骑马逃到圣三一修道院时，他既冷又怕，几乎失去了知觉。由此可见，彼得当时是何等的惊恐。虽然他极力平复自己的心情，虽然他看上去成熟而稳重，但他毕竟才十七岁。

没隔多久，太后、列夫·纳雷什金等人陆续来到了圣三一修道院。之后，"游戏兵团"和效忠于彼得的射击军也赶来，宗主教约阿基姆也站了出来。

彼得逃到圣三一修道院的消息传到了莫斯科，索菲娅公主、戈利岑以及沙克洛维特感到非常难堪，他们没想到消息能够泄漏，没想到彼得的人脉如此之广。打草惊蛇，又让他获得了他人的同情，赔了夫人又折兵的索菲娅公主瘫坐在椅子上。

已经平静下来的彼得开始着手反击计划。他充分利用人们对他的同情，在圣三一修道院给索菲娅公主和伊万写了一封信，让他们解释一下8月8日射击军在莫斯科集结的原因。索菲娅公主极力为自己辩解，可是这次她难辞其咎了。

事情的发展突然出现逆转，完全出乎了索菲娅公主的预料。

其实，这一切都是由索菲娅公主策划的。她关于刺杀彼得的建议，虽然得到费奥多尔·沙克洛维特·列昂季耶维奇的反对，但谁也无法违背索菲娅公主的命令。沙克洛维特迫于无奈，挑选了六百名射击军的精兵，按照索菲娅公主的计划，在晚上悄悄前往普列奥布拉任斯科耶村，准备将睡梦中的彼得一剑击杀。

然而，拉里昂·叶利扎罗夫却将索菲娅公主这一"完美计划"挫败。当彼得与太后等人收到消息，连夜离开普列奥布拉任斯科耶村后，沙克洛维特率领着射击军扑了个空，那些戍守的哨兵也不知道彼得他们去了哪里。沙克洛维特无计可施，只能领兵原路返回，惊恐不安地向索菲娅公主汇报这件不可思议的事情。

索菲娅公主还在幻想着自己的登基大典，她对沙克洛维特的无功而返大惊失色。此时的彼得已经对索菲娅公主的刺杀行为提起了指控，索菲娅公主慌忙解释说，沙克洛维特率领那么多射击军趁着夜色行军的目的，是要去普列奥布拉任斯科耶村与之前的士兵换岗。她的这种说法荒谬且可笑，没有任何人会蠢到相信她的解释。

为了挽回颜面，索菲娅公主将所有射击军召集起来，并让弟弟伊万沙皇发表了一次演讲。演讲稿是由索菲娅公主特意准备的，她通过伊万，一方面表达了沙皇对射击军的重视和信任，另一方面宣布沙皇彼得"不知道什么原因"，躲进了圣三一修道院。伊万根据演讲稿继续演说，他猜测彼得应该是躲进了修道院图谋篡位了。

索菲娅公主的目的是希望通过沙皇的演讲，唤起当年双方的"友谊"。可是，台下的射击军们丝毫不领索菲娅公主的情面，他们不仅一言不发，甚至全体将身体转向了圣三一修道院所在的方向，以此来表示对彼得的支持和拥护。索菲娅公主不仅没有挽回颜面，反而更加尴尬了，她只能打亲情牌——找亲友说和。

彼得躲在圣三一修道院不肯露面，其他闲杂人等也无法进入，索菲娅公主的说和计划迟迟无法开展。最后实在是没办法了，索菲娅公主找到了自己的姑姑，当然，她们也是彼得的姑姑，所以不算是外人。索菲娅公主向她的姑姑解释，自己是被冤枉和陷害的，有人想坐收渔翁之利，挑拨他们姐弟之间的关系。彼得很客气地接见了前来说和的姑姑，但是他否定了索菲娅公主的说辞，因为彼得拥有的证据表明索菲娅公主是一切事端的幕后指使者。

"亲友说和"计划失败，索菲娅公主仅剩最后一张牌——主教约阿基姆。主教约阿基姆一向仁慈，他反对战争，经常充当一些纠纷和战事的调停人。索菲娅公主再三恳求主教约阿基姆，希望他能当调停人，平息这次"无中生有"的事端。主教约阿基姆虽然不相信索菲娅公主，但最终还是被她的眼泪所打动，决定前往圣三一修道院，试着请求彼得和太后的原谅。

这次，彼得又拿出了新的证据，惊得主教约阿基姆也出了一身冷汗——按照索菲娅公主的计划，杀死彼得后，她会重新整顿教会，首先要将现任的主教约阿基姆赶下台，让另一位忠心于索菲娅公主的牧师上台，成为新一任主教。主教约阿基姆万万没想到，自己居然也是索菲娅公主所打击的对象，他后悔轻信了索菲娅公主的眼泪，表示不愿再回到克里姆林宫，要与彼得一起待在圣三一修道院。

天时地利人和，彼得手中的筹码越来越多，成功的机会也愈来愈大。

于是，彼得以沙皇的名义向全国下发了诏书，要求所有皇亲大臣都来圣三一修道院。这道诏书，表面看似是邀请他们来参加聚会，实则是给他们下最后通牒，看他们究竟是站在自己这边，还是站在索菲娅公主那边。贵族和大贵族们收到诏书后，齐聚圣三一修道院。射击军团长齐克列尔前来觐见彼得，他所率领的射击军代表也陆续汇集而来。最后，就连索菲娅昔日的拥护者也来朝见彼得，索菲娅公主一败涂地。

树倒猢狲散。索菲娅公主的宠臣戈利岑，在关键时刻扔下索菲娅独自逃走了。索菲娅公主众叛亲离，她想赌一下，作最后一次挣扎——她想亲自到圣三一修道院，与弟弟彼得进行谈判，说不定彼得念及姐弟亲情，不再追究此事。

当索菲娅公主的队伍快到圣三一修道院时，伊万·鲍里索维奇·特罗耶库罗夫公爵在沃兹德维任斯科耶村将其拦截。公爵将彼得的口信转达给索菲娅，命令她立即回莫斯科，并威胁她，如果她不听命令，彼得一定不再顾念亲情。

索菲娅公主知道彼得这番话的意思，如果她不听从，彼得的手下一定会将其赶尽杀绝。索菲娅公主乖乖地回到莫斯科，焦急地等待彼得对她的"审判"。

9月4日，担任军职的戈登将军离开了索菲娅公主，索菲娅失去了军队控制权。两天后，射击军要求索菲娅公主将她曾经的宠臣沙克洛维特交给彼得，索菲娅公主假装不知道他的下落。但射击军说，如果她继续庇护沙克洛维特，他们就会举行暴动，到时候受到惩罚的就不只是沙克洛维特了。

9月7日，索菲娅公主将沙克洛维特押送到了圣三一修道院。五天后，沙克洛维特被处以死刑。索菲娅公主的另一位宠臣瓦西里·瓦西里耶维奇·戈利岑，由于他罪不至死，彼得将其流放到了偏远的亚连斯克。

索菲娅公主没有被定罪，她交出大权后搬出克里姆林宫，来到新圣母修道院，后半生一直被监禁于此。早年一心想离开修道院、而后在朝中呼风唤雨的她在几年后最终却又回到了修道院，这真是命运的捉弄。

为了防止索菲娅公主从修道院逃出去而再次兴风作浪，射击军的代表们主动在修道院门口安排了哨兵，严密防守通往这里的所有街道。射击军们的这一做法是有必要的，在皇宫之中以及莫斯科周围依然有一些同情索菲娅公主和愿意向她提供帮助以图东山再起的人群。只要把他们联系的所有方式都切断，索菲娅公主就再也无法与外界接触了。

当所有事情都处理完毕后，彼得与太后一行人终于回到莫斯科，回到克里姆林宫了。这一路上，射击军组成了一支将近两万人的武装队伍，浩浩荡荡、大张旗鼓地护送彼得一行人。彼得走在队伍的最前面，他终于回到了他儿时玩耍的地方。

彼得刚一到达克里姆林宫，就有一个人恭恭敬敬地前来迎接。这个人，居然是彼得的哥哥——伊万沙皇。彼得了解到哥哥伊万并未参与这次政变，他只是一个被索菲娅公主控制的傀儡，也就大度地原谅了伊万，并表达了想与他继续做朋友的意愿。伊万的项上人头保住了，沙皇的头衔也保住了，但真正的统治大权却完全落到了彼得及其顾问们的身上。

索菲娅公主的摄政生涯就此结束，俄罗斯迎来了它新的主人——彼得大帝。虽然这位新主人姗姗来迟，但他却比之前任何一位沙皇都要努力。俄罗斯的历史，随着彼得的继位，掀开了全新的篇章。

第五章　早期的辅臣与紧迫的现状

彼得从普列奥布拉任斯科耶村搬回莫斯科的克里姆林宫后，并没有立刻展开轰轰烈烈的改革。虽然他已经将政敌消灭殆尽，也已经将大权独揽于身，但他毕竟从未正式接触过政权，对国家行政事务几乎一窍不通。

这是不容忽视的一点，彼得已经习惯整日沉浸于他的游戏之中，突然让他听取和处理众多国家大事，他既力不从心，又感到十分乏味。没办法，这位年纪尚轻的新沙皇还需要时间去适应——适应他的新身份，适应他掌管国家的新"游戏"。更为重要的是，当时的俄罗斯已经到了必须改革、刻不容缓的境地，现状可谓是岌岌可危！

彼得的母亲看在眼中，急在心里。好不容易夺来的江山，却被彼得扔到了一边，他也太不知道珍惜了！很多次，她抢过彼得手中的玩具，逼迫他将全部精力放到国家大事上，但她的一切努力都无济于事。冰冻三尺非一日之寒，让彼得一夜间成为像他父亲那样的沙皇，这只是痴人说梦。近臣通过观察彼得的游戏后劝说太后，说彼得的游戏是有意义的，他不同于其他孩子的"过家家"，而是真正将自己的思想、远见融入到游戏中，投射到玩具上。当他思想成熟时，他就会将精力转移到国家这个"大玩具"上了，而且，届时他一定会"玩"得非常好。

太后很有自知之明，她知道自己才疏学浅，没有能力代替彼得垂帘听政。但是国家像一部庞大的机器，一刻都不能停止运转，必须有人担起掌管政务的责任才行。经过一番思索，太后决定为彼得筛选几位近臣，来辅佐年少的沙皇。当然，这个过程是艰难的，孰忠孰奸，是栋梁之材还是假大空的庸才，平日里是很难看出来的，只有在委以重任时才能得到真实的检验。

政治家列福尔特与缅希科夫

太后将这一重担，托付给了自己的弟弟列夫·基里洛维奇·纳雷什金。列夫是一位大贵族，他精力充沛，不管做什么事都富有激情，而且还是负责外交衙门的外交部长，太后相信他一定能在彼得长大之前将俄罗斯治理得国泰民安。

但是，太后看错人了。列夫虽然是外交部长，但他却没有能力去处理外交事务；他虽然精力十足，但智力平平，而且他过于贪财贪权。列夫不行的话，他手下如果有几位能干的，那也能说得过去。但那些整日与列夫混在一起的衙门首脑、各部长官，他们与列夫一样半斤八两，都不是治国的材料。这群纨绔子弟中，有个叫鲍里斯·阿列克谢耶维奇·戈利岑的人是个例外。他聪明机智，有过人的处事能力。他曾主张与外国人来往，并且说服了外国军官帕特里克·戈登离开索菲娅公主，投靠到彼得这边。这个人本来大有可为，但他特别爱喝酒，并且喜欢享乐，只能充当智囊团成员，却不能委以重任。

既没有什么能力，又没有真才实学和实战经验，俄罗斯在列夫这位皇亲国戚手中，度过了无能又无为的十年光景。

我们无法想象，一个国家在碌碌无为、一成不变中是如何度过十年之久的，但我们可以肯定一点，俄罗斯的国民一定受够了这十年，他们需要改变，需要有位国君对这个国家施行大刀阔斧的改革——农业需要改革，工业需要改革，军队需要改革，国家行政需要改革。如果不改革，昔日伟大的俄罗斯将面临生死存亡！

幸好，两个人的出现，让一筹莫展的克里姆林宫有了新的希望。这两个人，分别是列福尔特与缅希科夫。

列福尔特并不是俄罗斯人，他出生在日内瓦的一个商人家庭。列福尔特的父亲是一位非常严厉甚至有些霸道的人，他对儿子的思想、行为、爱好无一不管束。列福尔特在童年的时候非常崇拜军人，他渴望自己长大后也能成为一名战士，但是这与他的父亲的规划是相左的。俗话说子承父业，他父亲是日内瓦出色的商人，殷实的家业和生意不可能让其后继无人，况且儿子的理想是到战场上抛头颅、洒热血，这也太危险了。于是，列福尔特的父亲在他长大成人后，第一时间将他送到阿姆斯特丹，到一位大商人的账房里工作去了。

当时的阿姆斯特丹是全世界最大、最繁荣的商业都市之一，是很多年轻人所向往的地方。列福尔特的父亲也是这样考虑的，把儿子送到阿姆斯特丹，让他看看繁华的大都市以及功成名就的大商人们，他那危险而幼稚的理想一定会得到改变，即便刚开始会有些抵触情绪，但很快就会烟消云散。

可是列福尔特的反应却超出了父亲的预计。首先，他并没有因为父亲的管制而产生逆反心理，列福尔特在那时就表现出非同凡响的才能，他以端正的心态去面对这件事，专注工作、勤劳刻苦，对主人和周围的人都非常和善。工作认真刻苦，不抱怨不埋怨，列福尔特很快就得到了大商人的赏识，不把他当作一名外来的学徒，而是身边的自己人。有一次，那位大商人派商船到国外做生意，列福尔特请求与大商人一起去，没想到大商人不仅同意了他的请求，而且还让他全权负责船上的货物。那次的出行非常顺利，列福尔特为大商人妥善处理好交易，大商人对他极为满意。

后来，列福尔特多次出游别国，尤其是丹麦首都哥本哈根。当时的丹麦是一个强大并且好战的国家，在这里随处可以看到游行的军人。在丹麦期间，他结识了很多军官，观察他们的生活方式，并且向他们打听一些战场上的故事，这不仅激起了他儿时的梦想，而且还进一步强化了他的想法——他要加入军队，他要当一名军人！

军官们都很喜欢他，就答应了列福尔特的请求。他刚一进入军营，就表现出过人的军事才能，他先是能快速领悟、记住复杂的军事术语，之后又很快掌握一些排兵布局的方法，能力与那些高级军官相差无异了。

认识了拥有军权的军官后，列福尔特又很自然地认识了许多高官，比如丹麦派驻俄罗斯的大使。大使看到这个年轻人刻苦学习俄语，还具备外交官所具备的其他能力，于是吸纳他进入了丹麦派驻俄罗斯的大使团。列福尔特在卖完最后一批货物后，没有跟随商船回到阿姆斯特丹，而是跟随大使团去了俄罗斯，从那时起，列福尔特的命运发生了改变。

来到俄罗斯，进入莫斯科，才华横溢的列福尔特得到彼得的关注。经过一番试练，彼得亲自任命列福尔特为自己的首席翻译。当时的彼得不到二十岁，而列福尔特已经三十五岁了，虽然两人有年龄的差距，但丝毫没有影响到两人的沟通。

列福尔特对彼得的辅佐，首先从改革俄罗斯士兵笨重的旧式军服开始，当然，这在他的政治生涯中，是一件微不足道的事。之后，列福尔特又通过改进俄罗斯军队的操练方法、排兵布阵的战术等方面，让彼得大帝对他刮目相看。列福尔特对早期彼得大帝的辅佐，最重要的方面还有经济领域，尤其是对外经济贸易，这与他在阿姆斯特丹的学习与工作经历以及父亲经商的耳濡目染，有着十分重要的关系。他的建议和成果主要有以下几点：

第一，列福尔特主张加大从国外进口的商品数量。这一建议不仅让大量的外国先进商品进入俄罗斯，对与国内人民生活息息相关的家具、服装等质量的提升有了极大的促进作用，而且还促使俄罗斯人与国外的商人、手工业者、工匠等有了更频繁的接触。列福尔特从丹麦、德国、法国等西欧国家引进了大批的工匠，他们的先进工艺和锻造手法让俄罗斯的工匠们大开眼界，工作效率在一夜之间得到大幅提升，新的家具样式、更加漂亮的化妆品与衣服，也如雨后春笋般大量涌出。

俄罗斯传统的房子是简陋粗糙的木屋，建造起来很麻烦，居住起来也相当不方便。新的工匠进入俄罗斯后，他们采掘石头作为原料，建造了一大批坚固而便利的房屋。彼得大帝委托他们为自己建造新型宫殿，他们在莫斯科为沙皇很快地建造了一座石头筑成的豪华宫殿，这是莫斯科城内第一座由石头建造的大型建筑。之前一直持反对意见的贵族和大贵族们，看到彼得既坚固又华丽的宫殿，纷纷羡慕不已。他们立刻抛开成见，争相雇佣这些外国来的工匠和石匠，高薪聘请他们为自己建造新型房子。

引进国外的商品，势必会冲击国内的手工业生产和本地商品贸易，也会损害很多贵族和大贵族的利益，但从长远来看，利远远大于弊。列福尔特的这一提议，经过彼得大帝的反复斟酌后，排除其他反对的声音，终于如火如荼地实施了起来。

第二，改革律法、土地法、进出口贸易法，逐渐与西欧国家接轨。新的进出口贸易制度实施后，大量外国防部商品涌入国内，关税前所未有地充盈起来，大大增加了俄罗斯的财政收入。虽然在短时间内导致国内贸易的萎靡，以致于国家财政入不敷出，但是庞大的关税很快就填补了这一漏洞。

彼得大帝与列福尔特经过一番沟通，认为完全依靠进口也不是长久之计，只有真正提升国内生产水平，才能从根本上解决国家财政的问题。于是，彼得大帝根据列福尔特的建议，高薪聘请了大批来自法国、德国以及其西欧其他国家的工匠，为他们在俄罗斯安家置业，他们在俄罗斯国内立住了脚，才能将那些进口不来的工艺、技术展现出来，从而对国内的工匠们起到培训的作用。

列福尔特的这些建议，让刚登基的彼得大帝短时间内就取得了巨大成就，也为这位羽翼未满的沙皇增添了更多的支持者和权势，克里姆林宫和莫斯科城内开始出现对这位年轻沙皇的赞誉之声。列福尔特为彼得带来空前的声望，彼得自然也不会亏待他，把他当作大红人来对待。然而，这位年轻人非常有教养，虽然沙皇对他信任有加，但他仍然像往日那样，说话小心谨慎、处处谦逊，丝毫没有飞扬跋扈的变化，就连最爱争风吃醋的贵族们都认为他是无害的。事实证明，列福尔特的小心谨慎是正确的，他自成一派的为人处事方式让他没有被推到风口浪尖，也没有陷入漩涡，这样他才能在保护好自己人身安全的同时，安心发挥自己的政治才能，直到彼得大帝的逝世。

除了列福尔特之外，还有一位政治家，他对彼得的辅佐也是功不可没，他就是缅希科夫。

缅希科夫的出身非常卑微，他不像列福尔特一样有一定的经济背景，他是实实在在地从俄罗斯社会最底层出来的大臣。

缅希科夫的父亲是伏尔加河畔一座修道院里的工人，他自幼就跟随父亲，在修道院里耕地、做工，他们的身份比奴隶要好一点，因为他们不必将人身自由束缚在土地上，或是专属于某个地主。种地、修墙，这样的生活，一直重复到缅希科夫长成一个翩翩少年郎。长大后的缅希科夫厌倦了这种看似有自由、实则一无所有的生活，他想改变这一切，寻找属于自己的生活。当他下定决心之后，就离开了父亲，独自一人来到了莫斯科。

据史料记载，缅希科夫在莫斯科的工作是叫卖糕点。这一卑微的工作并未打击到缅希科夫，他将唱歌、讲故事等方式融入到糕点的叫卖上，引来很多人购买糕点。据俄罗斯的民间故事说，当年彼得大帝第一次见缅希科夫，就是在缅希科夫卖糕点的市集上，彼得大帝被他的歌曲和故事深深吸引。一番交谈后，彼得大帝看到了这个年轻人身上的闪光点，他的长处绝对可以为己所用。

然而，缅希科夫的丰功伟绩并非是在唱歌、讲故事等领域。缅希科夫被彼得引入克里姆林宫后，恰逢列福尔特进行军事改革，缅希科夫被这些军事知识所震撼，他很快就掌握了这些在外人眼中复杂而深奥的知识，这不仅展现了缅希科夫天生的军事奇才，而且还为他之后成长为军事指挥官奠定了良好的开端和基础。

缅希科夫对彼得大帝的辅佐，集中表现在军事作战方面，他是一个带兵打仗的好手，这也是日后他被封为陆军元帅的原因。总的来说，缅希科夫为年轻的沙皇彼得争取的荣誉，主要集中在1700至1721年的北方战争。这场时间跨度巨大的战争，成就了年轻的缅希科夫，也让沙皇彼得大帝的名声传播到了西欧诸国。

首先，1705年，缅希科夫率军在立陶宛对瑞典军队的作战。缅希科夫指挥步兵和骑兵，敢于去攻打当时军事强国之一的瑞典军。这场战争的胜利，让彼得在克里姆林宫声望大增，没有人再敢瞧不起这个青年沙皇；

其次，1706年10月18日，在卡利什击溃瑞典将军马尔杰菲利德率领的一个军。一个在国际上毫无名声的人，却打败了当时威名震天的瑞典将军马尔杰菲利德，这在当时是绝对不可思议的！人们纷纷将目光投向这位年轻的俄罗斯军官，缅希科夫从此一战成名；

再次，是被彼得大帝称为"波尔塔瓦大战之母"的列斯纳亚战役。在这场战役中，缅希科夫指挥约一万六千人俄罗斯的骑兵及三十门火炮，与瑞典名将莱文豪普特将军率领的一万六千人及十七门火炮，在列斯纳亚村展开激烈对战。缅希科夫率领的由十个龙骑兵团及三个骑马步兵团所组成的游动队，悄悄绕到敌后，与彼得大帝所指挥的主力部队相互配合，经过多次大规模正面战斗，终于击溃了莱文豪普特将军的军队。列斯纳亚会战以俄军大获全胜而告终，这场战役中，瑞典军方有八千人被击毙，约一千人被俘，几乎所有的辎重、火炮都被彼得大帝所缴获。列斯纳亚战役的胜利，对提高俄罗斯军队士气起了重大作用，也显示了彼得大帝杰出的统帅才能。同时，让傲慢的瑞典国王查理十二世失去了他所必需的增援部队、粮食和弹药，打乱了他早就准备远征莫斯科的计划。

他在1709年的波尔塔瓦战役中还起到了影响战局决定性的作用。在这场战役中，他率领的骑兵队发挥了决定战争胜负的作用，难度和强度之大，以至于他骑乘的战马累倒了三匹。在这场战役中，缅希科夫消灭了施利彭巴赫将军的支队，并将施利彭巴赫将军俘虏，从而大大削弱了查理十二世的军队，那一战后，俄军取得胜利已成定局。

除了上述有名的战役之外，缅希科夫还指挥了很多不算著名但对提升彼得大帝威望非常有利的战争，比如1708年11月占领了叛军盖特曼马泽帕的官邸，缴获了城内为瑞典人贮存的大量的粮食、弹药，1709年在奥波什尼亚地区的全面获胜。

年轻的彼得大帝，就是在列福尔特和缅希科夫两人为代表的近臣辅佐下，在政治、经济、军事等方面都取得了不错的成绩，这奠定了彼得在克里姆林宫内的地位，也为他下一步对俄罗斯进行全面改革打开了良好的局面。

千疮百孔的俄国国情

我们经常说彼得大帝的改革是历史的必然，是由俄罗斯刻不容缓的国情现状决定的，那么，当时的俄罗斯国情是什么样的呢？让我们先来看一下俄罗斯国内当时的基本情况，了解完这些，我们就会知道为什么说彼得大帝的改革是多么刻不容缓了。

17世纪后期的俄罗斯虽然疆土辽阔，但经济水平、军事水平、文化水平等方面却比较低，这种落后足以威胁到民族的独立。列宁在谈到17世纪的俄罗斯时，把它说成是"以大贵族杜马和大贵族的贵族政体为首的专制政体"。这种体制是迂腐的、落后的，它的社会结构是农奴制，工业发展水平远远低于西欧各国，更无法与丹麦、瑞典等强国相比；而它的农业又是以因循守旧的耕作方法为主，靠压榨千百万的农奴和农民为前提，这样的农业水平自然也是极其原始低下的，难怪当时俄罗斯会被诸多强国入侵欺凌。

　　首先，是农奴制下的农业结构。面朝黄土背朝天的农民们，没有自己的土地，他们只是贵族和大贵族的一群农奴。这些农民不仅没有土地，而且还要经受贵族和大贵族们的剥削和压榨。在田间劳作时，农奴的手脚上绑着铁链；劳作休息时，他们又被绑到木桩或石块上，农奴主派人拿着鞭子，随意抽打着他们。一贫如洗的生活和牲畜不如的待遇，让他们不可能对耕作保持多么大的热情。同时，俄罗斯的农业水平还处于非常原始的状态，农民们的耕作方式沿用祖先传下来的方法，技术上没有创新，工具也没有任何变化。如果是风调雨顺的季节，收成还算可以，可一旦遭遇了旱灾、洪灾以及虫灾，那么收成就会大幅减少，最严重时还会导致几百亩田颗粒无收。

　　其次是工业。农业原地踏步走，工业方面也无法让人满意。从事工业制造的工人们，身份与农民一样，同样没有人身自由，同样属于贵族们的劳动奴隶。农业这个基础打不好底子，工人们吃不饱、穿不暖，再加上原材料不足，根本就生产不出多少工业制成品。据史料记载，17世纪俄罗斯的工业品生产速度远远落后于西欧各国，既没有数量又没有质量，工业濒临崩溃。

　　再次是军队。俄罗斯的军队数量是庞大的，他们在多次战役中以多取胜，有时战争还没开打，敌人只是看到浩浩荡荡的俄军就投降了，殊不知俄罗斯的军队暗含很大问题。

　　俄军是由贵族兵团和射击军组成的，他们并没有统一的编制和管理。既然来自不同的阵营，那么问题就出现了——各为其主、临时拼凑的模式，决定了他们都存有私心，到了战场上只想着如何邀功、抢功，根本就不会冲锋陷阵、置之死地而后生；士兵们的训练水平参差不齐，有的士兵坚持日常操练，有的士兵却整日游手好闲，而射击军的成员更离谱，他们要通过做生意、打工来养家糊口，哪有时间去训练。这样的队伍，遇到强有力的对手时，溃不成军只是个时间问题；最重要的一点是俄军的装备极差，火枪、火炮数量奇缺，许多士兵还扛着长矛、板斧等冷兵器，就连为数不多的几艘战船，也是速度极慢的双桅帆船，根本无法与英国及荷兰的快艇、战舰相提并论。没有统一编制、素质差、自由散漫、装备原始落后，这些问题都足以使俄军在某一次大规模战役中全军覆没。

然后是俄罗斯冗繁的官僚机构。沙皇时期的俄罗斯，大贵族和贵族是整个国家地位最高的一群人，他们不仅把持着经济命脉，还霸占着国家的行政机构。如果这群贵族们一心为国，那倒也罢了；但他们霸占权力的目的，却是炫耀权贵和中饱私囊，对于国家大事的思量与定夺漠不关心。原本一件并不复杂的政务，却要办事人员来回奔波于多位贵族之间，迟迟得不到首脑们的点头，办事毫无效率可言。另外，当某一件事摆到台面上时，这些贵族们考虑的不是它对国家的影响和意义，而是看它是否触及到了自己的切身利益，若对自己有利，则全力支持，反之，则坚决否定。俄罗斯这样的国家机构，早已不能与国家的运作相匹配了，必须要破除官僚壁垒不可。

最后，是贫瘠的精神文化。在17世纪的俄罗斯，最"昂贵"、最"奢侈"的东西，应该就是文化教育了。疆土辽阔的俄国，没有一所学校存在，这不能不说是一种讽刺，就算是在克里姆林宫长大的皇子、公主们，也没有专属的"皇家学校"，他们只能在皇宫、修道院接受宫廷教师的教育。皇子们是这样，更不用说疾苦的平民百姓了。

事实上，在皇宫之中，那些精于勾心斗角、权术倾轧的高官政客们也并非都有学识，他们只是继承了祖辈的衣钵，穿上了"贵族"或"公爵"的外衣而已，并非靠真才实学获取的荣誉和地位。令人发笑的是，许多政府首脑们连字都不识，他们看不懂公文、写不了文书，全靠那些有知识的手下来为自己读写文件。更让人觉得不可思议的是竟然有大贵族和教会人士害怕知识，他们认为这是亵渎神灵的行为，人们接触科学知识，只能被"妖魔所迷惑"，最终会被神灵所抛弃。统治阶层有这样的想法，文化教育根本不可能得到普及，人民的精神生活只能落后而贫瘠。

通过以上的描述，我们能清晰地了解到，17世纪的俄罗斯已经面临了一个重要门槛，如果踏不过去，俄罗斯面临的将是无法想象的灾难——内忧、外患，饥饿、战争；如果踏过去了，那么俄罗斯将迎来新的历史篇章，不仅能保持在国际中已经取得的地位，而且还能继续上升——然而这一切，必须来一场轰轰烈烈的改革，不想灭亡，唯有革新。

俄罗斯人民经受过战争洗礼，忍受过别国奴役，好不容易争取来独立与自由，他们决不允许悲剧重演。当年伊万雷帝冒死的拼搏，后人岂能忘记呢？

伊万雷帝，就是伊凡四世，他是瓦西里三世与叶琳娜·格林斯卡娅之子，也是俄罗斯历史上的第一位沙皇。伊万雷帝当政之初，俄罗斯政局十分混乱，大贵族势力为了保护自己的利益，不惜与国家抗衡。当时大贵族势力所代表的是已经过时的封建割据势力，他们的存在已经严重影响到俄罗斯经济、政治、军事和文化的发展，被时代潮流所抛弃了。伊万雷帝依靠人民和进步的沙皇直辖军，将这些大贵族势力一举消灭。伊万雷帝不仅开创了俄罗斯沙皇制度的先河，而且还清除了阻碍时代发展的障碍，为俄罗斯跻身世界强国奠定了基础。

尽管伊万雷帝统治时期，俄罗斯获得了空前的繁荣和地位，但这并不意味着俄罗斯就成为世界霸主，从此高枕无忧了。16世纪末，俄罗斯与其他欧洲先进国家相比，还是非常落后。欧洲列强对这个正在崛起的大国虎视眈眈，他们不想让俄罗斯与自己平起平坐，又对俄罗斯广袤的土地垂涎三尺，谁都想从它身上瓜分一块肥肉。波兰人和瑞典人一直蠢蠢欲动，17世纪初，他们终于忍不住下手了。瑞典人举兵而入，侵占了俄罗斯西北部的大片领土，并且长久霸占着诺夫哥罗德地区；波兰人更无耻，他们打着善意的旗帜进入莫斯科，当他们看到莫斯科的财宝后原形毕露，这些波兰的贵族们率领自己的部队和步兵，对毫无防备的莫斯科进行了大规模的洗劫和破坏。人民财产被抢劫一空，城市和村庄的房屋也被这些披着羊皮的狼纵火焚烧，俄罗斯人民奋起抵抗。在爱国将领库兹马·米宁和德米特里·波扎尔斯基的领导下，俄罗斯人民万众一心，组成了空前强大的俄罗斯民军，用手中的武器将这些入侵者赶出了俄罗斯的国境，终结了外国人对俄罗斯部分地区的殖民统治。

彼得大帝自幼崇拜伟大的伊万雷帝，他儿时就幻想能够成为伊万雷帝那样的政治家、改革家。厚重的历史给了他改革的勇气，而当时俄罗斯的历史进程也迫切要求进行一番改革，这都是有现实依据的。俄罗斯在17世纪前期，在经济、文化等方面有长足的进步，只是旧有的制度严重影响到了进步的幅度。

正是在17世纪，俄罗斯最早的企业出现了，尽管它是在手工工场诞生的。在俄罗斯北方沿海地区、伏尔加河流域以及雅罗斯拉夫尔等地区，那里土壤不够肥沃，贵族和大贵族在那的农场也不算广阔，人民只能靠自己手艺想办法谋生。劳动力的解放、生活压力所迫，导致在这些地区出现了家庭式的手工作坊，一家人甚至一个家族的人聚在一起，专门制作某一种产品，比如手工制作的烟斗，这在俄罗斯市场是巨大的；还有很多农奴主们，他们在农奴劳作之余或农闲时，让闲着的农奴制作一些简单的手工艺品，比如为半成品的俄罗斯套娃上色，或者将它们按大小套在一起。后来，这些农奴主发现，让农奴从事这一行业的生产价值，远比他们务农卖粮食赚钱多得多，所以他们索性让一部分农奴专门从事这一行业，农奴主的作坊逐渐兴盛；除此之外，在吐拉和卡希拉等靠近铁矿石原料、炼铁厂的地方，也陆续出现了铁制品厂，它们带动了奥洛涅茨、兹韦尼哥罗德等地的工厂发展。

从事工业生产，农奴们不管是所受的待遇还是创造的价值，都远远高出农业生产。越来越多的农奴意识到这个问题，他们衡量再三，决定从世代居住的农村搬到大一些的城市里去。有些被枷锁束缚的农奴不惜冒着被打死的危险，也要摆脱现状，逃出农奴庄园，逃到城市中讨生活。随着越来越多的人口迁徙到城市，俄罗斯的城乡格局发生变化，城市居民越来越多，中小城市与日俱增。据统计，17世纪后半叶，俄罗斯已经建立了一百六十多个城市，达到俄罗斯历史上前所未有的繁荣。

百姓的迁徙与劳动的分工，导致工业区与农业区分离，并且差异越来越大。比如，在土拉、卡尔戈波尔、乌斯秋日纳等铁矿石分布的地区，聚集了铁制品手工业作坊，随着这些作坊数量的增多，逐渐形成工业区的规模；靠近山区、林区的雅罗斯拉夫尔、别洛泽尔斯克、科斯特罗马、下诺夫哥罗德等地区，由于丰富的动物资源和植物资源，吸引了大批的捕猎者和伐木工，制革品、毛绒纺织业以及木制品制造业蓬勃发展起来。这些地区的贵族和大贵族们，不再靠经营农产品为生，而是将耕田用以厂房建设，将农奴培养成为具有一定手艺的工人。在这种环境下，手工业水平越发成熟与专业，与其他农垦区有了本质的区别。

手工业的兴盛，势必会带动商品贸易与市场的发展。原材料分布不均以及富裕起来的人民生活，也加剧了贸易的频率与范围。根据俄罗斯17世纪的税册记录，许多大中型城市不再局限于两个或三个城市间的商品贸易，而是拓展到十几个甚至几十个。比如著名的维亚济马与四十五个城市间保持商品贸易，正在崛起的新兴城市季赫温已与三十多个城市进行了商品交易。这些城市利用自己得天独厚的条件，将优势发展到最大化，形成了自己的特色产业——西伯利亚地区的动物资源丰富，皮革制品又多又好；北方城市林区多，木材和木制品源源不断送往南方城市；那些靠近北冰洋以及河流的城市，则将新鲜的鳕鱼、鱼油送往全国各处；伏尔加河地区盛产的钾碱运往农业生产区，而北乌克兰种植的谷物，再反哺回伏尔加河地区。优势和特产就是一座城市的名片，小商小贩游走在这些城市间，弥补了城市的缺陷外，也提高了人们的生活质量。

国内贸易红红火火，国际贸易也被带动了起来。有着敏锐的经营头脑和商业嗅觉的人们，不仅看到了城市间的优势和缺陷，还同样看到了国家之间的不足。他们拉着货物从全国各地聚集到莫斯科，再通过霍尔莫戈雷和阿尔汉格尔斯克，进一步与英国、荷兰、丹麦和西欧国家进行贸易。某些城市的职能日渐发生变化，如纳尔瓦，成为了连接国际间贸易的重要港口城市。

工业、手工业发展势头之猛，贸易的扩大化与国际化，原有的经济政策已经不能适应新的国情了，莫斯科政府急需制订新的政策，来顺应和推进国内经济的进一步发展，否则破败不堪的俄罗斯将坠入无底的深渊。

改革的先行者们

任何一个国家的改革大潮，都不是突然从天而降，更不是某个国君的突发奇想。早在彼得的父亲在位时，沙皇阿列克谢·米哈伊洛维奇就已经嗅到了改革的气息。沙皇阿列克谢是一个好奇心非常强烈的人，他有学识，眼界广，对一切新鲜事物都不排斥，这为西欧先进科学知识能被引入俄罗斯创造了可行的条件。然而，他终究不是举起俄罗斯改革大旗的那个人，尽管他思想先进，但性格优柔寡断，无法与旧时代、旧思想彻底决裂，在两者之间犹豫徘徊，在这种环境下，改革是不可能实现的。

但不能否认的一点是，沙皇阿列克谢已经将一只脚踏进了改革的领地——这对彼得来说，已经足够了。改革的浪潮已在翻涌，变革的车轮已在路上，前辈们为彼得作足了改革的准备，万事俱备，只待这位改革家振臂高呼、大显身手了。

所以，从某种程度上来说，彼得大帝的智慧要比他的改革大计还要耀眼。因为他在决定国家命运的十字路口处准确地判断到了时代的动向，毅然与旧时代、旧传统割裂，选择了艰辛但却无比光明的改革之路。假如他没有顺应时代，继续向旧势力屈服，那么他只能延误俄罗斯的发展进程，甚至成为历史的罪人。

值得庆幸的是，彼得选择了改革，选择了那条唯一正确的道路。他的功绩不只如此，在他认定改革之路后，并未做甩手掌柜，而是将自己的全部身心、所有精力投入到改革之中，全心全意为祖国服务，事无巨细、事必躬亲。正是彼得这种坚毅的态度，改革才没有半途而废，也没有走偏走歪。

克里姆林宫的贵族皇亲们大多数都没有知识、贪财恋权，但也不乏真才实学、有远大抱负的少数贵族，他们深知俄罗斯存在的问题，也提出了一些行之有效的解决办法，他们是先于彼得大帝的改革者们，是俄罗斯国家改革的先行者们。

在这些改革的先行者中，阿法纳西·拉夫连季耶维奇·奥尔登-纳晓金是成绩最大的一位。奥尔登-纳晓金是一位有着远见卓识的大贵族，他审时度势，拟定了一套新的经济政策，命名为《1667年诺夫哥罗德规章》。这套新的规章，主张将杂乱无章的关税统一，并且制定了明确的关税税率，不再任由贵族们随意更改。除此之外，还有一项对俄罗斯发展对外贸易非常利好的规则——政府要对俄罗斯外贸商人实行保护政策的贸易章程，政府鼓励商人走出国门，对提高俄罗斯的国际地位和经济影响力有着双重重要性。

这套新的经济政策，不但预先规定了贸易的发展模式，还规定了工业的发展，高瞻远瞩，大有高屋建瓴之态；它鼓励商品输出，而非原材料输出，对俄罗斯经济健康发展奠定了基础。新的规章制度，标志着17世纪俄罗斯重商主义经济的诞生。

奥尔登-纳晓金对俄罗斯经济改革的贡献是巨大的，他为俄罗斯之后要建成的"鹰"号海船奠定了基础，而且他还创立了港埠租赁的谈判制度，使得港口不再专属于某人某地区，运作起来更加灵活与高效。然而，奥尔登-纳晓金提出的一系列措施已经超过了他所处的时代，有些过于超前和理想化了。

比如，他在诺夫哥罗德规章中，建议商人们不要单打独斗，而是合伙从事贸易活动，即成立合作性质的贸易公司。这对于刚起步的商品贸易来说，实施起来是非常困难的，用一句俗语来形容，就是"还没学会走，就要急着跑了"。另外，他还拟定了创建城市自治和商务衙门的方案，但对于当时来说，真正能利用上还尚需时日。尽管奥尔登-纳晓金的许多改革方案没能实现，但值得欣慰的是，彼得大帝在他大刀阔斧的改革中有效使用和借鉴了奥尔登-纳晓金的那些方案。是金子终会发光，彼得大帝没有辜负奥尔登-纳晓金，他让奥尔登-纳晓金的那些"不切实际"的方案，一一成为了现实。

经济上的强大，使俄罗斯不再是外国旅行家们描述的"偏僻莫斯科维亚"了。一个"穷乡僻壤"之国现在已经成为了泱泱大国，到伊万三世登基时，俄罗斯已经在国际事务中占有了重要的话语权。

俄罗斯的统治者们，尝到了经济改革的甜头，他们将改革的目标，继而转向了军队的改革。毕竟，17世纪初被瑞典人和波兰人掠夺、奴役的滋味实在是不好受。

军事改革最迫切的一个问题，就是国境线防御的问题。昔日波兰人和瑞典人之所以能够轻而易举地举兵来犯，就是因为俄罗斯的边境守卫形同虚设。有些大臣如同惊弓之鸟，他们主要以大贵族为主，生怕自己的财产和领地再受到洗劫，于是强烈主张在边境线安排重兵防守，能不进就不进，能不出就不出，达到"一只鸟也飞不进来"的效果。这样做的确很安全，坐拥财富的大贵族们可以高枕无忧了。但是，有志之士意识到一个问题，闭关锁国的话，势必会使俄罗斯日渐孤立，刚刚取得的国际话语权，岂不是再次丧失了？俄罗斯绝对不能再回到金帐汗国统治时期那种与世隔绝的状态了，要知道造成俄罗斯落后、被人随意凌辱的罪魁祸首，正是那自我封闭的桎梏！

最终，大贵族们屈服了，杜马和议会的意见达成一致，在加强国境线防卫的同时，鼓励发展外交与商贸。俄罗斯国内开始出现外国人，这些外国留学生、外国使团来俄罗斯进行文化和学识的交流，将西欧的科学知识传播到了俄罗斯的土地上，促进俄罗斯科学、文化和思想的发展与进步。另一方面，俄罗斯独特的文化、艺术也走出了国门，它们跟随那些外国友人到达西欧各国，让世界认识到了俄罗斯。

经济、军事、外交的快速发展，使那些古板、守旧的贵族和大贵族们已经跟不上了时代的步伐。旧时的制度中，有一个由乡绅、贵族们组成并召开的会议，叫作"缙绅会议"，这个会议对国家大事的定夺起着举足轻重的作用，比如沙皇的推选、政策的拟订。可是，现在这些乡绅、贵族们的思维已经跟不上国家发展的节奏，他们搞不清新经济政策的运作原理，之前盲目否决掉的一些政策，事后也时常被证明是明智的。毫无疑问，他们已经对国家事务无能为力了，缙绅会议从此关闭。与贵族们几乎无异的大贵族们，他们所把持的杜马作用也逐渐下降，影响力越来越小，若不是看在他们祖上对俄罗斯有功的分上，杜马也要关闭了。随着缙绅会议、杜马会议的陆续关闭和衰微，掌管国家事务的近臣办公厅、枢密衙门等部门的权力越来越大，他们只需要听从沙皇的指令，对沙皇负责即可，再也不用去看那些贵族和大贵族的脸色了——这标志着沙皇君主专制制度正式形成。

也许是闭关锁国的时间太长了，也许是再也不想被敌国侵略奴役，又或许是受经济发展的影响，总之，在大发展的环境下，科学文化也不甘落后。17世纪，俄罗斯的科学、文化正经历一个新的纪元。

总体来说，科学文化的发展，首先，主要指俄罗斯的数学、力学以及化学，它们都是与研发新式武器有关的学科，然后才运用到了生产、生活里。其次，是地理、植物和天文学。随着国门的打开，俄罗斯人开始接触本国所没有的地貌、动植物和矿物质。天文学的发展，由最初为商队寻路指南，慢慢发展为对天体的观察与研究。

改革家奥尔登-纳晓金的突出成就，不仅局限在经济改革方面，他对科学文化改革同样有着独到的见解。他曾经说过："外国人所有的好东西，我们都应该拿来学习，这不是什么丢人的事。"但同时，他又辩证地看待外国的先进知识，他提出不能对外国的东西照搬照抄，就像外国人的外衣，他们的外衣是单薄的，而俄罗斯人是皮衣皮袄，相互都不适合。

17世纪，曾有本关于俄罗斯当时现状的书籍，在这本《1667年诺夫哥罗德规章》中，全面反映了俄罗斯处于复兴时代的科学观念。

《规章》中要求，绝对不能照搬西欧的科学文化，要根据俄罗斯的具体国情，以俄罗斯的国家利益为中心，将西欧各国的先进知识有选择地吸收、借鉴，最终成为俄罗斯科学文化中的新成分。《规章》的颁布，刺激了俄罗斯人走出去的热情，他们对国门之外不再是害怕、厌恶，而是抱着好奇、学习的态度，对外国的事物客观、公正、科学地对待，大大增加了对世界各国的了解。通过"走出去"，俄罗斯人认识了埃及与它的尼罗河畔，知道了美国佛罗里达和它的邻国墨西哥，更知道了苏门答腊岛和距离它不远的古中国。

有人去国外进行探索，也有人对本国俄罗斯的疆土进行了重新审视。他们骑着马，在俄罗斯荒凉的道路上前行，深入那些荒无人烟的地方。正是在那里，他们发现了鄂毕河、额尔齐斯河，发现了大石岬和冰雪覆盖的白令海峡，也发现了堪察加半岛和流向中国的阿穆尔河。这些名川大河，是俄罗斯之前所不了解的，他们只知道流经家门的那条河，却从未去追寻过它的源头和入海口。新的探索者们用自己的实际行动弥补了俄罗斯本国地理知识的空白，也进一步精确、丰富了本国的地形图。

从地理位置来看，俄罗斯东濒太平洋，西临波罗的海，西南为里海，北靠北冰洋，海洋资源丰富。奥尔登-纳晓金早就预见到了这一点，他曾明确指出，俄罗斯的未来是在海上，要成为海上的霸主。为此，他孜孜不倦地要求当局者在波罗的海展开积极的外交活动，在近海地区兴建港湾码头，甚至组建正规的海军，向瑞典宣战雪耻。他还建议俄罗斯人到更远的地方居住，为俄罗斯开拓更为辽阔的疆土。可惜的是，奥尔登-纳晓金的这些想法，与前面的经济改革一样，超出了实际，多数想法都没有实现。史学家曾这样评价奥尔登-纳晓金：生活在17世纪的奥尔登-纳晓金，他的远见卓识是那个时代所无法理解的，但那些改革方案，却在未来的18世纪得到了实现——奥尔登-纳晓金已经预见到了下一个世纪的事，他的聪明才智的确让人惊叹和佩服。

改革者们不只奥尔登-纳晓金一人。知识渊博的学者瓦西里·瓦西里耶维奇·戈利岑在17世纪初期俄罗斯改革中也同样非常活跃。他也意识到俄罗斯的军队和农业都急需要改革。他深知俄罗斯军队东拼西凑的弊端，亲自拟订了一套建立正规军的方案，由沙皇亲自率领，俸禄也由国家统一发放，这样的军队可以接受统一的操练，调集征战也不会再出现混乱的情况。戈利岑也很了解农奴制的局限，虽然国家通过强硬手段将农民束缚在土地上，但他们因为毫无人身自由，耕作起来也毫无热情，根本就不会把提高农作物产量放在心上，整天脑子里只想着如何不吃皮鞭、不挨打。所以，戈利岑认为要对农业进行改革，必须要先改变农民的处境。

然而，知识渊博的戈利岑比奥尔登-纳晓金想法还要超前，他的那些改革计划不仅不被人理解，而且还被嘲笑为"空洞的计划"。他与奥尔登-纳晓金不同，他并不熟悉资本经济的运作，也不能切实体会到农民以及下层阶级的疾苦，这导致他的方案远远脱离实际。戈利岑曾提出，要通过社会改造来提高人民的道德水平，并且让教育普及到千家万户。他的这些方案在今天看来的确充满了智慧，但在当时来说，老百姓连饭都吃不饱，何来"提高道德水平"，教育的普及能填饱人民的肚子吗？所以，他的理念遭到了嘲笑和排斥，没人在乎他脑子里在想些什么，就连波兰使者奈维尔对他的采访谈话，也没有公布于世，更不用说他那本藏在书房里《关于公民生活及对人民习以为常的一切事情的改进》的手稿了。

改革，需要脚踏实地，需要真实可行。奥尔登-纳晓金和戈利岑没有做到，他们站的高度已经跨过了现实，在这一点上，有些大贵族们反而做得很好。

鲍里斯·伊万诺维奇·莫罗佐夫和阿尔塔蒙·谢尔盖耶维奇·马特维耶夫二人都是大贵族，前者曾跟随过彼得的父亲，后者是一位历史学家。他们二人受到改革思想的影响，在自己所专注的行业内实行了贴合实际的改革。

阿尔塔蒙·马特维耶夫在他所了解的戏剧方面进行了大胆改革。众所周知，在17世纪以及之前的时间里，不管是公主还是贵族、大贵族的千金小姐们，都是不能抛头露面的，她们或是在修道院中，或是深居闺中，作为一名修女来学习教义。阿尔塔蒙·马特维耶夫认为此举非常浪费时间和生命，女人可以不在政治舞台上有所作为，但她们应该有属于自己的特殊"舞台"。在这个"舞台"上，女人们可以欢歌，可以跳舞，时间不再那么难熬，生活也不会再那么乏味。为此，在阿尔塔蒙·马特维耶夫的倡议下，俄罗斯最早的剧院和戏剧学校诞生了。

戏剧学校培养了大批戏剧人才，她们在这里学习，然后到皇宫的剧院里进行演出，成为皇宫中新的娱乐方式。皇族、大臣们在休闲时光齐聚大剧院内，看着这些熟稔的女孩子们扮演着不同角色，在台上表演歌剧和话剧，被逗得前仰后合。皇宫的剧院，也是彼得大帝后来开创舞会的诞生地。

与鲍里斯·莫罗佐夫和阿尔塔蒙·马特维耶夫有着相似改革经历的，还有一位叫作费奥多尔·米哈伊洛维奇·勒季谢夫的神学家。他相信神学，但又崇尚科学——其实这并不矛盾，他拯救世人的方法，不仅用神的宗旨来医治世人的心灵，还用现代医术医治世人的身体。在他的资助下，俄罗斯最早的一批医院拔地而起，他挽救了千千万万的病人。另外，由于农奴生活贫困，很多婴儿出生后因为没有钱养活，只能遗弃在修道院或路边。很多修道院的孤儿早已人满为患，远远超出了收养能力，修女们只能看着一个又一个的婴儿消逝在冰雪中。勒季谢夫考虑到，不能让孤儿自生自灭，收养孤儿的

责任也不能全靠修道院，国家应该有一个专门抚养孤儿的地方。他将孤儿们集中到一起，创建了俄罗斯第一个孤儿院。

17世纪的俄罗斯，正是在这些平凡的改革者手中，一点点变得伟大。然而，尽管如此，很多自命不凡的西欧使者们，依然看不起这个仍旧贫困的国家，在他们眼中，俄罗斯正经历的改革不值得一提，无论这个国家如何改革，都是野蛮、穷困的。

只有经历过磨难的俄罗斯人，才有资格去评价那段时光。著名的哲学家、文学家别林斯基曾这样评价彼得大帝之前的俄罗斯："那是一个多么好的时代！那些改革者们，又是多么伟大的人啊！他们的才能与取得的成绩，丝毫不逊色于莎士比亚与沃尔特·司各特！"别林斯基并未言过其实，正是这些改革家将改革的种子撒播到了俄罗斯的土壤中，才最终孕育出了彼得大帝的伟大革新！

这样就不难解释为什么在那段时间里会有很多外国人争相移居到莫斯科来了。在这些移民而来的外国人中，一个叫作尤里·克里扎尼奇的克罗地亚学者尤为著名。克里扎尼奇是斯拉夫族人，他离开了生他养他的克罗地亚，将俄罗斯当成了自己的第二故乡，是什么原因让他能够毅然离开自己的祖国呢？

其实，克罗地亚的境况与当时的俄罗斯非常相似。

俄罗斯经历过外国列强的统治和压迫，克罗地亚同样正在经受异族统治。但是，俄罗斯通过自己的力量将波兰人和瑞典人赶了出去，这是克里扎尼奇最崇拜俄罗斯的地方。他痛恨殖民统治，痛恨那些正在欺压同胞的外国人，但是国内人民却甘心受辱，不能像俄罗斯人民能够为捍卫祖国而浴血奋战。他曾说，斯拉夫民族是世界上经受外国奴役最凄惨的民族，然而国人却不自知，因为这源自对外国人的盲目崇拜；国人对外国的一切事物都赞不绝后，只要是外国的东西都是最好的，这种妄自菲薄的思想，最终使自己的国家被他国所统治；而伟大的俄罗斯没有这样，他们崇拜波兰、瑞典，但不盲从，他们有着原则和底线，谁敢触及，就拼死守护。

克里扎尼奇是对的，正是因为俄罗斯的不盲目崇拜，那些改革者们才没有全盘西欧化，而是通过借鉴、学习西欧先进知识，使自己独立自主地发展壮大。这一时期的改革，虽然没有发生质的变化，也没有对世界格局变化产生影响，但它却是一个承上启下的时代，为之后彼得大帝的宏观改革提供了坚实而有力的基础。

不管是自己的父亲老沙皇，还是那些有志之士的改革先驱们，他们都为年轻的彼得铺好了道路，这对刚登基的彼得来说，是颇为有利的地方。但是，他们的改革并没有得到莫斯科上下的认可，很多改革措施都是暗中悄悄进行的，还有部分改革由于超前性、不合时宜或者水土不服而半途而废，所以那些改革措施对彼得来说又无法直接拿来使用，或者继续贯彻进行。因为，彼得急需要更适合俄罗斯国情的、全民的改革措施，才能真正改善俄罗斯穷困的境地。

然而，彼得大帝不可能解决掉俄罗斯存在的全部问题。俄罗斯的桎梏太多、积习难改，千百年的基业要靠彼得一人去改进，简直是蚍蜉撼树；再加上无论怎么改革，俄罗斯始终是一个由地主、贵族们把持的封建国家，彼得大帝的改革自始至终都具有阶级局限性。

第六章 不理朝政的沙皇彼得

成家立业、扫除政敌，彼得再也不是那个小彼得了，他长大了。坐在沙皇宝座上的他有着凌厉的眼神与敏捷的思维，谁也不敢小觑这个不到二十岁的年轻的沙皇。

一位与彼得曾经有过多次接触的荷兰学者，他这样描述年轻的沙皇彼得："沙皇聪明伶俐，观察力和洞察力极强，他的言行举止能赢得在场每一个的好感，而且使人信服。他在早期的生活中就已经表现出来对戎马生活的强烈爱好和天赋，人们都看好这位年轻的沙皇，他做出一番英雄业绩是迟早的事。有些鞑靼人对此发出这样的感慨，鞑靼人最后一位统治者的日子，终于要来临了。"

一位刚满二十岁的青年，就拥有俄罗斯国家政权的一切，他的言行举止将不再受到约束和限制，甚至他的权力都不再受宪法的制约——这是多么让人振奋的一件事！西欧诸国的国君们在谈到彼得时，曾说他的登基让西欧不得不对俄罗斯产生了防范和顾及。要知道，这在之前的日子里，西欧国家除了想蚕食掉这个疆土开阔、资源丰富的国家外，几乎是不会正眼相看的。

很多人认为，彼得一上台，必定会引起俄罗斯政坛的腥风血雨，他一定会在扫除一切政敌后大展拳脚一番，在俄罗斯政治、经济等各个领域折腾个底朝天。然而彼得登基后，他的注意力和重心却无法全部转移到国家的建设上，出乎所有人的意料，他每天所想的、所做的以及所关注的事情依然与他的游戏有关——他还是沉迷于他与"少年游戏兵团"的游戏中。制造海船、兴建堡垒，向幻想的敌人开炮，沙皇彼得依然玩得乐此不疲。因为游戏，他多次耽误朝政，让外国的大使们苦等多日甚至无功而返。

这就是彼得当政之初的实情，这种情况的出现，跟彼得童年四处躲避灾祸、远离朝政有着很大关系。俄罗斯的人民需要给年少的彼得一点时间，等他将过去的陋习改掉、真正将目光投向俄罗斯的大好河山时，彼得大帝的改革政策才会逐渐孕育而出。

沙皇的游戏

刚登上沙皇宝座的彼得，玩心远比治国平天下的心思重。

虽然他现在已经能够正大光明地住在莫斯科的克里姆林宫内，但他依然喜欢住在普列奥布拉任斯科耶村，只是在迫不得已，特别是在母亲的再三要求下，才勉为其难地来到皇宫中，出席一些枯燥无味的庆典和活动。

在一次隆重的庆祝典礼上，太后和沙皇彼得以及一众大臣正在台上正襟危坐，当典礼进行到最高潮时，典礼不远处突然传来一阵枪炮声。卫兵赶紧持枪赶来守候，与会者也是纷纷抱头躲避，有人猜测是政变和暴动，也有人猜测是敌国的入侵，总之没有人知道外面究竟发生了什么事。但沙皇彼得却高兴地从座位上一跃而起，他脱下身上的皇袍，边拍手叫好，边向枪炮声传来的方向跑去。等所有人回过神来时，彼得已经冲出了宫门，他兴冲冲地抚摸这那些枪炮——原来，这是他"少年游戏兵团"的军事演习，而这一切，都是彼得早就安排好的，目的是让自己有机会从那枯燥乏味的典礼中脱身而出。

这就是沙皇彼得的游戏，显然，他还没有作好准备成为一名真正的沙皇。多数时候，他的这些游戏无伤大雅；但也有不少时候，会引起许多外交上的误会。

有一次，波斯使者来访，顺便带来了两头狮子作为礼物。波斯王国当时正处于萨非王朝的鼎盛时期，是全世界伊斯兰国家最重要的文化中心，其国际地位和影响力非同小可，就连西欧国家也要对它高看三分。可是很不巧的是，波斯使者来访时，沙皇彼得正在专心致志地玩他的快艇与军舰，对使者来自哪个国家毫不关心，这给皇宫带来了极大困扰——如若激怒波斯国君，

战争可能会一触即发，鸡蛋碰石头，后果可想而知。

谁的话都不入耳，好在彼得还有几个尊敬的人。列夫·基里洛维奇·纳雷什金和鲍里斯·阿列克谢耶维奇·戈利岑以及列福尔特等人，都是彼得敬佩的人，他们在这件事上起了很大作用，当然也费了老大的劲儿。几乎用尽一切办法，他们才将彼得从他的战舰上拉下来，回到克里姆林宫。

列福尔特深知彼得大帝喜欢饮酒，他就与彼得彻夜饮酒，同时和他谈论西方文化和当地的民俗，彼得喝着酒，听着自己最喜欢听的话题。当时机成熟的时候，列福尔特话题一转，立刻引到了自己的话题上。

"尊敬的沙皇陛下，俄罗斯与西欧诸国相比，疆土广袤、土地肥沃，但是为何在经济、军事方面却比他们贫穷落后呢？"列福尔特小心翼翼地说。

彼得喝下一杯酒，思索了半天，无言以对。

接下来，列福尔特动之以理晓之以情，向彼得讲述了俄罗斯在政治、经济以及军事各个方面存在的问题，还将贪腐不堪的俄罗斯政坛批得一无是处。他每说一处，都能拿出有力的证据证明自己的观点，彼得根本无法反驳。

"尊敬的沙皇陛下，俄罗斯就像一个人，她已经病入膏肓，急需进行手术，而且是从头到脚的大手术才行！"列福尔特激动地说着。

"泱泱大国，怎么样才能做手术呢？"彼得疑惑不解。

"改革！"列福尔特终于喊出了自己的心声。

虽然没有明确的史料记载，但是我们可以从一些寥寥话语中，得知当时群臣让彼得将注意力转移到国家大事上是多么的艰难！伴君如伴虎，古今中外都是如此。

除了彼得身边的近臣之外，还有一些人对彼得提出了意见，这些人可以说能够力挽狂澜、在克里姆林宫举足轻重，比如说宗主教约阿基姆。

新沙皇还是像原来那样喜欢玩游戏，一向支持彼得和太后的宗主教约阿基姆此时也对彼得提出了婉约的批评。其实，只要不过分耽误朝政，玩游戏倒无伤大雅。真正让他担心的是彼得过于亲近那些外国人，彼得原本就对宗教不热衷，自从接触外国人后，他整天搞科学、看天文，离神越来越远了。

经过几次批评后，彼得既没有为自己辩解，也没有提出抗议，他用自己的方式来对付这些"守旧的老顽固"——彼得索性不去圣三一修道院了。以前有事需要定夺时，彼得都会来到圣三一修道院，坐在院墙后面，等待宗主教的教诲与帮助。现在，彼得的翅膀已经硬了，他不再需要也不再允许别人对自己指手画脚了。

对于反叛期的少年，别人越不让他干什么，他就非要干什么。既然母亲和宗主教们都不让自己与外国人亲近，那自己就更要与外国人走得近。他不只亲近几个人，还要走进外国人居住的地方，这里被称为"德国镇"，也叫作"库奎"。

鲍里斯·阿列克谢耶维奇·戈利岑崇尚西欧，崇尚西方先进文化，他是"德国镇"的常客。现在，沙皇彼得有了去"德国镇"的想法后，他迫不及待地拉着彼得进入了"德国镇"。

"德国镇"上很多外国人都是彼得的熟人，比如曾经效忠于索菲娅公主的帕特里克·戈登将军，他在面临抉择时选择了彼得，这促进了索菲娅公主政权的垮台。除了戈登将军外，还有阅历丰富、性格开朗的法国人弗兰茨·列福特，他那讲不完的精彩故事让彼得无法自拔。当初彼得认识他们时，还要讲究宫廷礼节，一言一行都要瞻前顾后，稍有不慎就会被宗主教、母亲或其他长辈训斥。现在，他贵为沙皇，也早已长大，不再腼腆和畏首畏尾，每次来到德国镇，彼得都会放下沙皇的架子，与这些外国人们称兄道弟，什么社交礼节、什么君臣之别早已被抛到了九霄云外。彼得与这些讲着不同语言、有着不同信仰的外国人亲密接触，他们中有军官，有医生，也有游走于各国的商人和工匠，彼得不在乎他们的身份是否"尊贵"，在他眼中，他们都是平起平坐的朋友。

正因为彼得所受的宫廷教育少，所以那些繁冗礼节在彼得意识中才不那么重要，不拘礼节的行为更不会被认为是耻辱的失礼，相反，他对"德国镇"上那些外国人的生活习俗非常感兴趣。他刚一踏入"德国镇"，就急迫地想学习他们的问候语、送别话。"德国镇"上的一切都是那么新鲜，就连这里的姑娘都与莫斯科有着天壤之别。彼得在这里认识了他的心上人——美丽的安娜·蒙斯。

彼得的"婚外情"，谈不上是对是错，因为他的婚姻由母亲包办，他根本就没有选择权。婚前，彼得与费奥多罗夫娜·洛普金娜没有感情可言；婚后，他们之间的婚姻非常不幸福，这让彼得非常苦恼。

费奥多罗夫娜·洛普金娜是来自"著名"的洛普金家族，这个家族的人一向以凶狠、吝啬、小心眼著称，洛普金娜自然也逃不出这个"魔咒"。这位皇后虚荣心强，她知之甚少却不服于人，经常为了一点鸡毛蒜皮的事而吵架，自幼笃信上帝，迷信而守旧，是典型的大贵族家庭千金小姐。

彼得与她结婚后，她完全不能理解彼得的想法和行为，每次彼得与她谈到那些大炮和堡垒时，她都张着大嘴无言以对。妻子不明白丈夫的乐趣所在，而丈夫则惊讶于妻子的短见与自私。既然两人无法沟通，彼得也就不再花费时间和精力到妻子身上，转身又回到了他最爱的少年游戏兵团里。

本以为儿子的降生能缓解夫妻之间的关系，谁知1690年儿子阿列克谢的诞生，依然于事无补。彼得忙完政事后，去德国镇的频率越来越高，不但白天不间断地去，晚上也开始夜不归宿。他借着留宿在列福特家为幌子，住进了安娜·蒙斯的房间。在彼得还没有拿定主意是否将"德国镇"的生活习俗带到他的克里姆林宫内前，他已经将这里当作他最舒服、最悠闲的天堂了。在这里，没有四处弥漫的空虚，没有克里姆林宫那令人窒息的乏味，也没有宫里那匆忙、凌乱的脚步声；在这里，只有欢乐、轻松、畅所欲言与美酒、音乐，这里的生活方式是彼得所向往的，这里是他身心休憩的港湾。

与"德国镇"的人愈来愈熟稔后，彼得的交际范围进一步扩大，现在他不仅能与镇上的居民交流，还深入到他们的生活中，参加他们的各种活动，比如婚礼、葬礼和舞会。于是，在"德国镇"上大大小小的活动里都能看到这位年轻沙皇的身影。他积极而热情，人们已经习惯和接受了他，以至于如果彼得有事不能来参加活动时，镇上的人们都会非常失望。

在"德国镇"跟随艺术家们学完舞蹈、音乐后，彼得又对骑马、击剑产生了浓厚的兴趣，他从未感觉到如此愉悦，这个"德国镇"简直就是欢乐的源泉。为了更好地融入其中，彼得把一位随从的家当作自己的固定场所，他将原来狭小的房间进行了大规模的改造，使这里既宽敞又明亮，他还添置了许多奢华的家具，让这里更像是自己的家。

"德国人们"将维也纳当地的风俗教给了彼得，还教授了法国独特的"打闹方式"，这下更加热闹了——彼得邀请他的伙伴到他的"家"里做客，大家聚在一起随意打闹、豪饮，自由自在、无拘无束。

随着聚会的常规化和规模的扩大化，在某一次的畅饮中，有人提议为聚会起个响亮的名字。思维敏捷的彼得，立刻想到了一个好的名字——"最逗乐的大聚会"。这个名字真实反映出了聚会的场面，立刻被大家所支持。爱喝酒的马特维·菲利蒙诺维奇·纳雷什金成为这个大聚会的第一位"压阵"长者，他酒量惊人，整日醉醺醺、糊涂涂，是聚会最佳的"形象代言人"。他担任这一"职位"一直到1692年去世。之后，彼得的恩师尼基塔·莫伊谢耶维奇·佐托夫接过了重担，他原本就整日酗酒，到这里更加如鱼得水，再也不会有人嫌他"喝多了"，因为在这里任何人永远都喝不够。

在这个天堂般的"德国镇"，彼得有了自己的据点，也有了整日围绕在他周围的朋友和伙伴，他们趣味相投、爱好相似，这下更是乐不思蜀了。

沙皇的社交

对于沙皇彼得的社交活动和对象，有两个人一直对此颇有微辞，一个是彼得的母亲，另一位是教宗。他们看在眼里、急在心里，然而年轻气盛的彼得对此不以为然，他在用自己的方式表达着对腐朽宫廷桎梏的强烈不满。

在皇太子阿列克谢·彼得罗维奇出生的庆典活动中，教宗已经是灯油枯竭之躯，他强打着精神举行完了庆典的仪式后，重重地倒下了。教宗的临终遗愿，正是对沙皇彼得社交的不满和不安。在遗嘱中，他恳请彼得不要再与那些外国人来往如此密切，他应该将军队的指挥权从外国人手中收回；同时，将日耳曼村里基督教徒聚集的教堂拆掉，信仰危机带来的灾难不亚于军事危机！然而彼得对这些话语丝毫听不进去，他埋葬了教宗后，不仅没有拆掉用来祈祷的基督教堂，而且还委任学识渊博的普斯科夫教区的马塞尔出任新的教宗——这一切都与老教宗的遗愿完全相背。在彼得看来，传统、愚昧又至高无上的教会需要改革才行，他只是碍于老教宗的面子，才一直拖到现在才进行改革。此刻的时机成熟，他终于在教会这里走出了改革的重要一步。

然而彼得的母亲却坚决反对。她的出发点和一切原则都出自因循守旧，说出来的理由更是让彼得哭笑不得——因为马塞尔喜欢说外语，而这些是属于野蛮人的语言；他留的胡须太短，不符合教会神职人员的仪容要求。总之一句话，这位深受欧洲文明影响的马塞尔根本就不配当沙皇俄国的教宗。

腐朽的思想、落后的制度、愚昧的传统，母亲的一番话，让彼得产生了空前的厌恶感。如果换作别人的话，彼得一定是充耳不闻，但她毕竟是自己的母亲，是沙皇俄国的太后，彼得不得不听之任之。然而彼得心中的怒火是不会被压下去的，他不仅没有割断与"德国镇"的往来，而且还愈演愈烈——他去"德国镇"的频率越来越高了，即便是新生的皇子也阻挡不了彼得前往"德国镇"的热情。他会在克里姆林宫里与刚降生的儿子手舞足蹈地玩耍一会儿，等到玩累了之后，又独自一人大摇大摆地跑回了"德国镇"。他不仅没有剥夺戈登将军的权力，而且还委任他为总参谋长。以前，彼得在去他家的时候，为了掩人耳目而蹑手蹑脚；而现在，他会大张旗鼓地到戈登将军家，并且用非常隆重的方式去吃晚宴。要知道，当他与戈登将军共进晚餐时，有不计其数的外宾、大贵族们正在克里姆林宫敬候沙皇彼得的到来呢。

除了戈登将军之外，彼得在"德国镇"还有一位叫弗朗索瓦·勒富尔的挚友，他同样也被宗主教和太后归为"狐朋狗友"这类人，阻止彼得与他的社交活动。勒富尔天性喜欢冒险，虽然他并没有接受过系统、高等的教育，但他由于周游过列国，会说法语、德语、意大利语等多国语言。会说多国语言并不是吸引彼得的重要因素，离奇的经历、惊险的遭遇以及高超的讲故事方式，才是彼得最向往的内容。每当彼得急匆匆来找他时，都要勒富尔讲述那些惊险刺激的所见所闻，这些亦真亦假的故事，让彼得更加向往欧洲诸国。勒富尔并不是一个只会讲故事的骗子，他精通各种武艺，枪法精准，而且还是一个技艺精湛的骑手，彼得对他的一身本领崇拜有加。

如果说去戈登将军的家是彼得一种对政治无声抗议的话，那么去勒富尔的家，则是他全身心的放松和社交。勒富尔为了款待彼得，在村子里建造了一间极为漂亮的大厅，里面的墙上挂满了精美的壁画与装饰品，可容纳一千多人同时在大厅中起舞。这间大厅比克里姆林宫内最豪华的宴会厅还要宽敞、漂亮。有了性情相投的好友，有了固定而漂亮的会客厅，彼得更是对这里深深迷恋了。在彼得的号召下，几百人、上千人汇集于此，大家唱歌、跳舞、喝酒，一次聚会畅饮三四天才结束是很普通的事。

当聚会的人们全都酩酊大醉后，当某人提出一个大胆的建议时，当圣诞节来临之际，醉醺醺的人们从勒富尔豪华的大厅中走出，他们在街上游行、狂欢作乐，哪怕时间已是深夜，热情依然不见消退。无休止的酗酒、熬夜、狂欢，这种娱乐方式是损害身体健康的，甚至是致命的，但这群人明知如此，却还是执意坚持。在他们看来，为了娱乐而搭上性命，这是非常值的一件事，哪怕是主动去送死，也在所不辞——这就是彼得"社交"的乐趣所在，也是他到这里来"聚会"的动力所在。

随着社交范围的进一步扩大，随着彼得对腐朽的传统日渐加剧的不满，大聚会又有了新的娱乐方式——模拟剧。模拟剧是效仿神秘剧《巴胡苏》的形式，内容以对天主教、罗马教皇和宗主教的讽刺、嘲笑为主。这些模拟剧粗鲁而放肆，但效果却令人捧腹大笑，这都折射出彼得对克里姆林宫的极度不满。

彼得的行为引起了莫斯科的强烈关注和不安。大贵族们齐聚克里姆林宫，所谈论的都是这个爱醉酒的小沙皇。彼得是不是中了邪？上帝会让他恢复之前的理智吗？他会像他的祖辈那样带领俄罗斯继续前行呢？他与外国人如此亲密，会不会将俄罗斯出卖给他国呢？

这些疑问，谁也无法解答，就连整日陪伴在彼得身边的那些小跟班们，也开始对彼得产生了怀疑。讽刺的是，他们一边向彼得学习如何穿洋靴子和洋礼节，一边背后说着彼得的坏话——可见彼得当时的行为的确不是一般的疯狂。彼得对这些风言风语漠不关心，好像他们所说的是另一个叫彼得的人。

普通人长期生活在这种奢华、糜烂的娱乐氛围中，一定会沉沦其中，整天在享乐中度过。但彼得毕竟不是普通人，他的学习能力超强，即便是醉酒、欢闹，他仍然能学到知识。这种将娱乐与学习结合在一起的方式，普通人真的学不来。

正是在觥筹交错中，彼得认识了真实的荷兰与英国，这是整个莫斯科所不知道的东西。通过闲谈与精彩的故事，彼得还知道了海外其他国家的详细情况，例如那些著名的海港和城市，还有欧洲统治者们强悍与灵活的外交手段以及各国的军事、科技与宗教、风俗。就这样，彼得没有走出国门，但却已经了解到了国外的动向。

与这些知识同样精进的，还有彼得广泛的兴趣。他的几何学、航海学、炮击术、建筑学等同样有了长足的进步。娱乐、学习、工作三者结合在一起，彼得时时刻刻都在娱乐，也时时刻刻都在学习与工作，这样的工作绝不再乏味，达成的效果自然也是事半功倍。

对欧洲的狂热，对国内射击军与大贵族的憎恨，势必会使彼得更偏爱西方。当俄罗斯与西方国家产生利益争执时，彼得总会作出有利于西方国家的判断，哪怕损失部分利益也无妨。他是如此崇拜西欧，以至于会不假思索地吸收西方的东西。当然，此时的彼得心智还未成熟，等他再长大一些时，他就知道如何取舍精华和糟粕了。

新知识、新技能如开闸的洪水般涌入彼得的脑中，他已经不能满足于那些小打小闹般的游戏以及在战场上冲杀的幻想了。1691年的10月，彼得调集了他的全部"少年游戏兵团"，让他们组成正规军团，与射击军、雇佣军组成的"敌军"，在普列奥布拉任斯科耶村举行大规模的"游戏"。这一升级版的游戏，其实就是现在的军事演习——谁也未曾想到，彼得那酗酒、聚众游行、胡打乱闹的社交活动，居然与军事活动联系到了一起！

最先让彼得闻到火药味的，还是经验丰富的戈登将军。戈登将军了解一些制作火药的工艺，他最早给彼得展示的是中国的烟花。随着一枚枚烟花在莫斯科的上空绽放，彼得高兴得手舞足蹈。克里姆林宫内的王公、大臣以及莫斯科城内所有百姓们诚惶诚恐，他们还以为是别国入侵到城下，要展开炮弹轰炸攻势了。说者无意，听者有心。这些话传到彼得耳朵中后，居然极大地刺激了彼得的野心——他在要求臣民们熟悉炸药的气味和声响后，不再满足于放烟花这样的玩乐，将精力集中到研制烈性炸药和炮弹上。彼得要为自己的"军事游戏"增加新的元素，那就是火炮和炸弹。

排兵布阵，一切准备就绪后，彼得身披战甲，手持大刀，向荷枪实弹的"敌方"阵营砍杀而去。在这近乎实战的演练中，彼得找到了拼杀的快感，也尝到了血的滋味——在战斗中，他已经忘记这只是游戏般的演练了，用大刀结结实实砍向"敌人"的脑袋，从天而降的炮弹也将"敌人"们炸得血肉模糊。当"战斗"结束后，彼得才回过神来，那些该死的"敌军"全都是自己的部下，但他们已经满身伤痕，甚至有人被砍杀而死。在这一天的黄昏时分，扮演敌军将领的伊万·德米特里耶维奇公爵，就因为伤势过重而死。除了伊万·德米特里耶维奇公爵之外，还有很多许多达官贵人也死于"军事游戏"中，比如费奥多尔·尤里耶维奇·罗莫达诺夫斯基公爵，还有伊万·伊万诺维奇·布图尔林上将。在一次"战役"中，彼得甚至亲手杀死了约二十余个"叛军"。

可是彼得并不伤心，甚至，他还为射击军的溃败和伤亡暗自高兴。在彼得的潜意识里，那些留着小胡子的射击军们是挥之不去的噩梦、是杀人不眨眼的刽子手，虽然自己没有办法将他们遣散，但有办法"折磨"他们——那就是让他们在每次的军事演练中总是扮演敌军的角色，让自己的新军团来打击他们。在随后多次的军演中，有大批射击军受伤或被杀死，就是彼得所打"小算盘"的最好证据。

通过多年的训练和演戏，彼得的"少年游戏兵团"成员们已经历练成了正规的军士，获得陆战取胜的可能性越来越大。但彼得并不满足，他将目光投向了河流与海洋，他坚信——俄罗斯的未来，应该是在海上。为此，他做了相当多的努力。

1692年初，彼得在佩列亚斯拉夫尔大规模地建造舰队，他所用的材料都是俄罗斯最好的柞木和椴木以及昂贵的树脂和铁制品。这些舰船在普罗西亚内池塘里时还是彼得的"玩具"，在他将越来越多的舰船移到亚乌扎河并最终驶入大海后，彼得的"游戏"已经质变为真真正正的海上霸主事业了。

虽然彼得一心想到大海上去一看究竟，但一直到1693年8月，他才真的来到大海之上，在此之前，他只能在河流或湖泊上过过瘾。7月末，彼得命令战舰出海演练，他亲自开着快艇，载着他的随从和朋友，向德维纳河的别列佐夫出海口进发了，一直到第二天清晨，彼得才真正到了大海上。宽广的北海无边无垠，凛冽的寒风中夹杂着汹涌的波涛声。天空中，白色的海鸥围在彼得的头上，盘旋着声声鸣叫，战舰的船帆在海平面上闪着白色的光，这一幕幕给彼得留下了深刻的印象，他深深爱上了大海。

儿行千里母担忧。当彼得的母亲纳塔利娅·基里洛芙娜·纳雷什金娜太后得知彼得出海的消息后，牵挂不已。她想象不到，世世代代稳坐在克里姆林宫中的沙皇居然跑到了千里之外的大海上！她既牵挂又不安，生怕儿子在海上遭遇到什么不测，想方设法让他尽早回来。她甚至将三岁的小孙子搬出来当"救兵"。然而彼得的意志十分坚定，他在海上一直待到深秋时分，才返回了莫斯科。

见过平静大海的祥和静谧，也遭遇过海上风暴险些丧命，彼得对大海越来越了解，也越来越爱大海了。

经历了那么多年的风风雨雨，现在的彼得已经能够独当一面了。可以说，他那与众不同的"社交活动"帮了他很多忙，由娱乐到军事，再由军事活动到出海远行，彼得的眼界与胸怀随着"社交范围"变得愈来愈广泛。

他开始变得做事有条不紊，能够迅速抓住事物的本质，思考也能够面面俱到，最重要的是他富有激情、坚韧不拔。直到现在，彼得才真正登上了历史的舞台，彼得大帝的时代，正式拉开序幕。

第七章　彼得的第一次战争

俄罗斯在很早之前，就已经与邻国签署了同盟国协议，虽然那时的俄罗斯并没有实际的话语权，但因得到伊凡雷帝余威的庇护，其他国家也不敢贸然侵犯。

在索菲娅公主摄政之后，她为了避免外忧内患同时爆发并进一步稳固自己的政治地位，曾让宠臣瓦西里·瓦西里耶维奇·戈利岑进一步与同盟国缔结军事联盟协议。缔结协议中这样写道：俄罗斯与波兰、威尼斯、奥地利作为军事同盟国，当其中一国有难及需要协助时，其他同盟国要出兵帮助。这一协议是在1686年签订的，到彼得登基时，协议依然有效。

土耳其的积怨

多年来，在俄罗斯另一边的三个国家——奥地利、波兰和土耳其之间的战事一直不断，这三个国家之间的恩恩怨怨，同纷飞的战火一样永不熄灭。别国之间的恩怨，原本与俄罗斯是没有关系的；但俄罗斯既然已经与波兰、奥地利等国缔结军事同盟，那就有关系了。

不管是彼得自己的见解，还是身边参谋、幕僚们的建议，都不赞成俄罗斯向土耳其宣战。原因是彼得刚登基不久，他不仅需要将精力放在稳固自己执政地位上，而且还要"冒天下之大不韪"去解除束缚俄罗斯的各种枷锁。只是这两点，就已经让彼得忙得不可开交。虽然他做梦都想挥舞着战剑，到真正的战场上去与对手一决胜负，但时机还没到，他必须先处理好国内的这堆烂摊子才行。

然而同盟国却不这样想，他们不会顾及彼得的执政地位，更不会真心盼望俄罗斯的强大。在他们眼中，俄罗斯谁执政都一样，昔日的索菲娅公主是这样，现在的彼得也不过如此。当这些同盟国在战事中失利或者受到欺侮时，他们就会派遣使者们到莫斯科的克里姆林宫内"兴师问罪"。起初，他们还会宣读一遍当年签订的同盟国协议，后来他们来到克里姆林宫之后，直言不讳地表达对俄罗斯一直按兵不动做法的不满，他们的措辞也由"请求"到"建议"最后直接"要求"——他们要求俄罗斯对克里木采取军事行动，给土耳其一点颜色看看！

彼得还是想继续施行拖延政策，口头答应同盟国使者的要求后，继续不理不睬。但是同盟国居然叫嚣说，如果你们俄罗斯不帮我们攻打土耳其，那我们就撕毁协议，直接与土耳其缔结同盟。这一招是俄罗斯真心害怕的，彼得举棋不定，迟迟拿不下主意。

出战？并非彼得不想出战，只是上次的战事还没有让俄罗斯喘过气来。早在索菲娅公主当政时期，宠臣戈利岑两次远征，其中一次就是对克里木的战争，但那两次都以失败告终。远征消耗了大量的人力、财力和物力，俄罗斯大伤元气，国库已经告急；再加上政坛的动荡，彼得刚把索菲娅公主赶下台，国内一切还在恢复期，所以俄罗斯不可能马上部署军事行动。彼得上台之后，他很清楚这一状况，所以既要安抚同盟国，又对土耳其进行外交谈判，以此来为自己争取更多的时间。

但这种状态不可能持续太久，一旦同盟国撕破协议，与土耳其缔结盟友的话，对俄罗斯来说是一个致命威胁。所以，留给彼得的时间并不充裕。

为了争取更多时间，彼得派亲信来到了克里木。俄罗斯在展示了自己的诚意后，也向土耳其人提出了几点要求：一是克里木停止对俄罗斯南部的骚扰，二是要求土耳其将巴勒斯坦的圣地归还给希腊教会。只要土耳其人能够点头，那这种"不战不和"的状态还能多维持几年。

可是土耳其人并不买彼得的账。他们能看到俄罗斯的疲态，能感受到俄罗斯的软弱，所以，他们坚决回绝了彼得的"示好"。

回到莫斯科，彼得坚定了一个信念——同土耳其谈判，只有靠武器来说话。盟国的外交压力是一方面，其实彼得早就想将土耳其解决掉。多年来，克里木野蛮的鞑靼人频繁骚扰俄罗斯南部边境，烧杀抢掠，无恶不作，彼得不能再坐视不管了。更重要的是，彼得将战略目标投向了大海，他一心想将昔日"奥斯曼帝国的内湖"黑海拿下，这里的战略意义非同小可，所以不管从什么方面考虑，同土耳其的一战已经无法避免。

向亚速进军

面对忍无可忍的土耳其人，彼得考虑再三，最后作出了开战的决定。

当时适逢俄罗斯的同盟国乌克兰发生了内讧，乌克兰的首领马泽帕与叛军首领彼得里克·伊万年科公然对立，彼得里克·伊万年科率领着反对马泽帕和俄罗斯的叛军向土耳其投降，并伙同土耳其人一同突袭了乌克兰的多座城市和村庄，这引起了马泽帕的强烈不满。与此同时，当乌克兰被克里木人突袭，耶路撒冷宗主教多西费也站出来要求俄罗斯出兵后，彼得顺势向天下昭告，俄罗斯要与土耳其开战了。

当然，彼得不会打无把握之仗。在宣布开战之时，他早已对战事做了整体把握，并详细部署好了战局。吸取前车之鉴，彼得对这次远征进行了精密的部署，就连出征的目的地亚速也被严格保密，只有身边为数不多的几位亲信才知道。

1695年3月，戈登将军率领先头部队向克里木进发，他的队伍人数只有九千人，根本就不像要正规作战一样。因为临近的国家都知道沙皇彼得喜欢玩游戏，尤其是战争游戏，他这次的出征也根本就是在玩游戏。所以，很多人将此次出征戏称为"远征克里木的游戏"。

土耳其获得情报后，根本就没把俄罗斯的这支远征军放在眼里。他们猜测，彼得一定是为了安抚盟国装腔作势而已。戈登的队伍途径哥萨克小城时已经与弗洛尔·米尼亚耶夫率领的顿河哥萨克大军胜利汇合，队伍人数猛然增加，他们在亚速城堡附近安营扎寨。对此，土耳其人依然是毫不知情。

为了进一步迷惑土耳其人，彼得派鲍里斯·彼得罗维奇·舍列梅捷夫率领一支部队向第聂伯河下游进发，那里有土耳其的几个要塞，但战略意义不大。土耳其人对此捧腹大笑，他们嘲笑彼得年少无知，根本就不懂进攻战略要塞，只看到了那些无关紧要的地方。

在土耳其人嘲笑彼得的同时，彼得的大军正式进发了。这支队伍由列福特和戈洛温率领，共约两万多人，彼得也随军前往，但他不是以国君或统领的身份出征，而是以"炮手"身份混在部队之中。部队秘密行军，他们先是乘坐木船顺着伏尔加河顺流而下，然后再上岸，步行到顿河再乘船而下。队伍行军的速度很快，没用多久他们就到了亚速城堡附近，与戈登会师。

亚速城堡的防御工事，远比传闻中的要好。亚速城堡速来就有"土耳其第一石堡"的称号，周围有防御严密的土堤与战壕，靠近它十分不容易。除此之外，在亚速城堡不远处的顿河上游两岸还有两座大型瞭望台，里面驻守着强大的炮兵队和远程火枪手，两座瞭望台之间拉起了三条粗铁索，将顿河死死拦截住，什么船都休想通过，但己方的船只可以在海上为城堡提供军需用品。在顿河干涸的支流上，还设有柳季克要塞来支援，三位一体的防御，攻克亚速城堡的困难性可想而知。

彼得充分听取了工程师弗兰茨·蒂默曼和亚科夫·布鲁斯等人的建议，在攻城堡前，先挖筑"阿普罗什"，这些掩体可以让进攻者安全靠近石堡的土堤，从而瓦解他们的防御。

7月6日早上，一切准备就绪后，远征军开始向亚速城堡发动猛攻。"炮手"彼得亲自对大炮进行操作，弹无虚发。

亚速城堡遭到炮击，多地起火，危在旦夕。但它的两座瞭望台却阻挡了彼得前行的道路，瞭望台上的大炮和火枪居高临下，对下面的俄罗斯军队展开报复性打击，彼得的队伍没有足够的掩体，只能退到枪炮射击范围之外的地方。要想继续前进，必须先要打掉这两座瞭望台。

重赏之下必有勇夫。二百多名哥萨克的勇士们组成敢死队，想尽一切办法将这两座瞭望台解决掉。14日的凌晨时分，他们趁着夜色悄悄前往塔楼，将炸药埋在了塔楼的底部。一阵惊天动地的炮炸声后，坚固的塔楼居然毫发未损。勇士们不甘失败，虽然炸药没有将塔楼炸倒，但却炸出了一个坑洞，砖石也出现了松动的迹象。勇士们在这个坑洞下继续挖，最终将塔楼挖通，攻了进去。不久之后，另一座瞭望台也被俄军拿下。炮手们用夺来的大炮向亚速城堡猛烈轰击，然而战事不像彼得所预想得那么简单，亚速城堡顽强反抗，击退了一次又一次的进攻。

彼得大帝在以后回忆起这场战役时，曾这样描述：亚速城堡已经被围得水泄不通，他们用来射击的炮台、岗哨已经被全部破坏，这座石头城堡被炸得四分五裂，住在里面的人民四处逃窜，除了士兵之外，空无一人了。

然而在关键时刻，也就是两座瞭望台被攻陷的同时，俄罗斯的兵营中有个叫杨森的荷兰人却投敌变节。他带着俄军的详细信息跑到了土耳其人那里，这对俄军来说是致命的一击。杨森将俄军的炮塔部署、人员分布等重要军事信息告诉给土耳其人，土耳其人不失时机地利用了这些消息。

14日晚些时候，土耳其人对俄罗斯人开展了迂回偷袭。土耳其人对这里的地形了如指掌，再加上杨森的告密，偷袭队神出鬼没，彼得根本就无法预测他们要出现的地方。偷袭的对象主要以臼炮、长炮等攻击武器，并不与俄罗斯军队发生正面冲突。几次短时间的偷袭后，俄罗斯的军备受到重创。

彼得心急如焚，土耳其人眼看就弹药枯竭了，即便他们采取偷袭战，也逆转不了败势。可是，就在大局将定时，彼得最不愿看到的一幕出现了——海面上出现了土耳其的补给船。援兵、军备源源不断地从海上运来，使战局发生了惊天的逆转。

8月5日，彼得也下令采用偷袭方式对付土耳其人，俄军将炸药、地雷埋在城堡四周，本以为追来的土耳其兵能引爆炸弹，谁知关键时刻炸药失效了。土耳其人击退了这次进攻，俄军不仅没得到便宜，而且还造成了人员伤亡，大约有数十人死亡、上百人重伤。9月25日，彼得又采取了第二次进攻，但仍然没有成效。不管俄军破坏土耳其军多少物资装备，海上总能提供源源不断的补给。这两次贸然的攻击，使彼得失去了两位"少年游戏兵团"的重要成员——叶基姆·沃罗宁和格里戈里·鲁金，他们俩从小就陪伴在彼得身边，彼得将他们当作挚友对待。挚友的离世，让彼得伤痛不已。血的教训告诉彼得：此地不宜久留，再猛烈的强攻也是徒劳；只有把亚速城堡与海上的联系切断，失去了补给和支援，攻克亚速城堡才会有可能性。

尽管有太多的不甘与遗憾，彼得还是下令让远征军撤退。当然，好不容易攻下的两座瞭望台不会放弃，彼得留下了大批的军人在此驻守。

当彼得在亚速城堡久攻不下时，盟军的进展还算不错。乌克兰的军队占领了土耳其几个比较重要的要塞关卡，因此这次盟军的联合作战还是有一定成效的。

血的经验与教训

第一次亚速之战，虽然彼得没能将亚速城堡攻下，但彼得还是有很多收获，毕竟这是他第一次领兵作战，也是第一次荷枪实弹出现在战场上。

命令部队撤出亚速城堡后，彼得回到朝中，召集将军们对这次战役进行战事分析。将军们深知彼得的真诚，并没有说些冠冕堂皇的话，而是一语中的，道出了这次远征失败的三个诱因。

第一，亚速之战缺乏业务精湛的军事工程师。如何制作威力更大的炸药以及如何放置炸药从而保证炸药能够发挥其威力，这些问题都没能解决，导致很多作战计划事倍功半，甚至是徒劳而为；

第二，无法切断海上对亚速城堡的补给，俄军的士兵和军备是固定的，但土耳其人的补给却是源源不断，如果不切断补给线，是不可能取得胜利的；

第三，缺乏统一的指挥，多位统领的意见不一，在决定战术时不能达成统一意见，延误了战机。虽然彼得参加了此次远征，但他却不是以统领的身份，也没有指挥作战。

找到了症结所在，彼得迅速采取措施弥补。针对第一点，彼得让外交家从外国聘请有经验的军事工程师。针对第三点，他将俄罗斯军全体武装力量全权交给了久经沙场的元帅阿列克谢·谢苗诺维奇·沙因，但与之前不同的是，从这时开始，彼得已经开始参与制定作战计划和指挥了，他才是俄军真正的统帅。针对第二点，彼得有自己的想法，虽然有很多人反对，说他的计划不可能实现，但他还是执意要做——彼得要建造更多、更强的战舰。

彼得说做就做，他很快就将普列奥布拉任斯科耶村和沃罗涅日两个地方确定为建造更多、更强战舰的基地。彼得很聪明，他的决定并非一时兴起，而是根据这两个地方的优势而定的——在这两个地方，原本就有很多造船厂。彼得通过与土耳其人的第一次交手，真正认识到大型战舰的厉害之处，它们不仅可以提供必要的远程火炮攻击，而且还能源源不断地运送战士和战略物资。彼得是这样构想的，如果他能在这两个地方，在短时间内建造出大量的大型战舰，那么当他的战舰群围攻亚速城堡之时，就是亚速城堡内土耳其人的战败之日。

在专业人士的协助下，彼得的造船计划正式实施了。

首先，要在普列奥布拉任斯科耶村制造大桡战船和封锁用船的零部件，做好零件后，再到沃罗涅日进行装配、成型。普列奥布拉任斯科耶村是彼得童年、少年一直居住的地方，这里有很多他的支持者，善战的勇士、"少年游戏兵团"的团员们以及从附近请来的造船工匠和水兵们，他们热火朝天地劳作着。彼得没有偷懒，也参与其中，不知疲惫地工作，仿佛这项艰巨的任务在短短几天内就能完工一样。

受到彼得热情的感染，科兹洛夫等地的造船厂也陆续开张了，数万名农民、士兵和手工业者们也加入进来。

短短几个月后，二十二只大桡战船和四艘封锁海面的战舰部件全部生产完毕，它们需要搬运到沃罗涅日去进行装配。制造配件的工作已经耗费了人民的热情和体力，装配战舰需要更多的时间和体力，现在，这些农民和工人们已经忍受不了了。

终于有一天，那些精力、财力已经透支的农民和工人们出现了逃跑的现象。由于他们是为沙皇彼得的战舰工作，所以看守他们的军人自然按照军规对待这群逃犯，严厉的惩罚使得他们不敢再逃跑。然而这种惩罚方式只能威慑一时，当这些逃犯们汇集到一起密谋共同逃跑时，起义就不可避免地出现了。在一段时间之内，普列奥布拉任斯科耶村和沃罗涅日两个地方出现的逃犯和爆发的起义数量越来越多，频率也越来越高。

彼得不明白，这些农民和工人虽然看起来是为沙皇工作，但实际上他们是在为祖国、为他们每个人的切身利益工作。既然是这样，为什么他们要冒着杀头的罪名来叛逃和起义呢？其实这些农民和工人想的并没有那么复杂，他们之所以不想再为彼得建造战舰，只想回到过去的生活；而爆发的这些起义，很大程度是受到了大贵族们的教唆。

这些大贵族们对航海事业一无所知，不知道战舰在接下来的战斗中起到的作用，而且彼得全权负责和监督战舰的公事，大贵族们既没有好处可捞，每天还要累死累活地监工，他们看不到这项事业的"利益"所在。大贵族们频频向彼得发出抱怨，他们说建造战舰是一项沉重的负担，祸国殃民。

当彼得查清楚事情的真相后，严厉镇压了农民小规模的起义。彼得决不允许任何人，在任何时间延误舰船的建造工作，因为他是在与土耳其人赛跑、与时间赛跑。同时，他还警告这些无所事事的大贵族们，如果他们胆敢抗旨、消极怠工甚至胡作非为，不管他出自什么达官贵族，也不管他和他的祖上曾立下什么汗马功劳，一律以玩忽职守罪处死他们。这些大贵族们惧怕彼得，知道他决不拿着自己的"游戏"开玩笑，只能继续俯首听命。

只用了一个月的时间，这些战舰全部组装完毕。整支舰队包括两艘各装有三十余门大炮的战舰，它们分别命名为"使徒彼得"号和"使徒保罗"号，另外还有二十多只大桡战船、四艘海面封锁用船、数千只平底木船和百只木筏、小船等，这个数量在当时来说就是一支强大的远洋舰队了。

扩充了海军的战斗实力，彼得也不放松对陆军实力的增强。原有的精兵强将不足以与土耳其人相抗衡，他需要更多的士兵才行。然而，从哪里获得士兵的补充呢？

彼得想出了一个两全其美的办法，那就是从全国各地的农奴中"征用"。沙皇彼得宣布，如果农奴自愿参军的话，沙皇就废除他们的农奴依附，成为自由人！农奴之前的主人，也会因为他们的奴仆光荣参军而获得相应的荣誉和奖赏。彼得这一条例的颁布，农奴们激动不已，他们的贵族主人也兴奋了起来。一时之间，从全国各地涌来数千名农奴，他们经过军事训练后，有效补充了远征军的陆军实力。

一切准备就绪后，1696年4月，彼得对亚速的第二次远征正式启程了。

第二次远征亚速

这次的出征，彼得胸有成竹。他没有让其他部队先行，而是自己指挥着体型小、活动灵活的平底木船队先行出发。当他前行一段路，确认路线正确并且没有敌军防御时，再通知新建造的大型战舰和大桡战船紧随其后。

俗话说："磨刀不误砍柴工。"在第一次远征时，彼得亲自驾驶着他的小快艇，沿路留下了详细标记，这些标记只有他才能识别出来。在这次的远征时，这些标记充分发挥了作用。浩浩荡荡的大部队，在彼得精准的带领下，避开了敌人的耳目和暗礁浅滩，快速地来到目的地。据估算，第二次远征到达的时间比第一次足足缩短了一半。

很快，彼得的远征军已经神不知鬼不觉地来到了顿河的下游地区，这里离亚速城堡还有段距离，但却已经进入土耳其人的防御范围。远远的亚速城堡就在视线范围之内，仇人相见分外眼红，彼得太想给他死去的朋友和战士们报仇。按照原计划，彼得会带一队快船，悄无声息地靠近亚速城堡，打敌人个措手不及，为这次远征来个"开门红"，提升一下士气，这时，哥萨克的先锋军获得情报，在顿河入海口的近海处有两艘土耳其战舰，方圆百里没有其他战舰作支援和掩护！

哥萨克的先锋军试图夺取它们的控制权，但由于自己的战斗实力差，根本就靠近不了这两艘大型战舰，很快就被战舰击退了。虽然他们没有打赢这一仗，但却给了彼得机会。彼得敏锐地觉察到这是一个绝佳的机会：如果将这两艘战舰俘获或者击沉，同样能取得开门红，而且更能大大提升气势！

彼得迅速调整计划，针对那两艘孤立无援的土耳其战舰作了一番部署后，派九艘大桡战船和四十余只哥萨克小船向海上驶去。他打算用大桡船佯攻，当土耳其战舰向大桡船全力开火时，四十余只哥萨克小船趁机登舰，并一举拿下。

彼得的想法很好，但他却忽略了海底的地形。当大桡船向浅海驶去时，遭遇了搁浅，九艘大桡船全部不能往前航行了。无奈之下，彼得只好命令俄军将战舰上先进的武器提供给哥萨克人，希望他们这次能取得胜利。装备落后但却富有战斗经验的哥萨克人在获得彼得赠予的武器后，凭借这些更便捷、更高效的武器，乘着自己的小船再次向土耳其战舰发动了袭击。而高傲的土耳其战舰却不知道他们早已鸟枪换炮，还用之前的眼光和战术来对待"不知天高地厚"的哥萨克人。

当哥萨克人的船只靠近土耳其的战舰时，他们将彼得赠予的先进武器拿了出来，向土耳其的战舰展开猛烈的攻击。土耳其人被打了个措手不及，急急忙忙准备反击，但哥萨克人的防御装备也得到了大幅度提升，土耳其人的弓箭已经对他们构不成伤害了。一时之间，土耳其人慌了神；就在这时，哥萨克人的快船已经到了战舰左舷，登舰几乎没有遇到什么有效阻挡。高傲的土耳其人弃舰的弃舰、伤亡的伤亡，剩下没逃得了的，连同这两艘大型战舰，一同成为了彼得的战利品。

这次彼得终于取得了胜利，哥萨克人为第二次远征赢了个好彩头。

尽管已经夺取了土耳其的两艘大型战舰，但战争还没有正式开始，彼得的战舰还困在浅滩处，一动也不能动。彼得非常着急，但有经验的水手告诉彼得，这片水域并不是浅水区，只是因为季节的因素而致海平面下降，等到潮水再次涨起时，整个战船舰队就自然可以驶出这片海域了。彼得耐着性子等待，潮水终于涨起，搁浅的大船再次漂浮在了海面上。

彼得下令所有战船向大海上驶去。当所有战船从浅海脱险后，5月27日这天，整支俄罗斯舰队出现在了亚速海上，这既是俄海军的第一次正式亮相，又是俄军第一次出现在他国的海域上，具有里程碑式的意义。

战舰在宽阔的亚速海上一字排开，将海面通往亚速城堡的海路紧紧封锁住。打消了后顾之忧，彼得下令陆军对亚速城堡开火。

土耳其人万万没想到俄罗斯人能发动第二次远征，或者说，他们根本没想到距离第一次俄军远征战败仅仅隔一年的时间。漫天而落的炮弹，此起彼伏的爆炸声，土耳其人被打了个措手不及，整个亚速城堡浓烟滚滚，一片狼藉。

亚速城堡遭袭，土耳其人像上次一样迅速在海上提供补给。6月14日，六艘土耳其战舰和十七艘大桡船驶入了亚速海，他们一次性带来了四千多名士兵和大量军火作为补给，这次不仅要击退俄军，还要让他们有来无回。当土耳其舰队快要靠近亚速城堡时，这才发现了浩浩荡荡的俄军舰队，他们从未见过数量如此之大的舰队，全都目瞪口呆。土耳其统领估测了一下双方的战斗实力，如果自己贸然冲上去，结果只能是以卵击石，"有来无回"的只能是自己了。最终，补给舰队没能战胜自己的恐惧，未战先输，全部退了回去。

在奥地利军事工程师的帮助下，第二次远征亚速城堡的战役进行得十分顺利。在炮弹与炸药的完美配合下，土耳其人刚修补好的坚固城壁，刹那间被炸得粉碎，顷刻间整座亚速城堡弥漫在硝烟和战火中，土耳其人奋起抵抗，但依然节节告退。彼得和他亲自率领的军团捷报不断，而由射击军和贵族民兵组成的另一支军团则受到了重创，这些临时拼凑起来的贵族民兵们平日缺乏训练，像一盘散沙般没有作战意识，遇到凶残的鞑靼骑兵自然毫无招架之力，这支军团的连连战败与彼得军团的战无不胜相互映衬，事实证明了彼得对军队改革的深谋远虑，同时也为彼得进行更进一步的军事改革增添了决心。

城堡被严重损坏、物资匮乏、士兵伤亡无数，再加上海上的补给被强大的俄罗斯海军所切断，土耳其人再也看不到取胜的希望。7月17日这天，土耳其人决定放弃抵抗而投降，与俄罗斯进行和平谈判。随后，土耳其的多位官员向俄罗斯军队的统帅沙因投降，柳季克要塞也举起了白旗，宣布停火。

彼得的第二次远征亚速，取得了空前的胜利！

遥遥无期的工程

战斗结束，俄罗斯人趾高气扬地占领了亚速城堡。他们缴获了土耳其人的众多物资，有未被破坏的大炮，也有粮食、丝棉，这些都是战胜者用以炫耀的战利品。

　　这次，彼得深深体会到了亚速城堡的易守难攻，他派重兵在这里长期驻防，一方面防止土耳其人发动突袭，将好不容易攻下的城堡再次夺回；另一方面他拟定让离这里不远的俄罗斯居民移民于此，有了居民和城市，这里就不再是单调的军事要塞了。

　　在彼得心中，他还隐藏了一个计划，在亚速城堡派重兵把守的重要性，远不止上述两点，其实还有更重要的一点——他要以亚速城堡为据点，继续向黑海进发。

　　众所周知，土耳其除了亚速城堡之外，还有多个战略要塞，包括叶尼卡尔、塔曼与刻赤等，其中，刻赤是最具有战略意义的要塞，它凭借着刻赤海峡，控制着从亚速海通往黑海的唯一海路。如果要彻底征服土耳其，必须要穿过刻赤海峡，到达黑海方才能靠近土耳其。所以，彼得攻占亚速城堡的最终目的是要去打开通往黑海的出口，为进一步与土耳其作战作准备，坚固的亚速城堡只是第一步而已。

　　彼得见识过土耳其强大的海军和坚固的防御，刻赤海峡的防御等级应该比亚速城堡要高十倍，所以他需要更多、更强大的海军与土耳其作战。

　　造船需要钱，可是经费早已在上次造船时全部耗尽，再加上国库空虚，实在是没有钱去造船了。彼得召集大臣想对策，国库没有钱，还能从哪里拿得到钱呢？有大臣建议，如果俄罗斯成为了黑海的主人，那么黑海就是所有俄罗斯人民的财产，为了实现这个目标，人民也要尽自己的一份力才行。彼得领悟到了他的意思，提议这支超大规模舰队的建造费用由人民和国家共同承担，即取财于民。

　　相应的办法陆续出台颁布，比如所有的土地所有者都被注册成为国家的合伙人，土地首先是国家的，其次才是土地所有者的，通过土地牟取利益的地主们，就要为此掏腰包了。农户和农奴也当然要为此埋单，他们也要捐出一部分财产，来为造船事业作贡献。城市居民虽然没有土地，但他们依然是沙皇的子民，利益共享、风险共担，谁也逃不了。政策一发出，人民虽有怨言但还在可接受的范围之内，这个巨额筹划就这样一点点均摊开来。1689年的4月，全国各地的资金基本准备就绪，造船用的材料、造船的工人以及从国外聘请的专家也都陆续到位，建造庞大海上战舰的工程正式启动。

　　基于上一次的造船经验，这次造船分工更加明确，步骤也更加清晰，从运输原材料到制作战舰零部件，再到集中装配、下海试航，全部工序一气呵成。到1698年的开春时节，全国已经制造了五十余艘大型战舰，速度之快让人瞠目结舌。这正是彼得性格的写照，他一旦认定了一件事，就会集中全部精力去做得稳、准、狠，快、多、好。彼得眼看着自己梦想的庞大战舰群逐渐成形，心里抑制不住激动。

　　千里之堤，就怕毁于蚁穴。战舰日渐成型，但据点也不能放松警惕，亚速城堡一旦被土耳其人突袭夺回，那么这一切就都是徒劳了。彼得下令对亚速城堡加强防御，挖战壕、建要塞，还在塔甘罗格湾修建大型港口，为战舰下海提供宽阔的港湾。一时之间，俄罗斯的农民、工人们忙得不可开交，他们拖着疲惫的身躯刚从造船厂出来，又被拉到了要塞去挖战壕，田里的庄稼已经烂到了地里；手工业者的家里已经很久没有了经济来源，濒临破产。再也忍受不下去的农民和工人们又采取了临阵逃跑的方法，逃不了的人们就举起锄头、镰刀进行抗议，最后演变成武力反抗和暴动。

　　众多暴动中，以1698年8月11日的切尔卡斯克暴动最为出名，这次暴动不仅有苦不堪言的农民和工人，还有了士兵的加入，昔日对彼得忠心耿耿的士兵，这次也是不甘忍受非人的折磨了。起义遭到了政府军的镇压，手段凶残而冷血，起义者、逃跑者全部被抓住处死。彼得用他的高压政策告诉他的"子民们"：顺我者昌逆我者亡。

　　为了不耽误工期，爆发过起义后，彼得将军队驻扎到了造船厂所在地，再有什么风吹草动，立刻让军队去镇压平息。尽管如此，工程还是进行得越来越慢，速度和质量一落千丈，多艘船造完后因零部件质量问题返厂拆卸重造，延误了很多时间。工期的缓慢，自然也延迟了彼得对土耳其发动全面战争的时间，这让彼得夜不能寐。

　　自信与激情，弥补不了年少轻狂的弱点。彼得由于自小玩他的"少年游戏兵团"，不管干什么都能在自己的预期中实现，这就导致他不能正确估测困难，以为什么事都会是"一帆风顺"的。这次兴建大型战舰的想法，彼得原计划在两年之内，即在1691年年末完成。但一直到1697年，工程才完成了

一半，而剩下的工程离完成时间依然遥遥无期。

彼得不想原地等待，白白浪费时间对他来说是极度可耻的事，他有太多事要去做，比如去欧洲各国开开眼界。现在，他决定不再在国内等待战舰公事的完成，他要与"大使团"一起到国外去走走。

第八章　出访西欧诸国

沙皇彼得虽然有一颗爱玩的心，比如他喜欢娱乐和饮酒，还有他那充满了火药味的"军事游戏"和"少年游戏兵团"，但他的玩耍却与其他达官贵人不同。在当时的各国外交中，如果一国的国王、王储或其他皇室贵族要到他国，"政治外交"只是一个旗号，说白了还是借机去游山玩水。彼得也想出去周游一下世界，尤其是当时经济、军事和政治等各方面都很发达的西欧诸国。那些名山大河对彼得毫无吸引力，强国先进的经验、知识才是让彼得夜不能寐的"名胜古迹"。

在第一次远征到达亚速时，彼得已经意识到一个问题，与其在普列奥布拉任斯科耶村闭门造车，不如到发达到国家去看看；与其到外国人聚集的"德国镇"拜访，不如真真正正地走出国门，到西欧诸国亲自拜访一下。

出访的必要性

"出去走走"的想法由来已久，这并非他一时冲动的想法，也不是他在俄罗斯呆腻了，想出去游玩一下。

彼得的这次出访，基于四个重要原因：

第一，强烈的外交需求。

世界在变，西欧的格局也在悄然发生着变化，现在的西欧，已经不再是昔日的西欧，特别是发生了"争夺西班牙遗产"的战争后，英国、荷兰、奥地利对法国的不友好态度和斗争，已经严重影响到了俄罗斯的地位和利益，俄罗斯必须为自己的利益进行必要的外交游说。

从军事战略上讲，彼得此行也非常有必要。经过与亚速城堡的两次战斗，彼得意识到俄罗斯军事力量的薄弱以及土耳其与其联盟的强大。虽然自己已经拿下了亚速城堡，但进入黑海的必经之路刻赤海峡还在土耳其人手中，奥斯曼帝国的强大不是吹嘘的，如果没有相当的军事实力与之抗衡，夺取黑海、波罗的海只能是痴人说梦。而国内经济的死气沉沉、战舰公事的一拖再拖，也让彼得看到了军事同盟国的重要性，他要争取到更多的国家，来一起与土耳其人相抗衡。出海之前，他已经将英国、丹麦、普鲁士、奥地利和威尼斯等国纳入了新同盟国的范围之内，有了这些西欧强国的支持，俄罗斯会如虎添翼。

第二，技不如人的现状。

通过造船与亚速之战，俄罗斯人才奇缺的现状暴露无余。人才、技术、经验，都是阻碍俄罗斯科技、军事发展的桎梏。从国外引进人才的方法，暂时可以缓解这种局面，但这不是长久之计，俄罗斯需要的是有真才实学的俄罗斯人。彼得在这方面走了太多的弯路，低三下四聘请外国专家，还要支付不菲的聘用费，而且这种交易是单向的，当这位外国专家完成彼得指派的任务后，他就要打道回府了，俄罗斯人无法在他身上学到任务之外的其他学识，这是彼得最为不满的一点。

为了彻底解决技不如人的窘境，彼得派遣大量俄罗斯人外出学习。早在大使团出访各地之前，彼得已经让五十多名御前大臣、贵族等前往威尼斯、荷兰和英国去学习，他们按照彼得的要求，需要优先学习航海技术，以便为日后的大规模海战储备人才。这批人员出国之后，彼得感觉数量还是很少，于是又派遣了一批重臣出国学习，这也是这次大使团出访的原因之一。

第三，彼得狂热的求知欲。

彼得的求知欲与专注力是常人所不及的，他对知识的渴求与对战争的胜利一样迫切。在派遣重臣出国学习后，彼得感到既羞愧又焦躁，他的臣民去学习他所爱好的知识，而自己却只能端坐在克里姆林宫，这是他绝不能容忍的。彼得只要想象他的臣民到了国外并沉浸在知识海洋中的样子，他就如坐针毡、食不下咽、寝不安席。

在力排众议后，彼得终于启动了"大使团"的计划，混在众多大臣中，到西方去学习他最爱的业务知识去了。

彼得的学习是发自内心的，而非浅尝辄止、做做样子。他到了西欧后，见到手艺精湛的工程师就拜师学艺，哪怕是最枯燥、最艰辛的内容，他也照学不误。出访期间，他对自己的身份定位是"学生"，既然是学生，那么他最需要的就是老师，这也是他在出访过程中，受尽冷眼与嘲笑，但依然对人恭恭敬敬的原因。

第四，学为己用的思想。

出国学习，学的是知识，目的是强国强民。对此，长大了的彼得已经认清了这一点，他不再将西方的所有东西都当作宝，而是挑选那些与俄罗斯国情相符并能够帮助俄罗斯提高生产、生活的东西，才是真正有价值的东西。彼得曾说过，学习欧洲，是为了不依赖欧洲，并且要将学到的一切全部转化为俄罗斯自己的东西才行。

与此同时，他对"德国人"的态度也逐渐发生了变化。此前，彼得崇拜所有的西欧人，将他们尊称为"德国人"；现在，彼得已经明确了一点，外国人的价值是教会俄国人知识，一旦俄国人掌握了欧洲的全部知识，那么这些"德国人"便可有可无了。虽然这种想法有些自私，但在俄罗斯历史上防止盲目崇拜、全盘西化方面的确起着不可或缺的作用。

基于以上四点，由二百多人组成的俄国大使团在1697年春天从莫斯科出发了。

大使团由手握大权的弗兰茨·亚科夫列维奇·列福特以及海军上将费奥多尔·阿列克谢耶维奇·戈洛温等人带领，彼得则隐藏其中，化名为普列奥布拉任斯科耶团军士彼得·米哈伊洛夫。临走前，他委托最信任的近臣费奥多尔·尤里耶维奇·罗莫达诺夫斯基、鲍里斯·阿列克谢耶维奇·戈利岑和彼得·伊万诺维奇·普罗佐罗夫斯基等人来管理国家，并且不管到哪里，彼得都随时与他们进行通信，国内的重大事项也需要这几位近臣向彼得通报，由彼得最终定夺。

大使团的出访

彼得满心欢喜地出国了，他作为普列奥布拉任斯科耶团的军士，跟在大使团领队列福特的身边，抑制不住地高兴。本以为欧洲诸国得知俄罗斯大使团要来访，会夹道欢迎，没想到迎接他们的却是冷漠与毫不关心。

并不是因为这支大使团没有俄罗斯的沙皇，所以才反响冷淡。大使团出访时，欧洲各国正忙着自己感兴趣的事——他们只对瓜分西班牙的财产感兴趣，对欧洲版图的重新分割感兴趣，怎么可能会对一支普通的大使团提起精神呢？

欧洲大佬们，大使团的领队，包括隐藏其中的彼得，谁也想不到这支普通的大使团即将翻开世界历史的新篇章。出国前，彼得一心想通过学习西欧先进知识和方法来解决腐朽不堪的俄罗斯现状，但当他出访完毕重返俄罗斯时，他心中不仅有了如何改造俄罗斯现状的计划，还要将落后的俄罗斯改造为强大的俄罗斯帝国。此外，他心中也有了解决整个欧洲问题的大计，彼得已经看透了整个欧洲的局势，也预测到了未来的发展。

浩浩荡荡的"大使团"穿过俄罗斯国境，他们首先来到了里加城。里加当时还属于瑞典，也是欧洲规模比较大的城市之一。

尽管有外交函件，俄罗斯的外交官也早已向瑞典方面打过招呼，但瑞典人对这支大使团仍然心怀戒备。

其实，这也不能怪敏感的瑞典人。这支大使团来到里加后，对里加的一切都表现出极大的兴趣，他们对防御用的战壕、土堤赞不绝口，围着停泊的船只看来看去，详细记录着边防军的人数和武器装备，还有个"身材细长的军士"登上了里加的城墙，用工具测量城墙的高度与厚度，甚至在纸上画下了里加城的防御工事图。

这一切都让瑞典人深感不安，这哪里是什么大使团，更像是侦察兵和探子！负责里加警备的司令员达尔贝格，曾与彼得的父亲交过手，他至今还对当年俄军驻扎在里加城的情形心有余悸。于是，他下令火枪手将枪口对准这群危险的"大使们"，威胁他们远离城墙，远离里加港口，滚出里加城！

尽管事后瑞典人对警卫队的粗鲁行为向俄方表示了歉意，但彼得却将此恨意牢记于心，他把里加城的经历视为自己的耻辱，发誓永不原谅瑞典人。或许正是因为如此，时隔十二年后，"里加城的经历"成为俄罗斯向瑞典正式宣战的重要原因，彼得亲自向里加城发射了三枚炮弹，可见彼得对那段经历有多么痛恨。

俗话说："君子报仇，十年不晚。"彼得在里加城忍住了心中的怒火。他告诫自己，这次隐姓埋名与大使团出访是来学习的，学艺不成誓不罢休！平息了心中的愤懑后，彼得又友善地与瑞典人交谈，态度诚恳地希望他们能教授自己知识。可是接待他的人却一脸阴沉与狐疑，这与彼得满脸的快活形成了极大反差。出访的第一站，让彼得认识到此行的艰辛，他人的态度自己无法左右，但自己的态度要控制好。

大使团离开里加继续前行，一周后他们来到了库尔兰。在这里，彼得与商船的船长们坐在一起饮酒长谈，彼得对大海有了新的认识，也初次有了通往波罗的海的意图，这极具战略意义，也是彼得大局观念逐步成熟的起点。

外交活动繁冗的礼节与大使团缓慢的步伐，已经让彼得再也沉不住气。他不想让自己的时间都白白浪费在这些没有面子的工程上，他极其渴求西欧实用的东西。彼得率领一队人，先于大使团前行了。

在柯尼斯堡，彼得与勃兰登堡选帝侯弗里德里希三世举行了秘密会晤，当然，他并未公开自己的真正身份。听说俄罗斯的外交大使来访，选帝侯用隆重的仪式接见了大使团。市民们手持鲜花载歌载舞，禁卫军穿着华丽的制服列队欢迎，镀金的四轮马车与乐队引领着大使团缓缓前行，这一切都那么庄重。彼得站在一旁观看欢迎仪式，新奇而兴奋。选帝侯弗里德里希隆重地接待了俄罗斯使者，并向沙皇表达了崇高的敬意。

停留在柯尼斯堡的日子里，彼得全面地学习了炮兵术，他刻苦认真，同其他学员一样参加课程与考试，并光荣地获取了毕业证书。教授彼得炮兵术的老师对彼得这位"军士"赞不绝口，他夸奖彼得基础扎实、百折不挠、学艺精湛，是一位"真正的炮兵专家"。彼得对此十分自豪，他虽然贵为沙皇，但技术却一点也不比别人差多少。

彼得在这里待的时间比较长，他和他的外交官极力劝说勃兰登堡能够反对瑞典，组成忠实可靠的同盟国，但勃兰登堡却并未就瑞典问题达成一致，虽然盟约最终缔结完成，但却没能实现彼得的愿望。尽管如此，彼得还是对波兰比较有好感，当时正值波兰大选之际，彼得非常关注这位即将选出的波兰国王是否视俄罗斯为朋友。

当时波兰国王的候选人有两个，一个是法国亲王，另一位是萨克森的选帝侯奥古斯特二世。彼得通过了解，得知后者一向支持亲俄的外交政策。为此，彼得对波兰皇室施加压力，他托人将自己的"想法"告诉波兰皇室，并在波兰边境集结了四五千人的精兵强将，静候波兰皇室的"佳音"。

波兰皇室最终采纳了彼得的意见，让奥古斯特当选为新一任波兰国王。彼得对这个结果非常满意，他这才下令撤兵并离开波兰，继续向前进发。

大国荷兰

彼得在小时候，对德国充满了向往，在他成长过程中，认识了越来越多的德国人，也了解越来越多关于德国的知识。这次，当他真正踏上德国的国土时，他才意识到，德国无非就是如此。此时的彼得，更向往那些海军实力强大的国家——比如荷兰。在荷兰面前，德国的海军几乎黯淡无光。17世纪的荷兰，不仅海军实力雄厚，而且还是世界上最大的港口国家，它是世界造船业的中心，也是经贸、科学大国。彼得在出访过程中，早已听到有关荷兰的各种传闻，所以当他到达德国后，并没有在这里停留太多时间，而是马不停蹄地来到了荷兰。

曾经的"德国镇"有很多人是荷兰人，对于荷兰的风俗习惯，彼得并不陌生。初到荷兰后，彼得便投奔到老朋友格里特·基斯特的家里。格里特·基斯特是一名铁匠，曾经在俄罗斯工作过，他当时是"德国镇"的居民，也是彼得的好朋友。在"德国镇"时，彼得曾不止一次听荷兰人描述他们的国家，所有的谈论都会提到雄伟的运河、高大的堤坝以及船坞上弥漫的焦油气味。如今彼得真的来到了他梦中的荷兰，所见所闻与想象无异。

荷兰的生活是惬意的，他向知识渊博的蒂默曼和布兰德学习科学知识，向造船师傅学习造船的经验，但是随后的一些人和事扰乱了他的生活，令他颇为恼火。因为彼得曾经在莫斯科见过许多荷兰人，所以当他来到荷兰后，自然会有人认出他，尽管他一直在使用化名和假身份。对于人们的种种猜测，彼得也一直否认。他要求铁匠对他的身份严格保密，但铁匠的妻子却不小心说漏了嘴。城里来了个"莫斯科的沙皇"，这消息顿时在人群中炸开了锅，好奇的人们围在铁匠的家门前，彼得无法出门，这让他非常不高兴。

万般无奈下，彼得只好搬出铁匠家，搬进了一家旅馆内。此后，彼得无法像之前一样在街上自由行动了。当大使团进入荷兰时，彼得不得不躲在拥挤的随从中。

在荷兰的那些日子里，彼得参观了造船厂、手工作坊和大型的仓库。每到一个地方，彼得都表现出非同常人的求知欲，他目不转睛地看着帆船长的每一道工艺，在制作罗盘的作坊里寸步难移。彼得经常会问一些难度极高的问题，这些问题超出了工作人员的知识范围，经常让他们无言以对。让人刮目相看的是，彼得有着超强的记忆力，他只要听别人向他介绍过一遍，就能熟记于心；而且他见多识广、经验丰富，许多他从未见过的东西，只要工作人员向他浅显地介绍一点儿，他就能理解到其中精髓的东西，他的业务知识甚至比其他工作人员还要精深，在场的人都非常敬佩他。

在出席东印度公司的欢迎晚宴时，彼得获得了去东印度公司造船厂工作的邀请。彼得得知此消息后激动不已，当晚就连夜赶到了东印度公司所在地——萨尔达姆，开始了自己短暂的"打工生涯"。彼得与其他工人一样，吃住都在公司所在的大院里。彼得没有摆任何架子，他任劳任怨地学习工作，听从命令、接受调遣，哪怕是最累的体力活，彼得也从不拒绝。有一位荷兰商人曾亲眼目睹了彼得在公司里的表现，那一幕让他终生难忘——彼得正在挥舞着自己的斧头工作，不远处有几个人扛着沉重的原木走来，原木又沉又脏，没有人愿意多出一份力。这时造船的工匠对彼得说："木匠彼得，放下你手中的工作，去帮助他们扛原木。"彼得爽快地答应了，他放下斧头，快走几步赶紧去帮忙。可是，原木干净的地方都被人占了，剩下的地方全是泥污。彼得顾不上这么多，他弯腰钻到原木下，肩膀紧顶着原木底端，用力扛了起来。商人非常惊讶，他做梦都没想到，这位莫斯科的沙皇如此任劳任怨。

彼得在东印度公司的造船厂一干就是四个月，每天他都是最早去开工，最晚一个从厂房出来。饭菜仅能填饱肚子，几个小时的睡眠也远不能解乏，但彼得沉浸其中、乐此不疲。四个月后，彼得的"打工生涯"结束，他不得不与日夜相伴的工友分别。为此，彼得非常难过。

造船术是彼得的主攻方向，当然他也涉猎了其他知识领域。在荷兰期间，他广泛地学习了数学、天文、绘画，用望远镜看到了月亮表面的山脉，也学会了如何让动物标本保持不腐。总之，荷兰的一切都对年轻的彼得产生吸引力，他走遍了所有"好玩"的地方，也见到了许许多多从未见过的东西。

当然，彼得并未被眼前的新奇事物迷惑心智，他自始至终都牢记自己的身份和此行的另一个目的——外交活动。在荷兰期间，彼得会见了很多政治家，获得了国际关系的重要信息，也极力说服荷兰的外交家。彼得期望荷兰能够加入反对土耳其的联盟中，他不惜用最高等级的贸易优惠来"收买"荷兰，但彼得的努力最终化为泡影。荷兰也希望能够与俄罗斯成为朋友，但它却不肯反对土耳其。荷兰所担忧的并不是土耳其本身，而是它的盟国——法国。

荷兰是反对法国的，它曾是反法的奥格斯堡联盟之一。但是战争结束后，法国与荷兰签订了停战协议，史称《里斯维克和约》，法国对荷兰作出了让步。荷兰不想招惹强大的法国，也就表面上与法国实现了和平。但是彼得通过对国际形势的研究，已经参透了法国的野心。他说，只有傻瓜才会相信法国人，他们一直在为战争作准备，法国的对外战争一触即发。时隔不久，法国的对外战争果然爆发，虽然在此之前并未有人相信彼得的预言。

此时，移动的"大使团"已经俨然成为了俄罗斯的外交衙门。彼得在这里与外国的使者举行会晤，同时也处理着国内的大小事务。他写信给主持政务的近臣，对国内的发展和变革出谋划策。

他花重金购买了大批的火枪，招募到了许多科学家、艺术家，他还聘请到了愿意去俄罗斯发展的工匠和水手——彼得最清楚俄罗斯极缺的人才。

逐渐成熟的沙皇

在荷兰停留了很长时间后，彼得对荷兰已经没有了神秘感，他通过与船长们、商人们聊天，得知还有一个比荷兰更善于造船的国家——英国。

1698年的1月，彼得来到了英国伦敦。为了躲避认识他的人，彼得远离热闹的人群，还悄悄地乘坐简陋的平底船来到他居住的地方。行为如此的低调，以至于英国国王奥伦治·威廉三世来彼得住所会面时也是采用微服私访的形式，这与国君之间的外交会晤礼仪大相径庭。

不过彼得却没有任何不适，他巴不得这里没有一个人能将自己与沙皇扯到一起。唯有这样，他才能无拘无束。

在英国，彼得考察了朴次茅斯造船厂和沃尔维奇军械制造厂，搜集了大量有关航海和舰队的资料。在军械制造厂里，彼得还亲自体验了一下投掷炸弹的感觉，这让他激动了很长时间。在英国，彼得还参观了牛津大学，对学校体制产生了浓厚的兴趣，并设想在俄罗斯也建立一所高规格、严要求的学府，用以培养俄罗斯本土的人才。

当来到英国议会时，彼得了解到英国的议会制对王权有很大约束，也就是说，王权并非无限大。同时，议会的议员们有权力对国王的行为和表现"说三道四"，甚至还可以弹劾国王。对这些，彼得非常不喜欢，他无法忍受别人对他的命令有异议、不服从，更别说当着他的面，对他指手画脚、说三道四了。

彼得对英国的"假面舞会"和剧院并不陌生，这与他在德普特福德家举行的聚会差不多。英国人原以为这位俄罗斯人会对此兴致大增，没想到他的反应却比较冷淡。要知道，彼得早已经过了兴奋劲，当他从"德国镇"的德普特福德家离开时，那里像经历了一场浩劫一般。

在英国停留了一段时间后，彼得获得情报，他所缔结的反对土耳其的三国联盟已经濒临解散了。英国人插手进入，他们在奥地利与土耳其之间充当了新的调停人角色，希望在东方世界里展露自己的威风。同盟国四分五裂，彼得的大使团要加快步伐了。

四月底，彼得从英国又回到了荷兰，在与大使团的领队列福特会合后，大使团从荷兰直接向维也纳和奥地利奔去。

奥地利人无精打采地与彼得谈判，这让彼得既急躁又恼火。彼得知道奥地利在想什么，他们无非就是想坐山观虎斗，最后坐收渔翁之利。奥地利的外交家、老奸巨猾的金斯基伯爵对彼得反对土耳其的提议避而不答，他想一点点消耗彼得的耐心，然后使其打道回府。彼得毫不客气地指出了奥地利存在的诸多问题，比如起义频发的匈牙利以及国内腐败的毒瘤。彼得还大胆预测，法国人不会对奥地利的这种"事不关己，高高挂起"的态度多么友善，他们迟早会对奥地利重新发动一场大规模的战争。

外交策略已经成熟的彼得，绝对不会将所有希望都押到奥地利身上，他在与奥地利进行软磨硬泡时，暗地里与波兰国王的特使卡尔洛维奇进行谈判。虽然这样做不够"光彩"，但彼得为了俄罗斯的安危，这些虚伪的仁义道德便也顾不上了。在与卡尔洛维奇的谈判过程中，彼得表现出了优秀的外交天赋，他直率而谨慎、果断而机敏、不怒自威的王者之气，给人强大的震慑力。彼得很巧妙地向波兰提出几个问题，既站在波兰的立场思考问题，又将土耳其的"狼子野心"昭然若揭。卡尔洛维奇不知道该如何回答彼得，他在来之前原本打算拒绝彼得，但听完了彼得对时政的分析，心中也有了对土耳其的忧虑。可惜，他只是一位使者，没有外交定夺大权，他带着彼得的问题回到波兰，答应彼得让国王来亲自回答这些问题。

来到维也纳后，彼得意外地同南斯拉夫人建立了外交关系。在这里，彼得见到了宗主教阿尔谢尼·切尔诺耶维奇和前塞尔维亚国王尤里·布兰科维奇。尤里·布兰科维奇被塞尔维亚新的执政者流放，监禁在维也纳，并且备受折磨。尤里·布兰科维奇告诉彼得，在奥地利，他有着四万多的臣民在受苦，他们因为忍受不了土耳其人的压迫而迁居到了奥地利；可是在搬到奥地利后，又受到当地人和德国人的排挤，生活十分凄惨，他希望彼得能拯救这四万多臣民，如果能让他们到俄罗斯生活，则是最好。

彼得爱才如命，他在这四万多南斯拉夫人中，发现很多精英人才，比如塞尔维亚大学生伊万·阿列克谢耶维奇和伊万·泽坎，他们学识渊博、思维敏捷，正是俄罗斯奇缺的人才。于是，彼得接纳了他们中的大部分人，同意他们迁到俄罗斯生活。瓦拉几亚王公听到这个消息后，也派特使来到维也纳与彼得秘密会谈，他请求彼得看在拯救塞尔维亚人的分上，也帮助他们将土耳其人赶出瓦拉几亚。彼得答应了他，与之缔结反土耳其联盟，条件只有一个，那就是双方要严格保守这个秘密，否则土耳其人会想尽一切办法来破坏联盟。

据史料记载，彼得在维也纳还与著名的叶夫根尼·萨沃伊斯基亲王举行了会谈，可惜两人采取的是密会的形式，身边并没有史官记录，两人见面后谈的什么、是否就某一问题达成一致，这些详细情况没有留下只言片语。

维也纳之旅结束后，彼得颇为失望。他一直谋求的建立反土耳其联盟毫无进展。这些国家虽然都很痛恨土耳其，但他们要么害怕土耳其，要么害怕它的盟国，几乎都采取了"人不犯我，我不犯人"的态度，并且拒绝主动站到反土耳其这边。彼得打算继续前行，维也纳之后下一站就是威尼斯，或许，他在这里能找到盟友。

十万火急的归途

然而彼得还未启程，国内就传来十万火急的消息——国内发生了叛乱，射击军的叛乱。

彼得不得不在6月19日动身回到莫斯科。在返程途中，彼得思考了很多，他反复考虑这个貌似很简单但实施起来异常困难的反土联盟。或许，与土耳其人争夺亚速海和黑海并不是一个好主意。现实让彼得清醒过来，他这一步跨得太大，完全脱离了俄罗斯的现状。既然这个外交政策行不通，那么就实行第二个——夺取波罗的海，与可恶的瑞典人作战。瑞典没有土耳其那么强大的联盟，他们长期霸占着俄罗斯古老的土地，占领了芬兰湾沿岸和涅瓦河流域，俄罗斯是时候收回来了。彼得的这一军事布局非常成熟，他分析了北方诸国对瑞典的不满，如果与他们建立一个反对瑞典的"北方联盟"，那么瑞典就孤立无援了。

对彼得来说，还有一件事促使他向瑞典宣战。那就是在瑞典的里加城参观期间，瑞典人对他像奴隶一样驱赶。此仇不报非君子。彼得在回到莫斯科前，与大臣反复商讨这个计划的可行性，最终定下此计。

正如英国历史学家麦考莱所说，彼得的西欧之旅，虽然没有打成彼得最初的目标，但这次旅行仍然有着划时代的意义，它让彼得变得更加成熟，对国际形势把握得也越来越准确。抛开脱离实际的计划后，彼得更加务实与沉稳。

彼得的西欧之旅，还让他招揽到了更多的外国人才。彼得对外国人才进入俄罗斯是不设门槛的，只要他们能为俄罗斯作贡献，就可以在俄罗斯定居。在这些外国人中，日后出现了炮兵总监亚科夫·维利莫维奇·布留斯；也出现了一些被人唾弃的国家蛀虫，如米尼赫、奥斯捷尔曼等人。他们在彼得生前不敢胡作非为，但在彼得过世后，他们以老沙皇的朋友自居，控制了俄罗斯的政治大权，还无节制地向国库伸手，贪腐、欺诈、勒索，无恶不作。这一切都是无法避免的，谁让彼得如此推崇"有学问的德国人"呢？

彼得的"大使团"之行，还有一点不得不提及，那就是让世界多国认识了真实的"俄罗斯沙皇"彼得。

在德国出访期间，彼得曾参加过一次舞会。舞会上都是德国的政界名流，人们非常讲究礼节和礼仪，这可憋坏了厌恶礼节的彼得。在那次舞会上，彼得喝醉了胡言乱语。他大声叫嚷着只有选帝侯是好人，他的那些同僚全是坏蛋、魔鬼，还抓着勃兰登堡选帝侯的首相冯·克雷的胸口，让他滚出房间。彼得在德国期间，被人视为没有教养、没有素质的沙皇。

然而，选帝侯的母亲索菲娅·甘诺韦尔斯卡娅则对彼得有不同的看法。

在她眼中，彼得首先是一位思维敏捷、果断而公正的人。他的相貌较好，身材细长挺拔，颇有王者之气。在彼得初次见到德国上流社会的女士们时，他腼腆害羞，刚一进门还用手捂着自己的脸。但是，他的适应能力很强，当他逐渐习惯后，他就能够坦诚、活跃地与女士们交谈。彼得的态度自然，不做作、不拘束，一点儿也没有沙皇国君的架子，给人感觉很亲切。

尽管如此，索菲娅·甘诺韦尔斯卡娅也没有否定彼得的"缺少教养"。她对彼得在晚宴上的表现记忆犹新，当然也惊讶不已。在那顿晚宴上，彼得坐如针毡，时不时站起来挪动一下，胸前的餐巾也显得碍手碍脚。当他见到可爱的小公主时，高兴地抓住了她的两只耳朵，将她从座位上"提"起，并且有悖礼仪多次亲吻小公主的脸颊。这些举动让在座的人都惊讶不已，堂堂的莫斯科沙皇居然如此"没有教养"。

彼得在英国逗留期间，给英国人留下的印象也是"不够文明"的，但当他到达维也纳时，已经能够自律并严格遵从外交礼仪了。怪不得维也纳将彼得称为"稳重、谦虚、彬彬有礼、风度翩翩的莫斯科沙皇"。这与前面几国的印象完全矛盾，或许彼得已经意识到，如果他不遵从那些繁冗礼节，就会被视为"怪物"，这不仅有损于他的形象，更有损于俄罗斯的形象，这是彼得所不允许的。

急匆匆赶回莫斯科后，彼得再次面对这些长着小胡子的射击军，这已经是他们第二次发动叛乱了。第一次叛乱是由索菲娅公主唆使的，这次的叛乱是否还与这位"好姐姐"有关联呢？这群罪该万死的射击军们，又该如何处理，是宽容他们，还是该斩草除根？彼得陷入了沉思。

第九章　祸起萧墙

国内会发生叛乱，其实并未出乎彼得的预料。

早在彼得出访西欧之前，他就已经嘱咐近臣们，对风吹草动保持警觉，一旦发生叛乱，及时跟自己联系。所以说，这次射击军能够发生第二次叛乱，也早已在彼得的掌控范围之内，因为真正反对彼得、想将彼得"砍成五块"的，并不是鲁莽的射击军，而是在背后指示他们的旧势力，射击军只是这些黑暗旧势力借用的杀人刀罢了。

恩将仇报

自从彼得加冕沙皇并开始第一个小小的改革计划时，就已经引起了那些黑暗旧势力的反对和不满。这些黑暗旧势力，分布在莫斯科的每一个角落里，他们秉承旧传统，反对改革与一切新鲜的东西。毫不夸张地说，他们就是俄罗斯的基石，与那栋古老而宏伟的圣殿一样，牢不可动。

彼得借助宗教主、借助这些旧势力登基加冕，但随后又对他们态度冷漠。彼得不像他的父亲一样是一位虔诚的东正教徒，彼得不仅不墨守成规、严肃而认真地进教堂祈祷，而且他还背地里亵渎神明、咒骂上帝。在"德国镇"里，彼得就曾编排了大量这样的"话剧"，来嘲笑东正教、贬低上帝。为了证明上帝并非万能的，而自己的见解才正确，他让那些不会游泳的教徒们到大海上去学习游泳——如果上帝存在，它会在这些人溺水之前拯救他们，或者"突然"让他们学会游泳。彼得用荒诞的做法来反击旧势力，企图摆脱他们的束缚。

旧势力对彼得非常失望，这个小醉鬼沙皇，这个"德国人"沙皇，正带领俄罗斯越来越偏离预定的轨道，谁也不知道他会做出什么傻事。可惜，当时俄罗斯并不存在"弹劾"沙皇的制度，只要沙皇不死，谁也没有权力去另立沙皇。他们对彼得只能怒目而视，祈祷他在某次醉酒后不慎从楼梯上摔死，或者酩酊大醉后再也无法醒来。而彼得对这些仇视自己的黑暗旧势力也无能为力，他无法将他们消灭，自己的力量犹如蚍蜉撼树，除了增加对方的恨意，别无其他。于是，双方就这样憎恨着、讨厌着、矛盾着。

彼得广纳人才，目的也是将这些顽固的旧势力从政治核心中剔除，他不惜提拔平民和有污点的人，希望自己的宽恕能让他们转变心意，全力效忠自己。但是，不管怎么招纳贤才，彼得的身边依然隐藏着敌对势力，他们潜伏着，伺机等待报复的机会。

在跟随大使团出访西欧之前，彼得曾经平息过一场叛乱。

射击军的团长、臭名昭著的外国人齐克列尔，就曾经预谋发动过一场政变。齐克列尔曾参加过1682年的第一次射击军叛乱，当时他是射击军的副团长，积极支持米洛斯拉夫斯基家族，反对彼得。当索菲娅公主大势已去时，他又在1689年迅速"投诚"，倒戈支持彼得了。彼得明知道他是带有污点的人，但本着宽容和爱才的理念，彼得不仅原谅了他，还擢升他为射击军的团长！

齐克列尔没有为自己的叛乱行为付出代价，而且还升了官职，如果是别人的话，一定会对彼得忠心耿耿、肝脑涂地。但贪慕虚荣的齐克列尔却不以为然，虽然升为射击军团长，但他仍不满足，希望彼得能够赐予他更多的权利和财富。经过一段时间后，齐克列尔发现彼得对射击军并不太重视，连带着对他这个团长也很不信任。当然，彼得必须防备着他，因为他曾与米洛斯拉夫斯基家族非常亲近。

齐克列尔的私欲得不到满足，他开始暗中教唆射击军成员，企图杀死彼得。齐克列尔不是孤独的，他的反动行为立刻得到了顽固派大贵族索科夫宁的支持，大贵族马特维·斯捷潘诺维奇·普希金和他的儿子费奥尔多也加入了暗杀彼得的队伍。这些人全都与彼得有个人恩怨，彼得的改革创新危及到他们的地位，而且亚速城堡之战以及后来的防守亚速城堡的工作也由他们承担。他们认为，彼得这样安排是故意欺负他们，他们必须要将彼得杀死，甚至用刀将他砍成五块！

射击军的第二次叛乱

1697年2月，一切安排就绪后，叛乱的射击军兵分两路，向莫斯科进发。射击军五百人长拉里翁·叶利托里耶夫是彼得的眼线，当他得知消息后，暗中将消息报告给了彼得。当时彼得正准备跟随大使团到西欧拜访，在出访前，彼得亲自率军抓捕了齐克列尔和索科夫宁。他将严刑拷问的工作交给了自己的得力助手罗莫达诺夫斯基。罗莫达诺夫斯基外貌恐怖、性格残暴，他的刑讯逼供手段让人胆战心惊。在这位专家的亲自操刀下，反叛军的主谋和共犯一一被交代出来。彼得将已故的伊万·米洛斯拉夫斯基定为此次叛乱的主谋，齐克列尔是同谋者。

残忍的刑罚开始了。彼得计划将齐克列尔处死就可以了，但刽子手罗莫达诺夫斯基认为这样不妥，只是将同谋者处死的话，远远达不到震慑的作用。他建议将主谋伊万·米洛斯拉夫斯基的尸体挖出来，与同谋者一起处罚——人虽然已经死了，但尸体仍然逃不了处罚。在这样的惩罚措施面前，谁也不敢再企图发动叛乱。

彼得对罗莫达诺夫斯基这个"魔鬼"的提议无话可说，只能任他按自己的想法去做。盛放伊万·米洛斯拉夫斯基尸体的棺材被挖了出来，齐克列尔在这具棺材上行刑，鲜血流进棺材，滴到伊万·米洛斯拉夫斯基的尸体上……这一幕谁也不敢看，实在是太恐怖了。

这种残忍的刑罚，不仅没有让人生畏，反而加深了射击军的仇恨。他们眼看着自己的团长被超乎寻常地残忍杀死，心想，自己不知道会不会落得这样的下场。射击军与彼得之间的隔阂已久，彼得不信任他们只是其中一方面，他还做了很多让射击军不满的事情。

比如，射击军希望能够成为莫斯科或者克里姆林宫的宫廷步兵，这无异于一步登天。可是，不管他们如何对彼得献媚，彼得都对他们不冷不热。地位没有提高，待遇没有变化，彼得还对他们的训练和战术指指点点，他让射击军学习西方的战术，学习新的进攻和防御，这是他们所不能容忍的——射击军存在了几百年，战术一直沿用祖训，怎么可能说改就改呢？彼得骂他们固执，骂他们腐朽，骂完之后就去他的"少年游戏兵团"了。

在多次军事演习中，射击军总是扮演着倒霉的防御者。他们占据劣势，不能对彼得率领的"少年游戏兵团"真打真砍，但彼得却不顾这一规则，他挥舞着手中的大刀向射击军砍杀，许多射击军成员为此受重伤甚至丧命。在远征亚速城堡时，射击军也遭受重创，彼得得知射击军腹背受敌时，不仅不派兵来协助，反而讥讽射击军，说这是他们"咎由自取"。亚速之战胜利后，射击军还要负责亚速城堡的保卫工作，这几乎要了射击军的"老命"——射击军的经济来源主要靠他们工作之余的小买卖和手艺，背井离乡直接导致他们的家庭失去经济来源。彼得的这一决定，让射击军更加痛恨他。

索菲娅公主的政变

彼得跟随大使团出访西欧后，有一个人站了出来，这个人向往沙皇的皇位，希望利用射击军的不满情绪将彼得杀死。这个人，就是索菲娅公主。索菲娅公主召见了几位射击军军人的妻子，将自己的计划告诉她们，并让她们向自己的丈夫转达该计划。政变的第一步，需要先将彼得在莫斯科的近臣杀死，然后控制军权，这样彼得就有去无回了。

每隔一段时间，各个地区负责防卫的守军都会进行一次调配。当射击军在亚速城堡防守一段时间后，他们被派到了波兰边境。当四个射击军团到达托罗佩茨和大卢基附近时，射击军们开始了漫天的抱怨。这些射击军没有去预定的波兰边境，反而来到了莫斯科。在这里，射击军的代表与幕后指使者——索菲娅公主和彼得姐姐玛尔法进行了秘密会谈，他们公然辱骂沙皇彼得，并且威胁说要踏平"德国镇"，将那些外国人全部杀死，正是这群"德国镇"的外国人带坏了彼得，让东正教在俄罗斯停滞不前，所以他们罪该万死。

按照索菲娅公主和玛尔法的计划，如果射击军像第一次叛乱那样攻入莫斯科，进入克里姆林宫，将彼得的亲信杀死后，索菲娅公主将成为新的执政者，被流放的瓦西里·瓦西里耶维奇·戈利岑也会被召回莫斯科。索菲娅公主先让彼得的儿子阿列克谢暂代沙皇一职，自己垂帘听政。等彼得从西欧旅行回来后，就给他安上几十条罪状，这足够把他判以死刑。当国内的敌对势力清洗干净后，再将阿列克谢一脚踢开，自己登基加冕，成为俄罗斯的女沙皇——索菲娅公主的计划，与她之前与彼得的斗争如出一辙，只是上次没能成功教唆射击军，而这次她的阴谋得逞了。

射击军开进莫斯科，当他们来到基督复活修道院附近时，发现戈登将军已经在这里等候他们了。戈登将军下令火枪手对叛军进行射击，只用了很短的时间，就平息了这场叛乱。戈登发现这些射击军虽然矛头直指彼得，但却没有真正的首领指挥，这就意味着幕后指使者隐藏在背后。

逮捕了叛军后，他们没有一个人说出真正的幕后指使者。戈登将军将这个细节写信告诉了远在荷兰阿姆斯特丹的彼得。彼得一针见血地指出，射击军只是姐姐索菲娅公主和那些忠于旧传统大贵族们的工具而已。彼得看到了改革之路面临的障碍，他绝对不允许有人去阻止他魂牵梦萦的改革事业。为此，彼得从国外匆匆回到莫斯科，他下定决心，要借助这次射击军的叛乱，将那些黑暗的旧势力、旧传统斩草除根。

8月末，彼得回到了莫斯科。他将这次叛乱定为"捍卫旧习俗的大贵族"教唆所为，但是真正的幕后指使者却迟迟没有露面。彼得并不急于揪出这个幕后指使者，他将拷问的时间定到9月17日——这一天是索菲娅公主的命名日，彼得选择这一天，颇具深意。

平息叛乱

彼得亲自参加了对射击军的刑讯拷问。皮开肉绽声、骨头脆裂声，还有那烙铁上肉块发出的嗞嗞声，整个审讯过程惨不忍睹。27日，彼得来到索菲娅公主所在的新处女修道院。彼得亲自问索菲娅公主，这次射击军的叛乱，她是否参与其中。索菲娅公主死不承认，她谎话连篇，将责任推得一干二净。

可惜，那些忍受不了酷刑的射击军，将索菲娅公主供了出来。除了她之外，彼得的另一位姐姐玛尔法·阿列克谢耶芙娜的罪行也被揭露了。彼得非常失望，他的两位姐姐居然处心积虑要把自己置于死地，真不知道她们学的那些宗教教义都到哪里去了，满口的仁义道德，竟然只是娱乐用的唱词。

主谋已经水落石出，刑讯逼供已经没有了意义。残忍的严刑逼供一共持续了二十余天，最终罗莫达诺夫斯基公爵结束了对三百四十多名射击军的折磨，下令将他们全部处死。

宣读判决书时，彼得也在场，他骑着骏马在刑场上来回巡行，亲自监督行刑。叛军们有的被传统的绞刑架绞死，也有的采用了彼得从西方刚学来的新型处死方式——比如车裂，这些人的尸体身首异处，尸体被拉扯得严重变形。

为了对索菲娅公主施以"更强烈"的威慑，彼得在她修道院小屋窗口对面设置了绞刑架。在这副绞刑架上，陆续绞死了上百人，尸横遍野。

索菲娅公主和玛尔法公主都被剃度为修女，她们所在的修道院四周还设立了严密的监视网络。除了两位公主之外，还有一个人也被剃度为修女，她就是彼得的妻子费奥多罗夫娜·洛普金娜，她对彼得没有任何好感，甚至暗地里反对彼得。总之，彼得不容许身边有任何阻碍他改革的人，就连自己的结发妻子也不例外。

射击军几乎全军覆没，没有处死的人，被驱逐到远方的城市，并终身不能再碰武器，否则按叛乱罪处死。射击军的覆没，宣告这次射击军叛乱的终结——射击军的时代结束，索菲娅公主的政治生涯也彻底结束了。

在处死射击军叛军、收拾了索菲娅公主等人后，彼得虽然铲除了心头大患，但他的身心也备受打击。他无法想象，对姐姐的一再宽容，换来的是一次次的阴谋暗杀。在彼得对射击军士兵严刑拷打时，他一想到自己的父亲和姐姐索菲娅，就不觉流下眼泪。那段时间，他的情绪十分不稳定，喝醉后会突然拔出长剑私下砍杀。醉酒后的彼得不信任任何人，别人稍有不慎，他都会拳脚相向，包括尊敬的列福特也被他在一次醉酒后痛打了一番。

由此可见，彼得同旧势力之间存在着千丝万缕的联系，有血脉至亲，也有曾经的朋友、挚友。然而，彼得毅然选择了与旧势力割裂，唯有这样，他的改革大计才能有所进展，俄罗斯才不会继续故步自封。

须知道，在世界各国日新月异的改革发展时期，停滞不前就意味着退步。而退步，就预示着一个国家甚至一个民族的灭亡。

第十章 备战瑞典与北方战争

俄罗斯要发展海上事业，对于这个观念，彼得笃信不移。他通过对这个"海洋梦"的可行性分析，发现俄罗斯通往欧洲最便捷、最直接的水路只有波罗的海。也就是说，只要俄罗斯控制了波罗的海，那么他们到达欧洲就畅通无阻了。

波罗的海是欧洲北部的内海，它的四面都被陆地包围，整个海面介于瑞典、俄罗斯、丹麦、德国等多个国家之间，向东深入俄罗斯的地方被称为芬兰湾。芬兰湾以及波罗的海海面长期被瑞典人占据，因此，俄罗斯如果"夺回"波罗的海的话，首先一步就是与强大的国家瑞典作战，而与瑞典作战，势必会引发整个北方战争。

反瑞典联盟的建立

早在跟随大使团去西欧时，彼得已经有了建立反对瑞典的联盟的想法，只是当时他极力营造反对土耳其的联盟。令他意外的是，反对土耳其的联盟没有建立起来，但当他透露出反对瑞典的想法时，竟然引起了多个国家的兴趣。例如，在与勃兰登堡选帝侯进行密谈时，选帝侯同彼得谈论的主要话题不是反对土耳其而是瑞典。

波兰的新任国王奥古斯特二世，对是否与俄罗斯达成协议犹豫不决。德国的贵族约翰·帕特库尔力劝波兰国王，他认为瑞典人的做法已经让很多国家不满了，反对瑞典是大势所趋，如果这个时候不趁机向瑞典宣战，日后波兰会被视为瑞典的同盟国，或者是自私的中立国。同时，这位精明的德国人还建议波兰国王，虽然在对待瑞典的问题上，俄罗斯是一个强大的盟友，但波兰也要对它保持警惕，一旦俄罗斯越过了纳尔瓦地区，那么属于波兰的战果就会被俄罗斯抢走，继而威胁到波兰和其他国家的利益。

在约翰·帕特库尔的努力下，波兰外交团于1699年的10月来到莫斯科访问，在这次会谈中，波兰正式与俄罗斯签订盟约。至此，俄罗斯、波兰、丹麦组成的反瑞典联盟成立。彼得已经按捺不住向瑞典宣战了，但他却还有一件事要做，那就是同土耳其缔结和约，以防止在俄罗斯同瑞典作战时，土耳其对俄罗斯发动突袭。

根据协议，丹麦和波兰首先对瑞典宣战，俄罗斯与土耳其签订完和约后再参战。彼得在平息射击军的叛乱后，前往沃罗涅日查看舰队的制造进展。这一庞大的造船计划，在彼得出访西欧之前已经动工，只是后来进展越来越慢。彼得出访西欧归来后，他带回来了很多外国的能工巧匠，而那些被他派出去留学的大臣们也陆续归来，这为进展缓慢的造船事业增添了新鲜的血液。大批舰船很快造了出来，其中一艘还配备上了五十八门火炮，彼得亲自为它取了名字"普列杰斯季纳齐亚"。

1699年的春天，彼得率领着他庞大的海军战舰抵达了亚速城堡。彼得此行不是与土耳其开战的，虽然这支舰队在建造之初目的正是与土耳其一决高下。彼得此行的目的是向土耳其展示俄罗斯强大的海军实力，以此来防止土耳其在达成与俄罗斯的和平条约时提一些过分的要求。

8月18日，舰队停泊在刻赤海峡附近。不久，几乎全世界都得知俄罗斯庞大的海军来到刻赤海峡的消息。土耳其对此非常惊慌，他们得知俄罗斯此行是来签署和约的，但却对这支庞大的海军闻所未闻。而土耳其国内也在悄悄发生着变化，那些忠于基督教的教徒臣民们，当他们得知信奉东正教的俄罗斯海军如此庞大时，他们看到了摆脱伊斯兰教压迫的希望——他们期盼着俄罗斯能打败信奉伊斯兰教的土耳其人，将基督教发扬光大。

1699年9月2日，飘扬着红、蓝、白三色旗的俄罗斯海军停靠到了土耳其的港湾。这是俄罗斯海军第一次出现在远海，也是俄罗斯人第一次驾驶海船到达他国。巡航战船"堡垒"号将俄罗斯的大使们安全送到了君士坦丁堡，它的出现向世界证明——俄罗斯不再是原始的陆上民族了，他们完全有能力漂洋过海，到达世界的任何一个地方。

刚在南方展示舰队，彼得就开始着手准备向北方的作战了。彼得沿用上次攻打亚速城堡的经验，从广大农奴、农民中招募到了大量的士兵。三万多人聚集到莫斯科，彼得将他们编为新士兵团和龙骑兵团的列兵，给他们配备了带有刺刀的火石枪，现在他们只需要经过训练就可以成为真正的军人了。

这么多新兵，由谁来训练他们呢？这个难题摆在了彼得的面前。在俄罗斯，训练有素的军官数量是很少的，他们全部由外国军人充当。外国军人中，有温顺友好的人，比如戈登将军、列福特和恰姆伯斯，俄罗斯对他们来说已然是第二故乡，他们对俄罗斯的爱胜过自己的国家，但是，这样的外国人毕竟还是少数。多数的外国军官们，他们看不起俄罗斯人，辱骂他们是野蛮人，他们来俄罗斯的目的主要是因为彼得给予的优厚条件。他们这些人教给士兵的东西很少，士兵对他们又抱着憎恨的态度，所以训练的结果可想而知。

仓促招募而来，又未经过严格训练的二十五个步兵团和两个龙骑兵团，就这样匆促上阵了。他们不仅没有达到成为战士的资格，而且军备也非常落后——骑兵的马是劣马，马刀是钝刀，配发的火枪不知道该如何使用；攻城用的大炮，很多是伊万雷帝时期铸造的笨重大炮，质量差、射程短，火药也经常无法点燃。彼得率领着这样的兵团，再加上他亲自培养的普列奥布拉任斯科耶团和谢苗诺夫团，就这样准备同欧洲强国瑞典作战了。

有一个细节值得注意，在这次新招募的士兵中，也有很多贵族民兵。他们从未参加过实战演练，马刀也没有真正从刀鞘中拔出来过。这些贵族民兵，一直以来都有这样的想法——只要跟随沙皇出征，他们压根就不需要战斗，单是沙皇的"威严"就能征服一切。这种可笑的想法，的确是贵族民兵们沿袭下来的"作战习惯"，如此落后与腐朽，也难怪彼得会不喜欢他们。

1700年8月8日，南方传来捷报，前往土耳其和谈的大使与土耳其缔结和约，双方约定保持和平状态三十年不变。彼得悬着的心终于落了下来，这下他可以没有后顾之忧地去攻打瑞典了。第二天的清晨，彼得就下令俄罗斯全

军向纳尔瓦前进，同瑞典的战争开始了。

彼得是以正义为名向瑞典宣战的，因为俄罗斯与丹麦、波兰是同盟国，现在同盟国已经向瑞典宣战，所以俄罗斯有义务向瑞典宣战。但是，彼得除了这个名义之外，还有自己的"小算盘"——他要收复涅瓦河沿岸的俄国土地，收回芬兰湾，最终夺取波罗的海。

实现祖辈的遗愿

俄罗斯与波罗的海是有历史渊源的，在远古时代，波罗的海沿岸就生活着古罗斯人。

11世纪初，在古罗斯国刚建立之初，除了有罗斯人之外，还有其他生活在波罗的海沿岸的部落，如爱沙尼亚人、斯洛维涅人等。现在的著名城市塔尔图，在建立之初被称为"尤里耶夫"，这个名字就是当时罗斯国国王雅罗斯拉夫的基督教名。现在的爱沙尼亚也处处能找到古罗斯的痕迹，比如爱沙尼亚语中借用的俄语词汇以及在爱沙尼亚考古时发现的古罗斯钱币、饰品，这一切都证明，波罗的海沿岸是俄罗斯先祖的居住地。

罗斯人将基督教传到了波罗的海沿岸地区，除了宗教之外，还有俄罗斯的文化。但是，罗斯人并没有强行推广自己信仰的宗教，也没有用古罗斯国的政治制度来奴役沿岸的居民，他们与列蒂戈拉人、拉脱维亚人以及立陶宛人在这里相互杂居、和平共处，相互尊重彼此的信仰和生活习惯。如果当时罗斯人将这里的土著居民清除、全部罗斯化的话，那么波罗的海则毫无疑问是俄罗斯人的。

但罗斯人没这样做。日耳曼人看中了这块"肥肉"，他们派日耳曼骑士侵略到这里，并在13世纪初组成了立沃尼亚骑士团。骑士团犹如强盗一般，他们对当地居民烧杀抢掠，无恶不作，企图将这里占为己有。面对侵略者，罗斯人、利维人、拉脱维亚人和爱沙尼亚人奋起抵抗。

然而，日耳曼骑士在当时是强大的，他们轻而易举地击败了当地居民的反抗，继而占领了波罗的海沿岸地区。从此之后，那些穿着绣有十字架披风的持剑骑士形象，被爱沙尼亚人、拉脱维亚人、立陶宛人和罗斯人都看作是强盗的标志。波罗的海沿岸居民痛恨从天而降的压迫者，他们举行了多次暴动，甚至向罗斯国求助。这一局面直到伊万雷帝出兵才得到遏制，伊万雷帝将立沃尼亚骑士团击退，但不久后，这些强盗又卷土重来。1215年至1224年，爆发过多次反抗德意志的起义，俄罗斯战士也多次前来帮助这里的居民，罗斯国虽然没将这里划入自己国家的版图，但实则已经在履行保卫自己国家的义务。

波罗的海早在彼得时代之前，就已经是罗斯民族通往欧洲的重要通道。这里是诺夫哥罗德和普斯科夫的商人们将俄罗斯国内的产品运送到欧洲，然后再将欧洲产品运回俄罗斯的必经之路。早在伊万三世时，莫斯科的对外政策中就已经指出了波罗的海的战略意义和经济意义，同时也指出那些被日耳曼人强行夺走的地区，罗斯国有责任再夺回来，因为俄罗斯不能没有出海口。

日耳曼人组成的立沃尼亚骑士团没有能力与更强大的罗斯军队相抗衡。既然打不过，他们就全力放在防御上。他们对波罗的海采取封锁的手段，让商人和工匠无法从这里通行，以此来遏制罗斯民族的发展和壮大。

在伊万雷帝当政时期，当时的经济贸易并没有现在如此发达，甚至比不上后来彼得的十分之一，但他那时候已经预见到了波罗的海的重要性。马克思在谈到伊万雷帝时，无不佩服地说：他对立沃尼亚的态度是坚决的，一定要打通这条俄罗斯通往欧洲的必经海路。这种超强的预见性是伊万雷帝自发产生的意识，这也正是彼得大帝如此崇拜伊万雷帝并终生对他赞扬、歌颂的原因。

事实上，伊万雷帝的确做到了。在他指挥的罗斯军队打击下，立沃尼亚骑士团几乎全军覆没。但是，战争没有因此结束，瑞典、立陶宛以及波兰看到立沃尼亚骑士团战败后，纷纷向罗斯军队要求分一杯羹。罗斯军队必须再与这些国家战斗，才能保住胜利的果实。然而地方组成强大的联军，他们占据着地理优势，对远赴而来的罗斯军展开围剿。强龙压不过地头蛇，伊万雷帝只能被迫放弃已经收复了的波罗的海，含恨而去。

　　瑞典人趁机占据了这一地区。他们不断向东南方侵蚀，到17世纪初期，已经将涅瓦河两岸和芬兰湾沿岸，这些自古以来就是罗斯国的土地占为己有，并且将俄罗斯的多个城市划入了自己的版图。瑞典人此举无异于切断俄罗斯对外经济贸易的大动脉。之后，瑞典国王发布命令，任何俄罗斯的船只、俄罗斯人，都不能从波罗的海通过。俄罗斯人完全丧失了对波罗的海的使用权，他们去往欧洲不得不穿越冰雪覆盖的森林、冰山，路途遥远又艰辛，对外贸易成为出力不讨好的事，商人们对此都失去了兴趣。

　　一直到17世纪，随着俄罗斯国家的逐步强大，对外贸易的需求与日俱增，同西欧国家的外交和文化交流也成为必需，这时，俄罗斯的臣民才真正认识到失去波罗的海是一件多么难以忍受的事。

　　收复波罗的海和沿岸失地，是俄罗斯世代君主不可推脱的责任。彼得的父亲阿列克谢·米哈伊洛维奇也曾为此努力过。著名的改革先驱奥尔登-纳晓金竭力劝说阿列克谢沙皇，倾尽俄国全力将波罗的海从瑞典人手中夺回来，他列举了伊万雷帝的例子，还列举了亚历山大·涅夫斯基的例子，这位诺夫哥罗德大公率领伟大的诺夫哥罗德人民在涅瓦河上打败了瑞典人，被称为"涅瓦河英雄"。

　　阿列克谢沙皇采纳了奥尔登-纳晓金的建议，出兵涅瓦河，也攻击过里加城。但是，在与波兰争夺乌克兰时，他把俄罗斯的兵力从北方引向了南方，与瑞典的战争也不了了之，因此，阿列克谢沙皇的努力，在实质上并未改变俄罗斯的国界与版图。

　　父亲的遗憾，成为小彼得朝思暮想的事。他缠着老师给他讲伊万雷帝的故事，听亚历山大·涅夫斯基的光辉事迹，特别是同瑞典作战的那些故事。瑞典将一堵墙挡在俄罗斯的面前，让俄罗斯人无法走到欧洲，也无法让欧洲人进入俄罗斯，它是阻碍俄罗斯复兴、强大的壁垒。彼得从小就暗下决心——先祖、父亲没有完成的事业，自己一定要完成！

　　这一决心在1700年终于实现，俄罗斯对瑞典宣战，战争爆发了。

战争的爆发与结束

9月末，俄军逼近了纳尔瓦城堡。这一路走得十分辛苦，沼泽、泥泞、没完没了的大雨让军队苦不堪言。为了加快步伐，彼得不得不让步兵先行，沉重的大炮、辎重在后面缓缓赶路。步兵与后面补给部队的距离越拉越大，士兵的食物几乎断绝，战备用品急缺。

彼得根本就不把这些困难放在眼里，他亲自督促辎重的行军，还亲自去拖拉那些陷入沼泽中的大炮，与士兵同吃同住，他的精神感动了士兵，所有人都忘记了疲劳，连夜赶路。终于，辎重、大炮和军需物资在10月中旬到达纳尔瓦城堡。

攻城开始了。彼得的大炮并不多，这一问题早在彼得攻打亚速城堡时就已经发现，但他认为一切以战舰为先，所以并未大规模制造大炮。现在，彼得自食其果——攻城大炮数量不多，而且质量极差，射程短的大炮再加上不完全燃烧的火药，使炮弹飞不到攻击目标。为此，炮手们不得不增加火药的数量，这样做虽然能让炮弹飞行的距离更远，但存在极大的安全隐患，炮膛和炮架承受不了这么多火药的威力，多门大炮在点燃引线后发生了爆炸，炮筒炸得粉碎，炮手也不能幸免。

祸不单行。大炮出现问题的同时，彼得的阵营中又出现了意想不到的事——彼得最宠爱的古梅尔特叛逃了。这位炮兵上尉可以说是整个炮兵连的灵魂人物，他的叛逃让炮手们手足无措，失去了指挥与领袖的攻击更加无力。

而瑞典人在纳尔瓦城堡的回击非常猛烈，瑞典人的装备精良，丝毫不惧怕四面围来的俄军。不知何时，俄军阵营中传言说丹麦国王被瑞典人打败了，俄罗斯失去了丹麦这个同盟。不多时，瑞典国王查理十二世果然出现在了纳尔瓦城堡。在此之前，他亲自坐镇同丹麦的战争；而现在他的到来，意味着与丹麦战争的结束。事实的确如此，查理十二世打败了丹麦，并迫使丹麦人签订了不平等的和平条约。

盟友的战败，使本来已经手忙脚乱的俄军更加惊慌不安。大贵族所率领的由贵族民兵所组成的骑士团无心恋战，被瑞典人找准时机施以痛击，整个骑士团溃不成军，灰头土脸地撤退了。骑士团的溃败，使俄军占领的一些战略要塞落入了瑞典人的手中，而且他们逃跑时只顾逃命，将武器和军需用品全部扔掉，这让原本就急需物资的俄军更加捉襟见肘。

瑞典国王亲临纳尔瓦城堡，这预示着俄军攻城的难度愈发加大了。彼得将指挥大权托付给公爵德·克罗阿后，就到诺夫哥罗德去催促还在后面缓慢行军的援军。同时，彼得也要求增强诺夫哥罗德和普斯科夫两座城市的防御，因为这两个城市距离纳尔瓦城堡很近，一旦瑞典国王发动突袭，将这两座城市攻破，那么他们就可以毫无阻力地攻进莫斯科城了。

当时双方的兵力分别如下：瑞典有八千人，而俄军却有四万人，在人数差距如此悬殊的情况下，俄罗斯人竟然没有占到半点便宜——因为这已经不是冷兵器时代靠人多一定能取胜的战争了。瑞典人少，但他们装备精良、训练有素，还有一点不能忽视，那就是瑞典人以及他们的国王查理十二世久经战火的考验，最不缺乏的就是战斗的经验和技巧。对于这一点，俄军中的外国军官们最清楚，他们审视双方能力的差距，早就对这场战争下了定论——俄军必败。这些见钱眼开、见风使舵的外国军官们，心思不放在作战上，而是寻找机会向瑞典人投诚。其实，早在开战之前，已经有很多军官跑到了敌方的阵营，这让俄军士兵痛恨不已。

寒风刮了起来，瑞典人嗅到了暴风雪的味道。他们只派了少量的兵力防守城堡——俄军本来就毫无胜算，剩下的士兵安心休养，等待暴风雪来的那一刻。而俄军则在寒风中瑟瑟发抖，他们新的指挥官对这里的气候并不了解，以为这只是一场再普通不过的寒风罢了。上午十点左右，寒风夹杂着雪花和冰粒向俄军阵营吹去，俄罗斯人眼睛睁不开，根本无法瞄准射击。瑞典人利用这个机会，顺风向俄军阵营冲去。不到半小时，俄军阵营就失陷了。

贵族民兵丢盔弃甲、抱头逃窜，外国军官中，除了负责指挥的德·克罗阿公爵外，几乎全部向瑞典人投降。瑞典人向企图抵抗的俄军喊话，如果他们放弃抵抗，那么被俘后会宽大处理，但若不投降的话，定会无情地惩治战俘。此话一出，还在抵抗的俄军人心惶惶、各自为战，完全乱了阵脚。

贵族民兵、临时拼凑的步兵几乎全部被瑞典人消灭，在最危急的时刻，彼得亲自培养的普列奥布拉任斯科耶团战士和谢苗诺夫团战士起到了中流砥柱的作用。他们在纳罗瓦河的大桥上构筑了一所阵地，这就是著名的"瓦甘堡"。

瑞典人一直打到这里，进军的步伐才得到遏制。先头部队拿这个临时建造的堡垒束手无策，他们冲锋了很多次，为此也牺牲了很多人，但丝毫没有进展。瑞典国王查理十二世听闻后亲自来到这里指挥战事。可是，他用尽了一切办法，这个堡垒仍是攻克不下。堡垒的四周，躺满了战死的俄军勇士和瑞典勇士，这改变了他对俄罗斯人的看法。在此之前，俄罗斯人一直是以"粗鲁""怕死"著称的，但这个"瓦甘堡"让他看到了俄罗斯人的勇猛。

久攻不下，再耗下去只能让自己的士兵白白送死。查理十二世于11月20日的凌晨，决定放弃攻克"瓦甘堡"，改为与俄罗斯人和谈。

就这样，纳罗瓦河大桥成为了俄罗斯的战利品。这座大桥记录了彼得的普列奥布拉任斯科耶团和谢苗诺夫团战士的英勇事迹，他们是俄罗斯的骄傲。

虽然这场战争以和谈结束，但人们普遍认为这场战争俄罗斯战败了。瑞典国王查理十二世认为，俄罗斯此战之后大伤元气，不可能再卷土重来了。而西欧诸国也认为，这场盲目的战争让彼得彻底完蛋了，此举不仅没有向世界证明俄罗斯的强大，反而让世界看到俄罗斯依然与"野蛮""粗鲁"为伍；不管俄罗斯再怎么发展，都不可能战胜任何一个文明国家。

彼得在深切体会到痛苦与绝望后，总结了战败的教训，他在日记中这样记录到：俄罗斯需要一支训练有素的军队，他们需要先进的经验，需要精良的武器！

当全世界都认为战争已经结束时，只有彼得不这样认为。在他眼中，战争只是刚刚开始而已。

第十一章　彼得大帝改革的初始阶段

在彼得班师回朝之时，北方的欧洲诸国沸腾了，从宫廷高堂到下面的百姓市井，人们都在拿彼得和他率领的俄军开玩笑。很多人都这样议论：经过失败的北方战争后，彼得一定会"谈战色变"，估计这辈子不会再发动第二场战争。作为战胜国的瑞典，则是举国欢庆。

瑞典国王查理十二世为了纪念战争胜利以及对彼得进行讽刺，专门制作了纪念章。这枚纪念章上，绘有彼得从纳尔瓦城墙上落荒而逃的场景，只见这位沙皇太害怕、太忙于逃命了，以致于帽子几乎从头上掉下来，手中的长剑也掉到了地上，但他满脸泪水，根本无暇顾及。绘制了这样的图案，查理十二世仍然觉得不够过瘾，他还亲自题词："哭着滚蛋的沙皇。"

但是，查理十二世纪念的时间太早了，世界列强也大大低估了彼得的实力。彼得在经历了这次失败后，不仅没有惧怕战争，反而对战争有了更高的热情——他很清楚自己失败的原因，而这些不足完全是可以弥补的。可以说，与瑞典所进行的北方战争战败，成了压倒俄罗斯旧传统的最后一根稻草，彼得已经忍无可忍，他决定要开始改革了。

军事改革

彼得不想停战，他很享受这种备战的感觉。从瑞典回到莫斯科后，彼得立刻着手弥补漏洞，军事改革很自然地摆到了台面上。枪械落后、大炮质量极差、火药不能充分燃烧，所有人都意识到这些问题的严峻性，彼得不必去采取强硬态度，政府自上而下都认可了彼得的改革大计。然而，要造枪、造炮，首先需要钱。一分钱难倒英雄汉。军事改革所需的资金数额是前所未有的庞大。

不过没关系，彼得有办法。他在制造庞大的海军舰队时已经对税收进行调控了，这次他又大幅提高了税收，同时也增加了名目众多的特别税——胡子税、棺材税、澡堂税、斧子税等等，总之，只要是百姓所用所需的东西都需要缴税。另外，政府将一些生活必需的商品宣布为国家专卖，购买的百姓和贩卖的商贩都需要向国家缴税。

百姓承担的赋税是沉重的，他们几乎无法生活，彼得向那些濒临破产的百姓提供了另一个出路——服徭役。军事要塞的修建需要人手，军火工厂、造船厂以及铺设道路都需要劳动力，既然不能出钱，那只能出力了。这次，百姓不敢再有怨言和起义了，军队的残酷镇压可不是闹着玩，而且沙皇的所作所为全是为了国家着想，国家没有强大的军事实力，国将不国。被殖民者奴役的滋味，俄罗斯人以前品尝过，那个噩梦谁也不想再碰一下。

俄罗斯兴起的工业为军事改革的实现提供了便利，众多手工业工场为陆军、海军提供了大量的麻布、缆绳和呢绒，他们的生产速度超乎了彼得的想象。同时，在洛杰伊诺耶波列附近的船坞里，一艘艘新式战舰陆续造好下水。这些事根本无需彼得去操心，现在他可以全心全意地去集中发展他的枪械了。

首先，彼得让炮兵衙门的长官维尼乌斯铸造新型大炮。在同瑞典一战之前，彼得并不知道俄罗斯究竟有多少大炮，当战争打响后，彼得才发现俄罗斯的大炮数量少得可怜、质量又差得可怕，这也正是纳尔瓦城堡久攻不下的重要原因。接到命令后，全国有能力制造大炮的工厂全部开工，原材料也从全国各处运送而来，然而这是远远不够的。万般无奈下，彼得只能将教堂里的钟塔拆下，熔化掉充当铸造大炮的材料。

新型大炮的设计由俄罗斯的能工巧匠马托林、列昂季耶夫、日哈列夫负责，他们在西欧学习过新型大炮的制造。同时，他们也指出旧有的军火工厂生产线不能满足新型大炮的制造，彼得在布良斯克、彼得罗夫斯克等地开设了新的工厂，全力制造新型大炮的零配件。

远水解不了近渴。铁匠们建议彼得，与其等待全国各地的原材料，不如就近建造一个冶铁工厂。彼得觉得这个建议很好，如果在兵工厂所在的城市建造冶金工厂，这样就变被动为主动了。于是，兵工厂所在的大城市乌拉尔便出现了大量冶金工厂，工人和农民们在涅维扬斯克、塔吉尔斯克等工厂内生产生铁、熟铁和青铜，然后再将这些热气腾腾的金属运到兵工厂，大炮的炮膛、火枪枪管、刺刀、军刀迅速制作了出来，速度是之前的几倍。

彼得骄傲地看着自己的冶金中心和兵工厂，他再也不必花重金去国外购买火枪了。现在，自己的国度、自己的臣民，就完全有能力自己制作了。

1702年的秋天，彼得用乌拉尔当地盛产的铁矿石，浇铸出了第一门"土生土长"的大炮，这极具标志性。火器专家对这门大炮进行了测试，证明它一点也不比西欧生产的铜炮质量差，甚至还要更坚固。

不只大炮造得比西欧强，彼得的兵工厂还制作出了很多精良的武器，而且很多在当时属于顶尖级别。例如，西欧刚刚发明出了新式武器刺刀，这种新武器在步兵中单独配备，当配备火枪的步兵队齐射后，他们再端着刺刀冲锋上前进行白刃战。如果火枪射击时，这部分兵种是不能采取行动的。彼得觉得这种部署严重降低了兵力的机动性，于是就大胆地将刺刀配置到了燧石枪上，这样所有火枪步兵既可以开枪，又可以刺杀，一切视情况而定。一个兵种变成了两个兵种，作战能力大幅提升。

大炮不方便移动，炸药包又需要寻找放置的地方，这两者都不够轻便。彼得将手榴弹划分成一个单独的作战兵种，专门成立了掷弹兵队。每位掷弹兵们都提着一个手提包，里面装着大量的手榴弹。只要敌方目标在掷弹兵的投射范围之内，他们就可以悄悄地点燃手榴弹上的导火线，将爆炸力惊人的手榴弹投向目标。这种恐怖的武器是可怕的，在之后的多场战役中，掷弹兵和他们的手榴弹所产生的巨大杀伤力让敌国胆战心惊。

彼得所监造的军火，不仅对俄罗斯匮乏的武器进行了有效的补充，而且还使他的部队配备了第一流的武器。这个成果，是彼得多年来潜心学习的结晶，他在西欧出访期间忍辱负重，就是为了学习甚至超越西方列强，将俄罗斯变成伟大的俄罗斯帝国。

步兵的行进速度历来是军事史上的难题。步兵携带武器，徒步攀山越岭，又受环境的影响，所以行军较慢。彼得想了一个办法，轻松解决了这一问题——步兵无需徒步前行，只需要安安静静地坐在车子里就行。牛车、马车的速度虽然不比人徒步快多少，但它们耐力好、速度均匀，只要不是狂风暴雨，都不影响畜力拉车。步兵行进速度提升了，他们还能在车上养精蓄锐，可谓一举两得。

骑兵的装备也经过了彼得的改良。骑兵历来配备的武器只有马刀和长矛等冷兵器，现在彼得给他们配置上了改短的火枪、手枪和更灵活的军刀，这样骑兵的作战范围扩大，杀伤力也倍增。

彼得是一名优秀的炮手，大炮的改革自然也少不了。他对五花八门的炮种感到厌烦，这些火炮看起来样式多样，其实没有什么差别，有的设计还存在先天缺陷。彼得大手一挥，将几百种火炮精简为三种——大炮、榴弹炮和臼炮，这三种炮型一直沿用到今天。彼得还为火药和弹核安装上了便于速射的弹药筒，这是西欧列强所不知道的新鲜事物，彼得和他的"少年游戏兵团"在早期的"游戏"中便研发了出来，现在终于由玩具变成了实实在在的武器。制订了火炮的详细尺寸和规格后，火炮生产线也紧锣密鼓工作了起来。

除了步兵行军速度慢之外，炮兵的移动速度更是让人头疼。在先前的战斗中，彼得焦头烂额地等待炮兵的到来，他的耐心已经耗尽。于是，他让炮兵骑上了快马，给他们配备了轻型长榴弹炮，速度快了，杀伤力一点也没减。这样的"骑兵炮队"几乎与骑兵一样灵活，再也不用花费时间去等待那些笨重大炮的到来了。

服兵役改革

西欧的一举一动，彼得的"眼线"都详细记录着，特别是西欧先进武器的研发。一位俄罗斯的驻法大使向彼得汇报，法国人发明了一种带有楔形炮闩的新型大炮，他们可以从大炮的后膛装弹药。彼得听闻不屑地笑了，这种楔形炮闩的大炮彼得早就知道了，因为这种设计存在严重的缺陷，每射击两三次后，这种楔形炮闩就会因为硝石烧结打不开了。彼得有一种更好的设计，他把来复线安装在后膛装弹药的大炮内，这样既安全又方便；他还在一个炮架上安装了两门臼炮，在一门臼炮发射后，另一门也可以迅速发射，短时间内给对方连续的破坏力。

"炮手"彼得还是俄罗斯炮兵战术的缔造者。他对炮兵、步兵和骑兵设计了相互帮助、相互配合的协作战术，在炮兵快速移动的同时，确保大炮能够准确、及时开火。后来，他将这些想法记录了下来，成为俄罗斯《用炮准则》，这在当时实属首例。

俄罗斯的军事改革就在这种环境下悄然展开的，起初，彼得并未意识到这是一场改变俄罗斯历史的伟大改革，他只想将过去缺失的弥补上。当他看到身边的武器、军备、战术发生了天翻地覆的改变时，俄罗斯的军事工程已经达到了几乎完美的程度。彼得所训练的炮手能够准确射击到目标，工程师们在野战时能快速构建坚固的堡垒，日后在波尔塔瓦战场上，我们能看到俄罗斯各个堡垒所构成的强大火力网，这正是交叉火力的始祖。

而这一切，西欧都没有。

服兵役制度改革是在武器改革之前进行的。1699年11月，彼得为了补充军力，将征兵的命令变成了制度法规。之前，人民服兵役只在战争时期，但现在和平时期也要征兵，服兵役成为一种常态。青年农民由农村公社决定谁应征入伍，城镇居民则由几户人家派出一名当兵。农奴当兵之后，身份发生了变化，他们不再是农奴，而是沙皇的人，服兵役虽然很艰苦，还有性命之忧，但他们可以领到军饷，地位也受人尊敬。

"少年游戏兵团"的团员魏德和戈洛温·阿夫托诺姆协助彼得创建了一支"直接常备军"。这支队伍从每年入伍的人中选拔出精英人才，由专人专门训练他们，还设置了奖章、勋章和提升军衔制度，让人才能早日脱颖而出。

通过出国留学和参加战役，彼得身边的统帅们逐渐锻炼成了真正的军事专家，这些人中以戈洛温、列普宁、阿普拉克辛等为代表，成为俄罗斯总参谋部的智囊团。

入伍人数的猛增，又使俄罗斯缺少军官这一事实显露了出来。同瑞典人作战，让原本就不多的外国军官几乎全部逃到了瑞典，国内军官几乎成为了空白。彼得将西欧所学应用到了俄罗斯的土地上，他广修学院，让大学来为俄罗斯培养军官和人才。1701年，他建立了莫斯科航海学校；1714年，在彼得堡建立了俄罗斯第一所炮兵学校；1712年和1719年又分别在莫斯科与彼得堡创建了莫斯科工程学校和军事工程学校。这些学校为俄罗斯培养了勇敢而忠诚于祖国的俄罗斯军官，弥补了俄罗斯缺少军官的窘况。

彼得深知，一场战役比的不仅是武器与装备是否先进，还有士兵的素质和能力。为此，彼得让士兵们每天都进行严格的训练。时隔一段时间就进行实战训练——那些教条的、机械的军训对战争起不到任何作用，所以彼得要让他的士兵经历战火的洗礼，就像瑞典国王和他的军队一样，在战火中积累经验，时刻保持最佳的临战状态。

当然，彼得庞大的海军也需要进行改革。并不是所有士兵都可以成为海军，彼得只征集那些真正的水手，并让他们去航海学校进行学习和培训。只有从航海学校考试合格毕业的人，才能真正加入到彼得庞大的海军战队中。

细致的分工，让旧有的国家机关感到力不从心，国家机关和工作人员也需要进行改革。彼得将那些没有作为的机构和人员精简掉，设置了新的部门，比如炮兵衙门、海洋衙门和采矿事务衙门等。这些部门由专业人才组成，对业务非常熟练，效率极高。

彼得在改革之初的举措都是源自实际情况，也是由俄罗斯的军事和工业需求所决定的，针对性强、可行性高。不久之后，彼得就尝到了改革之初的胜利战果。

初尝胜利战果

打败俄罗斯、丹麦和波兰的同盟军之后，瑞典国王查理十二世再也不把"野蛮"的俄罗斯放在眼里，他认定彼得和俄罗斯不会成什么大气候，于是将全部精力都放在了攻打波兰上。波兰是欧洲强国之一，它才真正威胁着瑞典。

彼得知道查理十二世在想些什么，他正好可以趁机悄悄地做些什么。1701年2月26日，彼得低调地来到一个叫作比尔日的小地方，在这里他见到了波兰国王奥古斯特，彼得对奥古斯特说，俄罗斯支持波兰同瑞典的战斗，希望奥古斯特能够保持这种并不激烈的战争状态。为此，俄罗斯愿意承担波兰军队的战争开销，俄方还会派出自己的军队进行实质性的支援。没有人知道彼得在想些什么，奥古斯特料到彼得会有"大动作"，但他与自己是盟友，也就不再怀疑。

彼得说到做到，他从国库内拿出一大笔钱赠予波兰，同时让列普宁率领精兵强将去援助奥古斯特。波兰人曾经见过俄罗斯军人在第一次同瑞典作战时，他们傲慢懒惰、贪生怕死，还有军人连刀枪都不会使用，远远地躲在掩体后不敢出来，逃跑时比战马跑得都快。当然，这些俄罗斯士兵都是贵族民兵，波兰人并不知道其中的差别，他们以偏概全，认为所有俄罗斯人都一样。现在，他们看到的俄罗斯军人却完全变了一个样——士兵们态度积极、工作勤奋、对上级命令能够绝对服从并认真执行，这些俄罗斯人的一言一行让波兰人刮目相看，施泰瑙元帅对他们评价极高。

1701年夏天，瑞典人派出四艘战舰向波兰进攻，途中战舰在北德维纳河入海口搁浅，正巧被支援波兰的俄罗斯军队遇到。俄军迅速向战舰展开攻击，四艘战舰全部被俄罗斯人夺去。俄军化解了波兰的一场危机，同时又振奋了士气，彼得兴奋不已。

彼得趁着查理十二世与奥古斯特交战，他暗中在波罗的海沿岸进行部署。当时，在波罗的海沿岸周边驻扎着五万多名瑞典士兵，彼得便集结了六万多名俄罗斯士兵。他信心满满，认为这次一定能一雪前耻。

果不其然，在1702年的1月份，鲍里斯·彼得罗维奇·舍列梅捷夫率领着俄军在埃列斯特费尔偶遇瑞典军队，双方展开了激烈的交战。俄罗斯人将屈辱化为动力，再加上平日刻苦的训练与精良的武器装备，现在的他们已经与一年前大为不同了。在舍列梅捷夫的指挥下，一万多名愤怒的俄罗斯官兵将施利本巴赫指挥的八千多人的瑞典部队打得落花流水，瑞典人不仅损失了一半的兵力，还被俄罗斯人缴获了六门大炮。

当大败瑞典人的消息传到俄罗斯时，整个俄罗斯都沸腾了，举国上下庆祝对瑞典人作战的第一次胜利。彼得亲自接见并奖赏了参加这次战斗的所有士兵，还将舍列梅捷夫晋升为元帅。彼得强压着心中的狂喜，他表面上不想过高评价这场胜利。他对别人说，这场战斗俄罗斯人是瑞典人的一倍，能赢是一定的，但并不没有什么值得骄傲的地方。实际上，这场战争的胜利是出乎彼得意料之外的，施利本巴赫是瑞典一位了不起的将军，如今俄罗斯人能赢得过他，这说明俄军的实力的确有了长足的进展。

再次证明俄军实力的机会又来了。1702年7月，舍列梅捷夫元帅在爱沙尼亚的古梅尔斯戈夫庄园附近再次遇到了瑞典的施利本巴赫将军，这次双方势均力敌，俄军不存在以多欺少，舍列梅捷夫元帅指挥俄军沉着应战，第二次打败了施利本巴赫，并将他率领的队伍全部歼灭。俄罗斯人缴获了这支队伍的所有军备。同时，俄军小范围出击，在特尔托夫、奥斯特洛夫斯基和托尔布欣率领下的俄海军，把在拉多加湖、楚德湖水面驻扎的瑞典人全部歼灭。

接二连三的胜利，宣告俄军对瑞典的初战告捷。如果说之前的战斗，彼得都心怀侥幸的话，那这次胜利绝对不是侥幸，是俄军强大军力的必然结果。经过这些战斗的胜利，俄军部队积累了战斗的经验，也大大振奋了人心。俄罗斯出色的统帅向瑞典人证明，俄罗斯依靠外国人指挥战斗的时代已经结束，俄罗斯人完全有能力指挥自己的军队，并且战无不胜！

到此为止，彼得的观念已经发生了变化。在此之前，彼得为了让俄罗斯通向大海，他必须要进行战斗；而现在，为了战斗的胜利，他必须通往大海。在占领了伊若拉地区后，彼得将驻守波罗的海的瑞典士兵分割成了两部分，一部分在北面的芬兰，另一部分在南面的爱斯特兰—利夫兰。化整为零，虽然看起来更有利于俄罗斯的进攻，但波罗的海沿岸那些坚固的瑞典要塞不可小觑——在涅瓦河上耸立着诺特堡，它们居高临下，密切监视着波罗的海，想要冲破这些堡垒，实在是难于上青天。

彼得将目光从涅瓦河发源地移到了它的入海口，在那里有一个叫尼延尚茨的地方。彼得反复推演，决定将诺特堡和尼延尚茨这两个要塞全部夺下。

尼延尚茨要塞与尼延城工商业区，都位于今天的列宁格勒境内，他们不仅是重要的工商业区，还是得天独厚的战略要塞。一百年前，这一片区域都属于俄罗斯的版图，但它们却被瑞典人霸占了。

1617年，俄罗斯与瑞典人签署了《斯托尔博沃和约》后，瑞典得到了属于俄罗斯的涅瓦河流域以及芬兰湾沿岸的所有土地。当时，流经尼延城的奥赫塔河还是可通航的河流，城里的街道宽敞便利，每年都会有俄罗斯的商人从各地云集于此，将皮货、亚麻、脂油等货物带到这里来交易，然后再将当地的产品带到莫斯科或拉多加贩卖。据史料记载，当时的尼延商人非常富足，他们远远超过瑞典国内臣民的财富，有的商人身家甚至可以与瑞典国王一比高下，由此可见这里的经济价值。

瑞典人还发现，尼延尚茨的山岗料峭险峻，如果在这里建立一所要塞，那对于守护波罗的海通道能够起到一夫当关、万夫莫开的作用。于是，一个形状为五角形的尼延尚茨要塞在山岗上拔地而起，在它周围还构筑了一道高十八米、宽十二米的土堤作掩护。在这道长长的土堤上，架设了近八十门大炮，要塞里驻守了六百多名精兵，有攻有防，谁也别想靠近这里。

经过一段时间的观察，这两处地方没再出现瑞典的军舰。时机成熟，彼得将初战告捷的舍列梅捷夫元帅招至拉多加。在战胜瑞典人之后，舍列梅捷夫元帅回莫斯科休息，当他接到彼得的命令后，又火速赶到了彼得所在的拉多加。

跟随舍列梅捷夫元帅前来的还有一位来自立陶宛的女俘虏。她是在俄军攻打马尼延堡要塞时被俘的，后来成为舍列梅捷夫随军牧师格柳克的女仆。谁能想到，这位名叫玛尔塔·斯卡夫隆斯卡娅的女仆后来会成为彼得大帝的妻子，甚至在彼得去世后成了女沙皇叶卡捷琳娜·阿列克谢耶芙娜呢？

前所未有的伟大胜利

俄军在波罗的海沿岸得到了沿岸居民的帮助，这些俄罗斯和芬兰的居民，帮助俄军搜集军事行动的情报，还给他们提供住宿和食物。俄军的工程师瓦西里·科尔奇明到诺特堡附近查看了地形，为彼得提供了行之有效的攻打要塞计划。

负责攻城的四十余门俄国大炮、弹药已经运送到了预定的地方后，1702年9月，彼得命令舍列梅捷夫和列普宁两位元帅，率领十四个集团军来到了诺特堡附近。

瑞典人的要塞建在涅瓦河中央的小岛上，它们的地势很高，下面的城墙坚固而厚实。要塞里共有一百四十二门火炮，炮口对准了准备来犯的俄军。火炮后还有瑞典的精锐部队，就算能躲得过火炮飞驰的炮弹，也躲不了精兵的砍杀。彼得倒吸了一口凉气，这个要塞实在是易守难攻，硬闯只有死路一条。

彼得让俄军在诺特堡的下方安营扎寨，这个地方是诺特堡通往尼延尚茨的必经之路，在这里安营，也就意味着诺特堡与尼延尚茨的联系被切断了。失去后援，诺特堡肯定支撑不了多久。9月末，俄军在这里建起了两座炮台，四十门大炮瞄准了诺特堡的城墙。所有的准备工作都基本到位，就差攻城用的船只了。

可是，在要塞的鼻子下面驾驶船只，恐怕还没靠近要塞就全部被大炮击沉了，这个办法行不通。可是，怎么样才能将攻城用的船只全部运到涅瓦河边，而又不会让瑞典人发现呢？

在当地居民的协助下，彼得来到了一片密林中。这片密林可以通往涅瓦河，但需要开辟道路才行。彼得命令士兵在这片密林中开辟一条通道，只用了一整天的时间，道路开通，五十只大舢板船运到了涅瓦河边。彼得与士兵一起开路、拖拉舢板船，忙得不亦乐乎。

第二天清晨，瑞典人做梦都没有想到，只是经过了一晚上的时间，彼得就"变出"了船只，而且这些船只上载着一千名普列奥布拉任斯科耶团禁卫军的战士，他们在彼得的指挥下，快速渡过涅瓦河，来到了诺特堡的城下——诺特堡被包围了起来。

彼得建议瑞典人投降，这样的战败会比较体面，但施利本巴赫将军拒绝了彼得的建议。谈判谈不拢，只能开战了。10月1日，天还没亮，俄罗斯的大炮开始向诺特堡发动猛烈的炮击。过了两天后，诺特堡里有人受不了了——施利本巴赫的妻子派一个鼓手找到彼得，请求他允许军官的妻子们离开诺特堡，诺特堡已经被炮火轰炸得不成样子，她们已经无法忍受了。

彼得回复说，他可以答应军官的妻子们离开战火飞扬的诺特堡，但前提是她们把自己的丈夫也一起带出来。意思再明显不过了，瑞典人除了投降，别无选择。彼得绝对不会因为施利本巴赫的妻子而大发慈悲，瑞典人现在被围困在坚固的诺特堡内，他们时日已经不多，任何的仁慈与宽恕都只能让自己前功尽弃。

轰炸一直持续了十天，俄军的大炮早已灼热得无法继续炮击。彼得推测瑞典人的弹药也应该枯竭了，于是下令士兵坐船向诺特堡发动冲锋。人多船少，运送士兵的大舢板船只能将士兵送到浅滩就返航，这样，登陆的士兵毫无退路，只能继续前行，向高耸、坚固的诺特堡发动攻击。

经历了十余天的炮击，诺特堡的高耸宽厚的城墙居然没有遭受重创，只有在高处的两个地方被炸出了几个窟窿。登陆的俄罗斯士兵在这些窟窿下面搭起梯子，企图从这两个窟窿进入到城堡之内。

瑞典人绝不会坐视不管，他们将搭起的梯子推倒，还向下倾倒滚烫的沸水和焦油，被浇到的俄军士兵痛苦不已，烫死的、摔死的不计其数。然而，英勇的俄罗斯士兵并未退缩，他们继续向诺特堡发动攻击，这种明知会死伤依然大义凌然的样子让疲惫不堪的瑞典人痛苦不已，一波又一波的俄军，对他们来说是一种折磨，他们祈祷能够早日结束这种折磨。最终，十三个小时后，瑞典士兵在诺特堡内发生了内讧，士兵们忍受不了折磨，相信俄罗斯人迟早会冲进来，将他们全部杀光，所以他们拒绝了军官坚守的要求，逼迫军官们把诺特堡交给俄罗斯人。

炮火停止，谈判开启。瑞典人把诺特堡交给了俄罗斯，将军队全部撤走。从此之后，久经风霜的诺特堡重新成为俄国的城市。不久后，诺特堡改名为"施吕瑟尔堡"，寓意为这座城市是一把锁的钥匙。不错，这把锁是波罗的海，而施吕瑟尔堡正是通往波罗的海的钥匙。攻占下这个要塞之后，把俄罗斯与大海分隔开的只剩下涅瓦河和尼延尚茨要塞的土堤了。

彼得当然不会满足于这点小小的成就，他要继续向前，直到波罗的海。为了确保胜利，彼得继续建造战舰，他在1703年2月督促位于洛杰伊诺耶波列的奥洛涅茨造船厂继续建造战舰。春暖花开时节，新的一批战舰试水成功，准时交付使用。

战争爆发之前，瑞典人已经觉察到尼延尚茨的重要性，打算在涅瓦河上建立更强大的军事要塞。他们在切尔纳夫卡河岸建立了两座多面堡，一座在涅瓦河的岸边，另一座在小奥赫塔河流入奥赫塔河的汇流处，这两个地方距离不远，可以相互照应。

1703年的4月23日，舍列梅捷夫元帅指挥着一万六千人的俄罗斯军团逼近尼延尚茨。4月25日，彼得又将先锋部队集结到了尼延尚茨附近，军队在要塞附近的土堤旁安营扎寨，战争一触即发。

在诺特堡一战中，大炮的效能没有得到完全发挥。这次彼得亲自带着七个炮兵连，从奥赫塔河顺流而下来到涅瓦河河口，这里距离敌方近，大炮才能更有效地瓦解敌人的防御。彼得让工程师在这里修筑掩护大炮的土筑工程，而自己则负责保护这些工程师。彼得对连队的人说，如果有瑞典人从这里经过，向外界寻求救援的话，必须将这些瑞典人活捉，一个也不能放过。尼延尚茨被俄军层层包围，与外界完全失去了联系，里面的瑞典人只能干着急。

4月30日，舍列梅捷夫元帅希望要塞内的瑞典人能够投降，但他们拒绝了这一提议，战争正式开始。傍晚时候，俄军的大炮开始向要塞猛烈轰击，瑞典人毫无招架之力。战争持续了一夜，第二天清晨，也就是5月1日，要塞内的瑞典人向俄罗斯投降，曾经失去的涅瓦河河口又重新回到了俄罗斯人的手中。

由于层层封锁，瑞典国王还没有收到尼延尚茨已经失陷的消息。查理十二世深知这个军团要塞的牢不可摧，对彼得要攻打这里的决定还冷嘲热讽。5月6日，他派了两艘瑞典战舰来支援，当战舰来到涅瓦河的河面上时，彼得与缅希科夫兵分两路，一路从涅瓦河上，另一路从海面上，绕过了瓦西里耶夫岛，最后一起夹击瑞典的战舰。5月7日拂晓，瑞典人的两艘战舰都被俄军抢占，战争结束。

连续的胜利，让彼得特别高兴。他将这次的胜利称为"前所未有的伟大胜利"，并且安排了隆重的庆祝仪式。在庆祝仪式上，彼得将化名为"炮兵大尉彼得·米哈伊洛夫"的自己以及中尉亚历山大·缅希科夫都授予了安德烈·彼尔沃兹万内勋章。

1703年5月6日，在涅瓦河河口附近与瑞典海军战役的胜利，成为俄罗斯海军战舰光荣传统的开始，一直延续到今天。俄罗斯人谈起那天的战斗，仍然满脸的骄傲与自豪。

闲不住的彼得又有了新的想法，5月16日，他在扎亚奇岛上选中了一块地方，他要在这里建造一座城市。只见沙皇亲自拿着斧子和锯齿，埋头认真工作着，为这座城市的建造奠定了良好的基础。

这座城市，就是彼得最心爱的杰作，也是后来庞大俄罗斯帝国的首都——圣彼得堡。

收复波罗的海沿岸

刚将波罗的海沿岸的第一块失地收回，彼得就准备建造一所大型城市，如此独特的胆识，怪不得连马克思也会赞叹不已。

这里距离瑞典的防御线很近，几乎就在长步枪的射程之内，貌似非常不安全，但是彼得在这里兴建大城市是有目的的。这里濒临波罗的海，如果有一个大型城堡要塞的话，可以当作俄军继续远征波罗的海的新据点，兵力的调遣、休养、训练都会非常方便，士兵们就不用再从莫斯科长途跋涉了。另一方面，在这里修建据点，也时刻提醒彼得自己，收复波罗的海及其沿岸地区的任务还未完成，自己绝对不能满足于之前的胜利和成绩，敌人就近在眼前，所以自己唯有不停地前进、战斗。

当第一批房子交付使用时，里面还散发着浓厚的油漆味，彼得已经让士兵和工程师们住了进去，建造城市的打桩吊锤还需要他们，时间一刻也不能耽搁，瑞典人随时都会攻打过来，所以要尽快完成工事才行。果不其然，瑞典国王查理十二世得知了彼得在扎亚奇岛开始修建城市和城堡的消息，他笑得几乎直不起腰来。他放出豪言，彼得所修建的城市是俄罗斯送给瑞典人的礼物，这个城市一定会被瑞典夺取。

蠢蠢欲动的瑞典人多次来骚扰彼得，1703年7月，彼得指挥骑兵团，在谢斯特拉河上击溃了克隆吉奥特率领的瑞典部队，瑞典人不得不认真集结力量，将这个正在建造的城市当作一个成熟的要塞来对待。击败来犯者，彼得督促工程师加快建造的步伐，并请求洛杰伊诺耶波列的工匠能够加紧制造未来征服波罗的海的战舰。

清除掉涅瓦河畔的瑞典人，外国的商船才敢来这里靠岸。第一只停靠在圣彼得堡的商船是荷兰的商船，荷兰人将美酒、食盐和粮食运到了圣彼得堡，彼得与他们大方地交易，并赏赐了船长和全体队员，这为其他商船的到来开了好头。

新造的战舰运到了波罗的海，波罗的海的海面上出现了悬挂着俄罗斯国旗的战舰。彼得曾说过，再强的陆军，也只能是国君的一只手，因为它们无法触及到大海。但是如果同时拥有了海军的话，那么国君的两只手才算完整了。现在，彼得的造船厂已经不再局限于之前的那几个小工厂了，在夏西河、帕沙河、洛杰伊诺耶波列、沃尔霍夫河等流域的沿岸，到处能看到彼得的造船厂以及下水远航的船舰。这些战舰围着彼得堡巡航，它们的使命就是保护伟大的彼得堡。

小型巡航战舰与风帆战船已经配备上了二十五到三十五门的大炮，每艘船的火力都很强，彼得力求让所有船在战斗中都能最大程度发挥自己的作用。到1704年为止，停驻在彼得堡附近的战舰已经有七艘巡航战舰、五艘风帆战船、二十八艘大桡战船以及将近二十只的运输船。数量如此之多，彼得依然觉得不够，他又在彼得堡修建了造船厂，在敌人的眼皮下制造战舰。彼得与优秀的海船工匠费奥多尔·斯克利亚耶夫共同研发出了一种装载有四门轻型小炮的新式双位纵横帆船，这种船最大的优势是速度快、灵活轻便，最适合侦查前方敌情了，再配上轻型的小炮，就算遭遇上战争，也能给敌人一定的打击。这一型号的双桅纵横帆帆船，被世界其他国家统一称呼为"俄罗斯"船，在造船史上有里程碑式的标志。在当时的情况下，俄罗斯需要这样的战船，大型或者超大型的战船还没有用武之地，因为俄罗斯还未将大海上的敌人征服。

经历了几次失败后，瑞典人更加沉不住气了。他们无法接受涅瓦河已经被俄罗斯人夺取的事实，认为必须要做些什么，来收复失地；还要让彼得栽个大跟头，让他头破血流。为此，查理十二世将目光聚焦到正以神话般速度建造起来的彼得堡：首先夺取彼得堡，然后再将涅瓦河收回，俄罗斯人定会颜面无存！

1704年，瑞典将军迈德尔集结了八千多人的陆战队向彼得堡进发，他们企图一举夺取彼得堡；同时，十二艘瑞典战舰从瑞典出发，向俄罗斯的克隆什洛特出发，进行双线作战，查理十二世铁了心要给彼得一个下马威。然而，彼得却没有花费太大代价，就将瑞典人的海陆战队全部击退，瑞典将军灰溜溜逃走了。

1705年，瑞典人再次向克隆什洛特出兵，这次查理十二世增强了兵力，战舰也由上次的十二艘增加为二十二艘，战舰上装载着七百多门大炮。查理十二世的计划是攻下克隆什洛特后，让两千多名精兵驻守科特林岛。彼得让托尔布欣指挥战斗，俄罗斯人正面迎战瑞典人，再次将瑞典人击退，这次瑞典人付出了沉重的代价，损失巨大。

此后，瑞典人再也无心进攻彼得堡。查理十二世夺取彼得堡的豪言壮语，一时间成为俄罗斯人的笑话。瑞典人的进攻遭挫，俄罗斯人的进攻步伐却没有停下来的意思。1703年，俄罗斯部队继续攻打亚姆和科波里耶，并将这两块地区成功占领。彼得在信中写道："古老的伊若拉地区和诺夫哥罗德的沃德行政区重新成为了俄罗斯的领土，祈求的愿望成真，这都是上帝的保佑。"1703年7月13日，作为最古老的俄罗斯城市之一的杰尔普特，也终于被俄罗斯人从瑞典人手中夺回。昔日俄罗斯的疮疤，在彼得手中一点点得到了医治。

8月9日，俄罗斯士兵兵临纳尔瓦城堡。纳尔瓦城堡在四年前留下了俄罗斯人惨败的耻辱，俄军对这里本来就恨之入骨，再加上这次攻打遭到了瑞典人顽强的抵抗，最后俄罗斯士兵彻底被激怒了，他们用人墙和梯子混搭在一起，只用了三刻钟的时间，就攻入了纳尔瓦城堡要塞之内。愤怒的俄罗斯人对要塞内的瑞典人展开了大屠杀，军官的军令已经阻止不了他们愤怒的心情了。最后，彼得不得不出面亲自干预，才使这场大屠杀停了下来。

彼得的军队继续向北方挺进。之后，陆续收复了被瑞典人侵占的大部分土地，俄罗斯向北的版图越来越大。然而，彼得认为莫斯科的处境仍然不妙，没有大片领土和城市的阻隔，瑞典人仍然可以长驱直入莫斯科。为此，彼得决定在1706年开始攻打维堡。

再与瑞典正面交锋

维堡是瑞典距离莫斯科比较近的军事重地，查理十二世下了死守的命令。强大的瑞典战舰几乎倾巢而出，它们从比耶尔克赶来支援维堡。

俄罗斯人冷静迎战。10月12日，在普列奥布拉任斯科耶团军士舍波季耶夫、炮手杜巴索夫、舰队士官谢尼亚温和斯克沃尔佐夫带领下，俄军趁着夜色乘坐五艘小舢板船偷偷潜入了维堡湾内，夺取了配有四门火炮的"艾斯佩里号"。有俄罗斯人潜入，这个消息把沉睡的瑞典人吓破了胆，他们四下逃窜，无暇顾及战斗。

虽然战斗有胜利的可能性，但彼得不想让自己的士兵承担风险，因为集结而来的瑞典军舰和士兵越来越多，在数量上已经完全占据了优势。彼得下令让围攻的俄军撤退，不冒这种无谓的风险。瑞典人看到俄罗斯人撤退，觉得自己总算赢了一次。彼得对此并不在意，他甚至说，俄罗斯人并不介意被瑞典人打败，因为这样他们可以从失败中学到打胜仗的经验。如此宽大的胸怀，如此不计较输赢，彼得大帝越来越有霸主的气魄了。

到1705年的时候，波罗的海的战役已经接近了尾声。俄罗斯不仅真正走到了大海上，而且还实现了彼得的战略目标——切断瑞典人的两个军事通道，第一个是芬兰与爱斯特兰之间的军事协作，第二个是查理十二世亲自率领的瑞典部队对波兰国王奥古斯特二世的攻击路线。现在，彼得的处境已经得到了极大的改善，他有了多余的力量和精力来帮助自己的同盟国波兰了。

波兰国王奥古斯特二世，自从同瑞典宣战之后，就一直被查理十二世追着打，几乎从未打过一次胜仗。彼得在奥古斯特二世最窘困的时候，伸出了援助之手。他派舍列梅捷夫元帅和奥吉尔维率领着一万两千多俄罗斯军队，进入波兰腹地来协助奥古斯特二世。俄罗斯军队一路披荆斩棘，很快就肃清了整个库尔兰地区，并攻占了首府米塔瓦。

1705年6月，彼得亲自来到了波兰，向波兰居民发表了两国共同反对瑞典人的宣言，得到了波兰人的大力支持。同年秋天，彼得在格罗德诺附近与波兰国王奥古斯特二世举行了会面，彼得将进入波兰的俄罗斯士兵指挥权交给了奥古斯特二世，让他全权指挥俄波联军。之后，彼得放心地回到了莫斯科。

查理十二世得知彼得与波兰国王奥古斯特二世联合的消息后，感到十分忧虑，他亲自率兵向格罗德诺奔去。年末的冬季，查理十二世经过西里西亚和华沙，迅速地来到格罗德诺，并将这座城市团团围住。奥古斯特二世被打怕了，他一听到查理十二世到来的消息，就连夜带着自己的军队和四个俄罗斯军团逃离了格罗德诺，大部分的俄罗斯军队都留在了格罗德诺，被查理十二世围困住了。

彼得在莫斯科得知了这个不算太好的消息，心想如果他能够尽快回到格罗德诺的话，被围困的俄罗斯士兵还有击退瑞典人的可能；但现在他在遥远的莫斯科，而且格罗德诺被瑞典人围着，自己插翅也难进。彼得分析了一下战局，认为俄罗斯军队的首要任务是避开战斗，将军队从被封锁的格罗德诺撤离出来。留给俄罗斯人的时间不多了，如果他们留在城里准备与瑞典人作战的话，瑞典人会趁机休整，并在春暖花开时获得粮食，对格罗德诺进行持久的围困，届时上万的俄罗斯人就成了瓮中之鳖。

彼得写信给留在城中的缅希科夫和奥吉尔维，希望他们能够果断地丢弃重型装备，毫无拖累地赶紧撤走。就在查理十二世制订持久的围城计划时，留在城中的俄罗斯人采纳了彼得的建议，将大炮、重型装备等抛入了涅曼河中。1706年3月24日，俄罗斯士兵根据彼得的指示，踩着结冰的涅曼河摆脱了瑞典人的围困，4月3日，瑞典人休整完毕，大规模追击俄罗斯人。但涅曼河却已经进入了解冻的流冰期，冰面太薄无法步行，船只又因为流冰阻碍无法航行，他们只能眼睁睁看着俄罗斯人逃离他们的包围圈，越跑越远。当瑞典人千辛万苦渡过涅曼河时，俄罗斯人早已在远处的特克钦了。

查理十二世愤愤地撤退，重返波兰。俄罗斯士兵绕过瑞典人，再次回到波兰去支持他们的盟友。然而，不管俄罗斯人付出多少努力，都挽救不了无能又胆怯的奥古斯特二世。奥古斯特二世在瑞典人占领了萨克森城后，简直害怕到了极点，他失魂落魄地于1706年9月24日，在阿尔特兰施塔德与查理十二世签订了耻辱的和平条约。

奥古斯特二世也觉得自己的做法不够妥当，他没有面目告诉为自己几乎付出一切的彼得，所以在与瑞典人签订合约时，是背着彼得进行的。之后他也一直没有胆量告诉彼得，就连俄罗斯同瑞典人在卡利什附近战斗时，奥古斯特二世也装作什么事都没有发生，假意出兵。在卡利什战役中，俄罗斯军队在缅希科夫将军的指挥下，将马尔德费尔德率领的瑞典部队全部歼灭。彼得为了庆祝这一胜利，把从瑞典人手中夺回来的波兰失地，全部如数交给了奥古斯特二世。但奥古斯特二世害怕查理十二世怪罪自己，在庆祝还未结束就悄悄前往查理十二世所在的萨克森，请求他不要废除他们之前签订的和约，更不要降罪于自己。

奥古斯特二世这枚棋子对查理十二世已经没有了用处，于是查理十二世将他废除，把亲瑞典的斯塔尼斯拉夫·列辛斯基扶植上台，成为波兰的傀儡国王。

彼得万万没想到奥古斯特二世会背信弃义，现在俄罗斯不仅前功尽弃，辛苦夺回的波兰失地又回到了瑞典人手里，而且他们还失去了波兰这个同盟国。对瑞典一战彻底失败，波兰又成为瑞典人的傀儡，俄罗斯在这个世界上已经没有了同盟国。

俄罗斯驻英国大使安德烈·阿尔塔莫诺维奇·马特维耶夫，曾试图让英国出一份力，对俄罗斯与瑞典持续已久的战争进行调停。然而英国人对俄罗斯并不感冒，他们对俄罗斯能否在波罗的海站稳脚跟丝毫不感兴趣，这一努力最后也成为徒劳。

失去同盟国，彼得感到了前所未有的压力。但是战争还没有结束，不可一世的查理十二世已经调集军队，准备向俄罗斯的首都莫斯科远征了。

第十二章　波尔塔瓦会战

彼得在刚收复的地区兴建房舍，特别是圣彼得堡的行为，激怒了瑞典国外查理十二世。不可一世的查理十二世作出了一个大胆却又过于激进的决定，那就是向俄国的心脏地带，特别是向俄国的首都莫斯科进攻。这个错误的决定直接导致了俄、瑞之间战争的爆发，也引发了著名的波尔塔瓦战役会战。

坚壁清野政策

面对来势汹汹的瑞典人，彼得选择了撤离。俄罗斯军队刚从格罗德诺撤离，查理十二世的军队两小时后就进驻了进来。彼得的军队陆续从白俄罗斯和波兰撤走，他没有任何遗憾，因为早在1706年在若尔克瓦召开军事会议时，彼得的将领就建议他，不要在异国土地上同瑞典人决战，要把他们引诱到俄罗斯的国境边，甚至在俄罗斯国内。

彼得觉得将领们的意见非常宝贵，于是采纳了这一建议。在之前的战斗中，彼得除了单独采取行动之外，还要顾及同盟国的行动，必要时提供一些掩护或协助工作，这样反而拖累了俄罗斯的行军布局。此时此刻，彼得没有了同盟军的拖累，行动起来反倒更迅速了，这真是对那些同盟国极大的讽刺。

单枪匹马只身面对这场战争，这位俄罗斯沙皇的军事天赋越加显露出来，他的决定让原本处于劣势的俄军很快摆脱了被动的局面。彼得认为，自己要做的事非常简单，那就是快速向后方撤退；并在撤退的过程中，绕到瑞典人的腹背偷袭他们，让他们方寸大乱，拖延进攻的时间，为俄军撤退赢得时间。当俄军撤退到某个坚固的要塞时，利用超强的防御来应对瑞典人的进攻，使他们疲于奔命，最终一举将他们击溃。

经历了那么多场战争，彼得和他的军队已经能够承受战火的洗礼了。然而，他们依然无法与查理十二世的战士们相提并论。那些瑞典人们被无数胜利的光环环绕，有着战无不胜的称呼。瑞典人的移动速度非常快，他们的神速与出其不意的攻击，往往会使战局发生急剧的变化。彼得与士兵们都很清楚，他们现在要与这些战争狂人们针锋相对了。

一边撤退，彼得一边让部队损坏沿途的粮食、农作物与桥梁、道路。能带走的粮食，彼得全部带走了；带不走的，彼得就让人一把火烧掉。彼得大军所到之处，桥梁和道路尽毁，水坝的土堤被挖开，无法破坏的道路则由砍倒的树林堵塞。总之，彼得不会让敌人收获一粒粮食，也绝不会让他们行进得平坦、舒畅。

彼得的所有计划都是经过深思熟虑的，而查理十二世则非常轻率。这位"瑞典战神"幻想不费丝毫力气，通过一次闪电战就让俄罗斯臣服。这也不能怪查理十二世的自大，与俄罗斯的同盟国丹麦、波兰作战，他的确没有耗费太大的气力，瑞典人的力量依然那么强大；相比之下，他认为俄罗斯人与丹麦、波兰人一样，也是不堪一击的。

所以，查理十二世没有经过周密的考虑，就决定了远征莫斯科的计划。他打算攻打下莫斯科之后，再将波罗的海沿岸的城市一一收回。

在他行进的过程中，哥萨克人发生了内讧。原本哥萨克人是支持彼得的，并且在第一次与瑞典作战时，哥萨克人为彼得立下了汗马功劳，但是现在，他们内部有了不同的声音。康德拉季·阿法纳西耶维奇·布拉文是哥萨克人的一员，他反对一向支持彼得的另一位哥萨克首领马克西莫夫，通过起义打败了马克西莫夫并自我任命为新任首领。1708年，他发动哥萨克贫民、分裂派教徒和逃亡者们共同反对彼得，号召他们杀进莫斯科，将那些大贵族和官员们统统杀死。查理十二世将其招至麾下，与他签订了和约，两者达成了共同推翻彼得政权的决议。查理十二世向布拉文许诺，如果他们合力将彼得从皇位上拉下来，那么他将把庞大的俄罗斯肢解为多个小州，让布拉文掌管专属于哥萨克人的领地。查理十二世只用了一个空头支票就把布拉文收买了，他损失的可能只有一块小地方，却能得到整个俄罗斯。相比之下，这点损失完全可以忽略不计。

怀着这样的憧憬，查理十二世率军向莫斯科进发了。他对将领们说，只要沿着通往莫斯科的道路前进，就一定能够到达莫斯科。他身边的大臣吉连克罗克却不这样认为，他处事一向谨慎，他向查理十二世建议说，军队越深入俄罗斯的腹地，就越会深陷其中，因此最好不要再继续深入了。查理十二世嘲笑他，说他的过于谨慎反而会耽误了进军的黄金时间，他们一定要赶在彼得达到莫斯科前，将彼得的军队击败，莫斯科失去沙皇和军队，自然会不战而降——多么简单的一件事。

瑞典人快马加鞭，彼得撤退的步伐也丝毫不敢怠慢。彼得下令增强后方普斯科夫、谢尔普霍夫、莫扎伊斯克、特维尔、斯摩棱斯克和基辅等城市的防御，一旦开战，查理十二世和他的士兵可不是纸老虎吓唬人的。消息传到莫斯科后，莫斯科被禁卫军围了个里三层外三层，克里姆林宫的防御也升到了最高级别。没有特别重要的事，谁也不能随意进出城门。而那些有要事需要进出城的人，警卫们会严加盘查，并向他们询问相应的口令暗号，以防止瑞典的特务潜入城内。俄国的密探监视着大臣以及外国人的一举一动，如果他们有投敌叛国的小动作，就即刻将其逮捕。

列普宁将军所率领的军队在撤退时行动迟缓，彼得多次警告他们，要求他们加快速度，但列普宁将军不以为然。1708年的7月3日，查理十二世在戈洛夫奇诺耶附近追上了列普宁的军队，双方展开了激战。可惜，列普宁不是查理十二世的对手，俄罗斯人被瑞典人打得惨败。列普宁带领为数不多的部下，仓皇逃走。

彼得对此非常生气，并非因为俄罗斯人打了败仗，而是因为列普宁不听彼得的警告，打乱了彼得的计划——列普宁部队的粮食、辎重成了瑞典人的补给，瑞典人吃饱喝足，又有力气继续追击彼得了。为了以儆效尤，彼得把列普宁交付给军委会审判，取消了他的军事职务，将他贬为了一名普通士兵。

虽然在列普宁手中夺取了很多粮食和军备，但这些物品仍然满足不了庞大的瑞典军队。查理十二世清点了一下军备物资，察觉到了潜在的危机。他迅速下达命令，让利夫兰原地等候列文高普特将军，再调遣将近两万人来支援，满载着武器、衣物还有粮食的庞大军团向查理十二世增援而来，这两支部队一旦会合，瑞典人的战斗力将成倍增长。可是，心急自大的查理十二世没有在原地等候援军的到来，他嫌弃援军的行动速度慢，自己带着军队继续向莫斯科进发了。

8月29日，两军在俄罗斯的小地方多布罗耶相遇，瑞典人向俄军展开一贯的闪电战。俄罗斯人占据主场优势，天时地利人和，再加上对瑞典人的侵略行径恨之入骨，俄军上下团结一致，打起十二分的精神来反抗瑞典人。而瑞典人物资奇缺、饥寒交迫，尽管他们勇猛善战，但能力却不能完全发挥，最终先锋部队被俄军打败。与查理十二世针锋相对地打了一场胜仗。彼得并没有被胜利冲昏头脑，他认为以后的路还很长，多布罗耶还不是俄军最终该退守的地方，他在全军休整过后，下令继续向后撤退。俄军中有人以为彼得会将这场胜利作为契机，死守多布罗耶，对瑞典人发动总攻击，他们不明白彼得的计划。

俄军继续向斯摩棱斯克方向撤退，沿途继续将所有粮食带走，村落、稻场尽被烧毁。瑞典人每到一处地方，只有饥饿的难民、烧尽的荒野与遮天的浓烟，他们满怀希望能获得一点补给，哪怕是一块面包也行，但现实却让他们失望不已——可恶的彼得没有给他们留下一点能吃、能喝、能用的东西！

援军远在天涯，城池村落又不能给予补充，瑞典人快要崩溃了。有位随军的法国大使将瑞典人的惨状记录了下来——饥饿成为折磨瑞典人最大的苦难，他们已经好几个月没有吃过面包，更是忘记了肉的味道。所有军人只能喝粥，清澈见底的稀粥根本无法填饱肚子，他们只能用白开水来充饥。士兵没得吃，国王也好不到哪里去，昔日离不开酒的国王查理十二世，也是数月没有喝过一滴酒了，当他酒瘾发作时，也只能用水来代替。瑞典人私下埋怨，这里简直就是荒无人烟的荒漠，我们能活着从这里走到"绿洲"吗？

就连一向自大的查理十二世也犹豫了，思考自己的决定是否正确。他再三思量后，决定暂缓追击俄军的步伐，转而向乌克兰进发。在乌克兰，有一个等待着他到来的"内应"，他的名字叫作马泽帕，是乌克兰人的叛徒。瑞

典人打算在乌克兰得到物资补给后，再通过布良斯克和卡卢加，进入这次远征的终点莫斯科。

列斯纳亚之战前后

查理十二世初尝自己鲁莽的恶果，赶紧向援军统领列文高普特下达命令，希望自己在去乌克兰前，两军提前会合。他终于意识到两军会合的好处，然而彼得却不给他这个机会，俄军所驻守的第聂伯河和索日河把两部分瑞典军队分隔开来，他们会合的难度越来越大。彼得调集了一万多名精英组成狙击列文高普特的机动队，他们来到第聂伯河，准备与列文高普特一决高下。

列文高普特决定围魏救赵，通过偷渡第聂伯河，出其不意地攻打俄罗斯人，这样彼得就被两拨瑞典军包围了。然而，当地的白俄罗斯人却将瑞典人的行动悄悄告诉了河对岸的彼得。彼得趁着瑞典人还没有部署好兵力，于9月28日下午，向瑞典人发动了猛烈的攻击。瑞典人浴血奋战了一整天，但到了晚上，瑞典军防御全线崩溃。

这场战争中，俄罗斯只有一千多人死亡，而一万六千人的瑞典部队却有八千人死亡、数千人受伤、八千多人被俄军俘虏。列文高普特从瑞典带来的攻打莫斯科的精良武器全部成为俄罗斯人的战利品，后来这些武器在俄罗斯人攻打瑞典人时发挥了重要作用。

列文高普特费了好大劲儿才挣脱出了彼得的包围圈，他带着残余的部队逃向查理十二世所在的地方。查理十二世满心期待的物资却一点也没有带过去，这样的会合完全失去了意义。

这次作战之初，查理十二世还是非常有把握打赢彼得的，根据行军所遵循的古斯塔夫·阿道夫线形战术，彼得的每一步都在查理十二世的把握之内。然而，彼得却没有墨守成规，他将自己的军事才能化为实际行动，抛弃了传统的线形战术，自创了梯形方式布阵法——先锋营一字横开，第二个营在它的后面，也一字横开，这样的作战序列具有纵深和机动的能力，优于线形战术，这是查理十二世所没有算计到的。

同时，彼得士兵的军事素质也充分体现了出来。以往的贵族民兵和射击军们在遇到危险时会不顾军官的命令临阵脱逃，有的士兵还躲在安全、僻静的地方消极怠战，所以彼得在前期指挥的战斗中，失败多于胜利是有缘由的。自从彼得实行义务征兵制度后，这些从农民和市民中征召而来的士兵全都为了荣誉而积极战斗。他们成为保卫沙皇的军人，本来就享有了崇高的社会地位；如果他们打了胜仗、立下战功，沙皇还会给他们颁发勋章、加官进爵，所以他们把每一场战斗都看作自己人生的转折点。这种意识的转变，是世界上其他国家在当时所不具备的。

根据地形、地势而制定战术，这也是彼得超越世界同期各国统帅的地方。在列斯纳亚之战中，彼得让自己的军队隐藏在森林里、灌木中，而瑞典人则在平坦的荒野上。敌明我暗，彼得尝到了甜头。

查理十二世是这样描述俄罗斯人进攻的——对瑞典人伤害最大的不是与俄军的正面战争，而是那些看不到的敌人；他们隐藏在大树后、灌木丛中向瑞典士兵开枪射击，但瑞典士兵却找不到敌人的藏身之处。瑞典将军阿德勒尔费尔德也不得不承认这个事实，深入俄罗斯腹地的决定是不明智的，因为每到一个地区，都会有人与瑞典作战，哪怕是当地的居民也恨不得将瑞典人千刀万剐。

空手而来的列文高普特让查理十二世垂头丧气，瑞典人的自信心受到极大打击。而他们的敌人俄罗斯人则振奋不已，彼得甚至将列斯纳亚之战称作是"波尔塔瓦之战之母"。这场战役胜利后，彼得开朗了许多，他向身边人多次提及这场胜利是俄罗斯人幸福的开端。

援军被狙击，查理十二世不敢再贸然向莫斯科前进。他集中所有兵力向南，路过斯塔罗杜布，向诺夫哥罗德开进。为了避免全军覆没，他要尽快赶到乌克兰。

乌克兰的统治者伊万·斯捷潘诺维奇·马泽帕，是一个典型的"小人"。他狡猾多端，为满足自己的私欲不惜出卖一切。

翻看他的一生，从他当骑兵大尉，到成为萨莫伊洛维奇的左右手，再到阴谋推翻萨莫伊洛维奇的政权，成为新的乌克兰统治者，几乎充斥着欺骗和阴谋。那时，乌克兰还不是一个独立的国家，它是俄罗斯的附属国。早在1706年，瑞典人将波兰傀儡国王斯塔尼斯拉夫·列辛斯基扶植上台时，马泽帕就私下与斯塔尼斯拉夫·列辛斯基进行了秘密会谈。马泽帕知道，彼得与波兰之间的同盟关系破裂后，他势必会在乌克兰建造要塞，用以抵抗波兰和瑞典。到时候，俄罗斯人在基辅抓壮丁修建要塞、征兵、捐税，乌克兰人民一定会对彼得强烈不满，而他可以趁机利用民众的这种不满情绪发动起义，使乌克兰摆脱俄罗斯的束缚，成为独立自主的专制国家"乌克兰大公国"。那时起，他就决定暗中投靠波兰新国王斯塔尼斯拉夫·列辛斯基，臣服于瑞典国王查理十二世了。

支持彼得的乌克兰大法官科丘别伊和团长伊斯克拉得到马泽帕背叛彼得的消息后，向彼得通风报信。可是彼得非常新任马泽帕这个伪君子，他不相信马泽帕会做出卖自己的事，还将此事告诉了马泽帕。马泽帕惊出一身冷汗，他找了些莫须有的罪名，将科丘别伊和伊斯克拉这两位爱国者双双处死。

此后，马泽帕行事更加谨慎了起来。他将自己的侄子沃伊纳罗夫斯基以及一丘之貉的文书官奥尔利克发展为自己的左右手，暗中积极进行投靠瑞典的计划。当彼得获悉查理十二世不再向莫斯科推进反而转向乌克兰时，他要求马泽帕立即出兵，将瑞典人困在乌克兰的边境上。马泽帕当然不听从彼得的命令，他故意称病，声称自己病得几乎要死了，所以无法亲自率兵迎击瑞典人。彼得看马泽帕迟迟不出兵，让缅希科夫率兵向乌克兰增援。

缅希科夫的到来会揭穿马泽帕的谎言，马泽帕的谎言眼看就瞒不住了，他赶紧渡过杰斯纳河，于1708年10月24日与瑞典人见面，并向查理十二世誓死效忠。马泽帕认为，他虽然身不在乌克兰，但乌克兰人民还是会听从他的指令；而自己投靠瑞典人，则是整个乌克兰对彼得宣战的信号，相信此时的乌克兰人民一定都会站起来反对彼得了。

可是，马泽帕的如意算盘打错了。乌克兰人民非常讨厌马泽帕，过去是，现在还是。马泽帕在国内推行怨天载道的"两日徭役"，将农民的土地强行收回，无偿分给哥萨克的上层人物，还镇压人民运动的领袖帕列伊，这些行径都让乌克兰人对他深恶痛绝。

现在，乌克兰人民听闻马泽帕背信弃义并暗中投靠瑞典人，被彻底激怒了。他们反对马泽帕，大部分的军人也不听从马泽帕的调遣，唯有一小部分哥萨克人支持马泽帕，其他人还是效忠于俄罗斯的。

11月2日，缅希科夫将军由支援乌克兰变为了肃清马泽帕的追随者，俄罗斯人攻克了马泽帕追随者最后的堡垒巴图林，这意味着马泽帕在乌克兰彻底完蛋了。随后，在乌克兰的格卢霍夫内，人民选出了新的乌克兰统治者斯科罗帕德斯基，他号召乌克兰人民与俄罗斯人一道，为反对瑞典人的侵犯而斗争。

乌克兰形势发生了惊天逆转。乌克兰人与俄罗斯人像猫捉老鼠一样，捉弄着闯入的瑞典人。他们在瑞典人的宿营地或行军的道路上，对瑞典人进行暗杀或突袭。那些被俘的瑞典人则押送给沙皇，沙皇重赏这些勇士们。可怜的瑞典士兵饥寒交迫，晚上还不敢睡觉；而且，白天行军途中一旦遭遇突袭，就会有人因迷路掉队而被杀。

乌克兰人将所有食物都藏了起来，不管瑞典人开多高的价格，他们什么都不卖。瑞典人非常生气，他们焚烧村落，枪杀居民，跑不快的老人和孩子也成为他们的枪下亡魂。瑞典人认为这样做就可以吓到乌克兰人，但没想到换来的不是恐惧，而是仇恨。乌克兰人民在森林里组成游击队，同瑞典人展开更加激烈的战争。

彼得并未在乌克兰与瑞典人展开决战，他通过一些小规模的战役，迫使瑞典人再想别的办法，使其从乌克兰获得补给的想法最终也落空了。查理十二世被迫在1708年寒冷的冬季率军离开乌克兰境内，转战于波尔塔瓦等地。

清理瑞典的盟友

瑞典人的气数快尽了，但这时候还不能大意，因为瑞典人与土耳其人是盟友。如果在这个节骨眼上，土耳其人对瑞典人进行援助的话，那么彼得之前的所有努力都前功尽弃了。外交手段老练的彼得自然知道该怎么做，他会将所有瑞典盟友支援的念头全部打消掉。

首先是战败的波兰。彼得将曾在波兰服役的戈利茨派到波兰，让他传达了自己不计前嫌、继续支持谢尼亚夫斯基统帅的想法，俄罗斯与波兰之前签订的旧盟约依然有效，这样就给波兰吃了一颗定心丸。同时，戈利茨率军将驻扎在波兰的瑞典军队拦住，使他们无法前去支援焦头烂额的查理十二世。

在解除了波兰人这个炸弹后，1709年春天，彼得亲自率领庞大的俄罗斯舰队从亚速向特罗伊茨克远征，这让土耳其统治者感到焦虑与惊慌。土耳其人不想与庞大的俄罗斯海军作战，他们不得不派使者与彼得议和。土耳其人向彼得郑重承诺，土耳其绝对不会受查理十二世的教唆，趁机对俄罗斯发动突袭或者向瑞典人施以援手。两国之前签订的和平条约依然有效，土耳其与俄罗斯和瑞典都签订了同盟协议，所以夹在中间非常为难。彼得对土耳其人说，俄罗斯不会要求土耳其出兵攻打瑞典，只要两方都不帮，保持中立即可。

土耳其人答应了彼得的要求，拒绝了查理十二世的请求。在查理十二世进犯俄罗斯之前，俄罗斯孤立无援没有盟友，而现在局势发生了转变，俄罗斯的同盟国不断加入，瑞典人反倒成了孤家寡人了。

查理十二世的失败是注定的，彼得想早日结束这场旷日持久的战争，但不是通过流血战斗的形式，而是和平结束。为了表示自己的诚意，彼得让一位被俘虏的瑞典人回去给查理十二世捎话，俄罗斯愿意将波罗的海沿岸夺取的一切，除了施吕瑟尔堡和彼得堡外，全部如数送还给瑞典。自大的查理十二世却认为彼得在羞辱自己，他拒绝了彼得的和平协议，放话称自己永远只做胜利者，在他的字典里不存在"议和"的字眼。瑞典人不打进莫斯科，誓不罢休！

瑞典人随后又东进西突，希望能找到一条通往莫斯科的捷径，但是一切努力均遭到失败。又饥又渴的瑞典人，将目标转到附近的波尔塔瓦。彼得在撤退时没有经过此地，只是要求这里的守军加强防守，所以粮食富裕、物资充沛，而最重要的一点是波尔塔瓦有不设防的道路可以通行，瑞典人终于可以不用再穿过"恐怖的"森林和荒芜的原野了。

1709年4月3日，瑞典人集结到了波尔塔瓦的城堡之下。这里的城堡和要塞，防御之物只有土墙和破损的木栅栏，在瑞典人眼中根本就算不上是防御工事。他们轻松地笑着，幻想着只需要一刻钟的时间，就能顺利打进城里，美味佳肴任君选择。查理十二世更是认为，对波尔塔瓦根本不需要发动战争，只要装装样子，里面的人就会乖乖投降。

然而，瑞典人又估计错了。虽然波尔塔瓦的守军只有四千多人，而且城堡和要塞的防御很弱，但他们却得到了整个波尔塔瓦市民的大力支持，两千五百名市民自发加入守军之中，他们在精明的阿列克谢·斯捷潘诺维奇·克林上校指挥下，顽强地抵抗住了瑞典人一波又一波的攻击。瑞典人正面、侧面以及迂回包抄，都无法攻克这座看似非常容易攻下的城堡。

查理十二世让瑞典工程师挖掘地道，企图通过地下进入波尔塔瓦。俄罗斯人识破了瑞典人的阴谋，进行了反地道战。查理十二世又让人在地道里安置地雷，想引诱俄罗斯人来踩地雷；但俄罗斯人再一次识破了他的诡计，悄悄将瑞典人埋置的地雷全部取了出来。瑞典人却丝毫不知情，他们对从地道里突然冒出来的俄罗斯敢死队惊恐不已。

俄罗斯人正是凭借这样的智慧与勇气，顽强地与查理十二世斗争了三个月。这期间，"不败的战神"查理十二世一点便宜都没有占到，他对眼前这个小小要塞咬牙切齿，却一点办法也没有。当彼得得知查理十二世开始围攻波尔塔瓦时，他派缅希科夫率领军队前去支援。

面前有城进不去，背后有大军正要来袭，查理十二世急忙修筑用于野战的防御工事。然而为时已晚，俄罗斯人发动了攻击，将他们从防御工事里赶了出来，并且俘获了三百多名瑞典士兵和六名高级军官。这些都不算什么，最让查理十二世气愤的是俄罗斯人居然冲破了他的包围圈，将食物和军用物资运进了城里，这下波尔塔瓦里的守军得到了最需要的补给。

查理十二世指挥瑞典人继续向波尔塔瓦发动猛烈的攻击，他心中隐隐能够感觉到面前这座城堡必须要拿下，否则自己的处境将更加危险。5月15日开始，查理十二世开始了轮番的猛烈攻击，势头一次比一次猛，但这些猛攻的结果却是瑞典人惨重的伤亡。

彼得处理完土耳其的事务，马不停蹄地从亚速向波尔塔瓦城堡赶路。彼得在路上详细分析着波尔塔瓦的情况，直觉告诉他，现在是俄罗斯人由守转攻的时刻了。他向驻守在波尔塔瓦城外的缅希科夫下令，让他转入全面进攻的状态，俄罗斯人为荣誉、为胜利而浴血奋战的时刻来临了。

这是查理十二世第二次与彼得在战场上交锋，但是，彼得之前率领的是贵族民兵和射击军，那是旧俄罗斯的血液。而几年之后的彼得，已经对俄军上下进行了改革，俄军几乎全被新鲜血液所代替——训练他们的军官在军校受过系统教育，士兵的操练也是在实战演练中度过。所以说，这次的两方交战，士兵的素质已经处于同一个水平线了，现在决定战争胜败的则是双方统帅的素质了。

查理十二世根本不相信俄罗斯士兵"升级换代"的事实，他头脑中的俄罗斯人仍然是鲁莽、愚蠢的样子，而彼得则还是那个丢盔弃甲、流着泪滚蛋的沙皇。查理十二世比彼得要小十岁，但自尊心、自信心却比彼得大得多。他认为自己所做的事，就是上帝的旨意。不能否认，他是一位军事天才，争强好斗是他的本能反应，只要他站在战场上，就会向敌人发动一切可能的闪电战，将对手打个措手不及。他对自己的身份定义，是"国王兼军人"，他很享受这个称呼；但事实上，他只能是一个好的军人、指挥官，却不是一个好的统帅、国王。

彼得则与查理十二世完全不同。彼得的勇气一点儿也不比查理十二世差，但他却从不夸耀自己的勇气；这种谦虚的心态，使他喜欢听取别人的建议，自己的主意固然重要，但如果别人的建议比自己的想法更好，那彼得会毫不犹豫地采用别人的建议。此外，彼得敏而好学。他喜欢大炮，所以向一切擅长火炮的人学习炮术，在出访西欧时，还以炮手的身份隐藏在大使团中。虽然在过去的实际战斗中，他并未担任军事指挥，但他却能够高屋建瓴，对一切战事都了然于胸。

在劳动方面，彼得没有将自己视为神一样的存在，他从不会看低那些从事简单、粗笨而脏乱的工作。实际上，他本人还非常乐意去做这些工作，因为这些工作看似卑微，却是一切的基础——这就是成熟的彼得。

打了胜战时，彼得会将荣誉归于参战的指挥官和士兵，他自己的功绩却丝毫不提。这样的心态，再大的胜利也不会冲昏他的头脑。同样，失败也不会让他仓皇失措。彼得不止一次对身边的人说，失败的价值在于让人找到不足和弱点，继而不断进取和努力，只要将失败的因素消除掉，胜利就在不远处。彼得的内心是强大的，他还会安慰别人，不管是元帅、将军还是士兵，在遭遇失败垂头丧气时，他都会用极具真诚而富有感染力的话语去安慰别人——不要因为失败和不幸而苦闷，一成不变的成功，只能让人退步。

瑞典国王与俄罗斯沙皇，两位统帅的不同和巨大差距，在接下来的波尔塔瓦之战中展现得淋漓尽致。这是一场史诗般的战争，它出现在诗人、词人和小说家的笔下，俄罗斯人对它千古传颂。

1709年6月4日，彼得赶到了波尔塔瓦的城外。瑞典人的境况很不妙，他们用来攻城的大炮，能用的只有四门，其他的都被俄罗斯人夺走或者损坏了，即便这样，瑞典人的攻势依然很猛烈。被围攻的波尔塔瓦人，用尽了自己的全部力量来抵抗瑞典人，他们从城堡里向彼得所在的沃尔斯克拉河营地发射了一枚空弹壳，里面的呈文告诉沙皇彼得，城内的弹药快要消耗殆尽了，急需沙皇的支援。

6月16日，彼得在军事会议上，作出了对瑞典人发动正面总攻的决定。查理十二世已近疯狂，他不分昼夜地让士兵强攻波尔塔瓦城堡。可是，几乎弹尽粮绝的波尔塔瓦守军却再次将瑞典人击退。查理十二世留下一千多人围攻波尔塔瓦，其他人跟随他去准备迎战彼得的大军了。

6月25日，两军相逢。根据双方协定，交战时间为6月29日，期间各自修筑防御碉堡，互不相扰。彼得和他的工程师只用了一晚上的时间，就把坚固的防御碉堡修建而成，这让查理十二世倍感危机。

眼看自己凶多吉少，查理十二世决定毁掉协定，对俄罗斯人进行突然袭击。26日晚上，瑞典人趁着夜色偷袭了俄罗斯的巡逻兵，整个俄军阵营瞬间进入了戒备状态。讽刺的是，查理十二世的阴谋诡计不仅没有对俄罗斯人造成多大伤害，自己反倒在突袭中受了伤——他的左腿被子弹击中，行动不便了。

彼得对查理十二世的做法非常气愤，这使他一整夜无心睡眠。清晨时分，他到兵营中四处巡视，并亲自清点人数，发现谢苗诺夫团的士官涅姆钦不见了踪影。涅姆钦士官长期跟随彼得，对俄军的战略部署非常清楚。

彼得差人四下寻找，但是无果。他担心涅姆钦叛逃，将军事机密带到了瑞典人那里。

吹响会战的号角

在俄军中，每个兵团的着装都不尽相同。比如，新应征入伍的兵团，所穿的军装为灰色呢子制服，而诺夫哥罗德团的战士制服则是深色。这个秘密只有俄军才知道，他们对此都守口如瓶。彼得思量，排兵布阵都是活的，可以随时根据情况而变，所以就算涅姆钦士官告诉查理十二世，也没有多大价值。但是，如果让瑞典人知道了这个秘密，他们一定会集中兵力向身穿灰色呢子制服的新兵团进攻，让这个原本就势单力薄的军团暴露无遗，这个后果是致命的。随后，彼得迅速召开军事会议，悄悄地将新兵团的衣服与久经战火的诺夫哥罗德团进行了调换。这个漏洞，现在成了迷惑敌人的陷阱。

四万多人组成的五十多个步兵营、十一个龙骑士团以及七十二门精良大炮，全部准备就绪。彼得将指挥权交给瑞典人的克星舍列梅捷夫元帅，准备决战之日的到来。而瑞典人加上伤病，才刚足三万人，他们饥寒交迫，早已没有了胜利的信心。瑞典的陆军将军赖因希尔德伯爵成为总指挥，他代替了腿部受伤的国王查理十二世。瑞典军队人数无法与俄罗斯相抗衡，武器装备也是远不及俄罗斯，怎么看这场战争都不可能取胜。

但好胜的查理十二世不甘心，他打算再次毁掉协议，提前突袭俄罗斯人。中午时分，一个波兰人来到俄罗斯的阵前，将瑞典人打算违反协议，提前在6月27日发动突袭的消息告诉了彼得。彼得发动全部战士，准备好好抗击来犯的瑞典敌人。

在动员大会上，彼得发表了著名的演说。他谈到，那些贪生怕死的士兵，连做人的资格都没有，他们会被同伴唾弃，被整个国家所痛骂；他号召自己的战士，这场战争不是为他彼得而战，是为了整个俄罗斯国家，为了自己的家庭而战！台下倾听的士兵向彼得报以雷鸣般的掌声，"乌拉"声响彻天际。

1709年6月27日清晨，瑞典人向俄罗斯军队发动了突袭，波尔塔瓦战役正式拉开了序幕。瑞典人采用纵列式，快速冲向俄罗斯人还没来得及建成的两座多面堡。俄罗斯的骑兵开始反击，下诺夫哥罗德龙骑兵团的军需给养员阿夫拉姆·安东诺夫，在战斗中夺取了瑞典人的第一面旗帜，之后俄罗斯骑兵又从瑞典人手中夺取了十三面旗帜，俄罗斯旗开得胜。

骑兵表现得非常好，但彼得却深知瑞典军队的厉害，骑兵是挡不住瑞典军团进攻的。他下令让骑兵暂时撤退，让俄罗斯步兵冲上主战场。骑兵的撤退也很讲究，他们不是迅速撤到后方，而是边战边撤，诱敌深入到俄罗斯布置好的阵地中。当瑞典步兵接近多面堡时，俄罗斯的七十二门大炮向咫尺之遥的瑞典人发射了炮弹，瑞典步兵遭到巨大打击。

遭受重创后，瑞典人开始撤退。聪明的俄罗斯人将施利本巴赫方率领的瑞典部队与查理十二世所在的主力部队分成了两部分。缅希科夫率领着五个步兵营和五个骑士团，猛烈攻击掉队的施利本巴赫部队，歼灭了这支瑞典部队，并将施利本巴赫将军和罗斯将军俘虏。

击溃施利本巴赫部队后，俄罗斯人明显占据了上风。那些留在营地上的士兵和军官沉不住气了，他们向彼得强烈要求参加战斗，想与其他士兵一样，为自己的荣誉和祖国而战。彼得幽默地安慰这些士兵，如果俄罗斯人全部出动，那么瑞典人肯定会不战而退，这样就失去了击败瑞典人的大好机会。彼得许诺这些留守的士兵，战争胜利后，他们与战场上的士兵一样都会享有荣誉和奖赏，这才让这些士兵的心情平复了一点。

上午九点，被饥饿折磨得消瘦的瑞典人逼近了俄罗斯的阵营，他们虽然衣衫褴褛、对食物的渴求大过对胜利的渴望，但他们毕竟是久经战斗的瑞典士兵，一点也不能怠慢。

彼得摘下帽子，回头向全体战友高呼："为祖国奋战吧！"

开战之前彼得的猜测是正确的，涅姆钦士官果然向瑞典人叛变了，他将俄军的秘密告诉了瑞典人。瑞典人在竭力冲破俄军防线时，专攻那些穿着灰色呢子制服的"新兵团"。如果不是彼得及时采取措施，恐怕历史就要改写了。

瑞典人冲着穿灰色呢子的俄军奔去。然而双方一交手，瑞典人才发现这些人勇悍无比，绝对不像是新军。他们举起刺刀，向瑞典人刺去，白刃战开始了。

诺夫哥罗德团顶住了瑞典人非凡的拼刺技术，虽然第一营被瑞典人冲开，但第二营死死守住了防线。彼得骑着战马亲自指挥第二营，血腥的白刃战持续了两个多小时，在这次肉搏中，彼得的帽子被瑞典人的子弹击穿，第二颗子弹打穿了他战马的马鞍，第三颗子弹打碎了他贴身佩戴的十字架。尽管如此，彼得也没有一点儿对死亡和受伤的畏惧，他冲在最前面，全军斗志高昂。

缅希科夫的骑兵队左冲右突，将瑞典人的骑兵打得落花流水，他们不得已只能向后撤退，寻求瑞典步兵的帮助。然而瑞典步兵也招架不住这些装备了短枪的俄罗斯骑兵，刚刚顶上来的瑞典步兵也被击退了。

查理十二世率领的主力部队最终也被彼得击溃了，瑞典军队由有序的撤退变成了自顾自的逃跑，查理十二世在马泽帕和残余部队的保护下，终于逃出了俄罗斯人的包围圈，丢下了九千多具瑞典人的尸体以及三千多人的俘虏。缅希科夫乘胜追击，又将残余部队歼灭大半。

查理十二世狼狈不堪地逃出了战场，这预示着波尔塔瓦战役圆满结束。清点队伍时，俄罗斯的战士和军官几乎都被鲜血浸染，他们的脸被战火熏黑，跟跟跄跄几乎站不稳。彼得将帽子摘下来，庄重地走到他们面前，向每个人祝贺战斗的胜利。战后，彼得又发表了胜利的演说，他由衷地感谢这些为祖国奋不顾身的勇敢的战士们，歌颂他们大无畏的精神，并会让子孙后代永远不会忘记他们的英勇事迹。彼得做到了，他将波尔塔瓦战役隆重地写入了史册，直到今天我们还会对那些英勇的俄罗斯人肃然起敬。

晚上，彼得设宴犒劳三军，并款待那些被俘虏的瑞典军官，他们中有列因希尔德元帅，也有皮佩尔大臣，彼得将他们安排在上座。只见彼得将酒杯高高举起，对这些瑞典俘虏说："为各位老师干杯！"

瑞典人诧异不已，列因希尔德问彼得："请问，谁是你的老师？"

彼得微笑着说："就是你们，敬爱的瑞典老师们！"

列因希尔德恍然大悟，原来彼得一直在向他们学习，怪不得他胜不骄、败不馁，进步如此神速，原来他权当之前的战斗为学习了。列因希尔德会意地点点头，回敬彼得："原来是学生对老师的答谢宴，干杯！"

查理十二世和残余势力逃到了第聂伯河上游，缅希科夫并未放弃追击，他们在彼列沃洛奇纳镇附近追上了逃窜的瑞典军队。查理十二世与马泽帕在掩护下渡河而去，而留下来负责掩护国王的残部，由列文高普特和克雷茨指挥的一万四千多名瑞典军队却因精疲力竭和绝望，向缅希科夫投了降。要知道，当时缅希科夫所率领的追兵人数还不到一万人，但这个架势已经把久经沙场的瑞典人吓破了胆，俄罗斯军队的勇猛可见一斑。

彼得在舍列梅捷夫元帅第一次击败瑞典人时曾这样说过，这次胜利没有什么值得骄傲的，因为俄罗斯人远比瑞典人多。但是，俄罗斯人以后一定会一对一地与瑞典人作战，那时，俄罗斯人一样会取得胜利。十年后，彼得的这番话得到了验证，波尔塔瓦战役中，俄罗斯人与瑞典人的数量是相同的，不存在以多欺少的情况。人数虽然相同，但伤亡情况却大相径庭——俄罗斯方面一千三百四十五人战死、三千二百九十人受伤，而瑞典人则有九千三百三十四人被杀、两万两千人被俘，俄罗斯人完胜瑞典人。

同瑞典人的战斗又持续了十年，但瑞典人完全失去了翻盘的可能性，因为波尔塔瓦战役已经决定了一切。

波尔塔瓦战役，让曾经嘲笑俄罗斯的欧洲人哑口无言，他们之前还一直肆无忌惮地取笑俄罗斯。现在，他们不敢再嘲笑，反之却公开赞颂俄罗斯人的胜利。一时之间，萨克森、波兰和南方斯拉夫等多个国家，全都来向彼得表示祝贺。

乌克兰人民将彼得和俄罗斯人的英勇事迹，写进了很多歌曲和故事中，它们广为流传，甚至还出现了以波尔塔瓦为内容的谚语——如果你再这样固执，就会像波尔塔瓦附近的瑞典人那样，迟早会完蛋！伏尔泰将波尔塔瓦战争，称作是一场富有创造力的战役；普希金在诗中也赞颂道，波尔塔瓦战役是俄罗斯改革的成就，从此之后，欧洲启蒙的船停靠在了被彼得夺取的涅瓦河边。

波尔塔瓦一战后，昔日光辉、强大的瑞典人偃旗息鼓了。他们的王者之气被彼得所掩盖，曾经的荣誉也在这一刻永远地结束了。

第十三章　北方局势的改变

波尔塔瓦战役惊动了世界各国，就在战役结束的八天后，驻俄罗斯的英国大使查尔斯·维特沃特向伦敦方面报告说，俄罗斯在波尔塔瓦战役中的胜利，可能会改变整个北方的局面。他的观察是细致而准确的，波尔塔瓦战役之后，北方的局势的确在悄然发生改变，昔日强国瑞典的气焰正在逐渐消退，而往日虚弱的小国俄国，地位正在一步步攀升。

英国大使查尔斯·维特沃特还直言推测，俄罗斯的地位会越来越高，而且彼得极有可能召集更多的同盟国，在瑞典边境发动全面战争。

终报一箭之仇

伦敦大使的推测是正确的。7月13日清晨时分，彼得在波尔塔瓦重整部队，将部队一分为二，一部分骑兵和步兵在元帅舍列梅捷夫的指挥下向里加城进发，而将军缅希科夫则统领着大部分的骑兵向波兰方向开进了。

俄罗斯的胜利，极大鼓舞了同盟国的信心。昔日萎靡胆怯的波兰国王奥古斯特二世也振奋起了精神，他从彼得身上学到了勇气和坚强，召集起效忠于他的萨克森军队，向被瑞典人占领的祖国推进。彼得积极配合奥古斯特二世的行军，从另一侧向波兰逼近，驻守波兰的瑞典军队在斯坦尼斯拉夫和克拉萨乌无心恋战，急忙向北退去，一直退回到瑞典的波美拉尼亚。

7月15日，彼得率军路过了乌克兰的基辅。庄重的索菲亚大教堂聚集了很多乌克兰人，大家在这里热烈庆祝俄罗斯沙皇的到来。诺夫哥罗德大主教费奥凡·普罗科波维奇，对彼得和他的事迹进行了歌颂，他对彼得和俄罗斯战士予以极高的评价。之后，彼得命令人将大主教的颂辞全部用拉丁语刊印出来。拉丁语是欧洲大多数国家的通用语，这样欧洲人就可以看懂大主教是如何赞颂彼得了。

　　紧张的生活、频繁的战事和无节制的酗酒，彼得的身体终于被击垮了。在基辅的日子，彼得得了重病，深夜时身体一会儿发冷一会儿发热，让他非常痛苦不已。彼得服用了一些很奇怪的药，基辅的医生将它称之为"芳莫季甫"，实际上就是被捣碎的潮虫和活蛆。彼得服下之后，的确药到病除了。但这些药的副作用却给彼得身体留下了后患，等彼得的身体不再强壮、他不再年轻时，这些问题就接踵而至了。

　　8月15日，彼得身体基本痊愈，他不再在基辅耽搁，动身向波兰启程。

　　翌年春天，彼得大军来到了波兰首府华沙。这时的波兰已经将瑞典人全部赶了出去，举国欢庆的同时，也没有忘记曾经帮助过他们的沙皇彼得。当彼得来到华沙时，波兰人民以最高的敬意来隆重欢迎他的到来。

　　10月9日，彼得与波兰国王奥古斯特二世在托伦会晤。双方签订了新的协议，奥古斯特二世毁掉伪政府与瑞典人签订的和约，恢复了对瑞典的敌对态度，并且将爱斯特兰地区交给了沙皇彼得。

　　稍后，丹麦也撕毁了同瑞典人的和约，与俄罗斯、波兰再次组成反瑞典联盟。10月21日，在马林韦尔德城，彼得又与普鲁士代表签订了反对瑞典的《俄国—普鲁士条约》，作为代价，俄国将艾尔宾城移交给了普鲁士。

　　彼得的同盟国越来越多，他的号召力也越来越强。不可否认的是，波尔塔瓦之战后，俄罗斯已经跻身于强国的行列了，它现在就是反对瑞典的核心和灵魂。

　　虽然同盟国越来越多，但彼得却对他们颇有微词。彼得的果敢与敏捷，是其他同盟国统帅所不具备的，他们只会消极应付，没有彼得的远见卓识与言行合一。前面我们曾提到过，盟军的行动不仅没有帮到彼得，反而拖累了他的部署与行军速度。但是不管怎么说，有这些国家成为同盟国还算是一件好事，毕竟聊胜于无。

　　彼得继续按照自己的计划行军。1709年11月初，俄罗斯军队兵临里加城下。14日，彼得下令攻击里加城。这里有彼得不太美好的回忆，也有他隐藏在心中的屈辱，为此，他亲自射出了头三发炮弹。事后，他写信对缅希科夫说："感谢上帝，我终于为自己报了仇。"

里加城只是彼得报当年一箭之仇的地方，从战略看并没有实质性的意义。对于这一点，彼得头脑还是非常清楚的。俄罗斯军队向里加城开火后，彼得留下了列普宁和七千名俄罗斯士兵后，起身回到彼得堡。在那里举行完"波尔塔瓦战役"的纪念活动后，他还要回莫斯科处理国内的政务，再之后他还有更重要的事情要做。

列普宁率领的俄罗斯人只用了大半年的时间，就把昔日防守严密的里加城攻占了下来。俄罗斯人并未举行什么庆祝活动，因为他们的沙皇还有更重要的事交代给他们。简单休整了两个月后，1710年的9月，俄罗斯人从里加城出发，继续向雷瓦尔方向开进。

就在这一年的隆冬2月，彼得曾指示俄罗斯人完成了一件几乎不可能完成的任务。彼得要求阿普拉克辛统率一万一千多人，带着大炮和所有辎重，从科特林岛出发，取道芬兰湾的冰面，抵达维堡城下。这次行动是完美的，俄罗斯人将别人害怕的冰面作为道路，比从陆地绕行以及乘船要快捷得多。丹麦大使将俄罗斯人这次行动称为"令人惊异的行军"，他说唯有俄罗斯人才能做到，换作其他国家在冰面上行军，肯定会因为破冰而全军覆没。其实，俄罗斯人依靠的并不是运气，也不是"无知者无畏"的鲁莽劲儿，而是因为俄罗斯士兵中有很多水手，他们对水面、冰面非常熟稔，哪里的冰面结实可以行军，哪里的冰面薄如纸片，他们仔细一看就能分得出来。

阿普拉克辛统率的军队只用了一个月就穿过冰面到达维堡附近，他们将维堡周围的瑞典人打败后，把维堡团团包围了起来。与此同时，彼得率领着舰队也艰难地向维堡赶来，由于处于结冰期，船舰在冰面上行驶困难，大部分时间都浪费在了破冰上。不过这点问题难不倒彼得，他在阿普拉克辛围住维堡之后也及时赶到了维堡，将二百七十只船舰组成的舰队从俄罗斯带了过去。

瑞典人眼睁睁地看着俄罗斯人将维堡围住，他们本想派瑞典军舰去支援，但看到随后而来的俄罗斯舰队后，最终也未敢派出舰队与彼得作战。换而言之，瑞典人没有对孤立无援的维堡施以任何援手。

没有支援，敌我双方战斗力差距极大，再加上俄罗斯的大炮在彼得亲自指挥下，将维堡的要塞严重破坏。维堡要塞的司令眼看抵抗没有任何意义，也就乖乖束手就擒了。1710年6月13日，俄罗斯的国旗飘扬在了维堡的上空，这里成为了俄罗斯人的领地。彼得对维堡要塞的战略地位评价很高，他说将维堡形容为彼得堡的坚实底座，只要有维堡在，彼得堡就会屹立不倒。

波尔塔瓦战役之后，以及彼得在波罗的海沿岸和芬兰所进行的一切军事行动，都为最终击溃瑞典而打下了坚实的基础。当冬天过去、夏天来临时，彼得已经夺取了八座最坚固也是最重要的要塞，它们分别为埃尔宾、里加、迪纳敏德、佩尔诺夫、阿连斯堡、雷瓦尔、维堡和凯克斯霍尔姆。现在，彼得已经将整个利夫兰、卡累利阿和凯克斯霍尔姆地区划入了俄罗斯的版图，成为了它们的新主人。

随着夏季战争的辉煌结束，瑞典人的危机感越来越强，彼得将枪口直指瑞典。昔日，查理十二世率大军进犯俄罗斯；现在，彼得已经作好准备，率军去瑞典"拜访"一下了。

远征普鲁特河

俄罗斯人不仅在大陆上不断扩大着自己的领土，还将波罗的海占为己有，甚至有走向大海的意图，这对海上贸易发达的英国和荷兰来说，不是一件好事。他们担心海上道路被俄罗斯人阻挠，自己的海上贸易会大幅降低，于是对俄罗斯不约而同持有了敌对的态度。

瑞典的霸主地位被俄罗斯所替代，查理十二世自然咽不下这口气，他历尽千辛万苦回到瑞典后，又跑到了土耳其国王那边，教唆土耳其反对俄罗斯。土耳其不想过早地与俄罗斯为敌，所以态度并不明确。查理十二世在土耳其国王这里没有达到理想的效果，他只能用自己的方式去报复俄罗斯。1709年，一心追随他的原乌克兰统治者马泽帕离世，他失去了最有力的助手。不过，马泽帕死了，其他的"马泽帕分子"数量还是很多，他们经常在

俄罗斯周边进行小规模的骚扰和滋事，企图让俄罗斯永无宁日。

俄罗斯知道这一切都是查理十二世的诡计，只有将他铲除，俄罗斯的边境地区才会真正得到安宁。另外，彼得一直以来都知道阻止俄罗斯前行的除了瑞典之外，还有土耳其。他在刚登上沙皇宝座时就想征服土耳其，但那时的俄罗斯与土耳其相比，犹如天壤之别。然而经过这十来年的磨炼，彼得自己成长了，俄罗斯的士兵也已经脱胎换骨；彼得跃跃欲试，想与土耳其一决高下。

可是，俄罗斯在与瑞典作战时，已经与土耳其签订了和约，如果单方面毁约的话，势必背上失信的名声。富有外交经验的外交家、俄罗斯驻君士坦丁堡的公使彼得·托尔斯泰想出一个绝妙的注意，利用查理十二世暗中搞鬼的事由，让土耳其将查理十二世引渡给俄罗斯。这一招事出有因，而且证据确凿，土耳其一定无话可说。

果不其然，土耳其为了保护查理十二世，不得不在1710年宣布对俄罗斯宣战。彼得的计划得逞，但他也付出了代价——著名外交家彼得·托尔斯泰因此被土耳其人逮捕，被关押监禁在塞米巴申城堡。

此时的彼得已经不是那个年少轻狂的少年，他经历了许多风风雨雨，对诸多计谋、策略也是了然于胸。他知道，让俄罗斯人与土耳其硬碰硬，实属下下策的计谋，被他还有一条上上策可以使用。

据彼得了解，有许多被土耳其人压迫的民族生活在奥斯曼帝国境内，比如生活在巴尔干半岛的塞尔维亚人、保加利亚人、克罗地亚人、黑山人以及生活在巴尔干、高加索的希腊人、摩尔达维亚人、瓦拉几亚人、亚美尼亚人和格鲁吉亚人，他们的信仰与土耳其不同，但却与俄罗斯相同——他们都信仰东正教。从这个角度来看，彼得在土耳其国内有很多潜在的盟友。如果将他们发动起来，跟随彼得一起抵抗土耳其的话，彼得的胜算会更大。

果然，战争还未打响，希腊人、塞尔维亚人以及亚美尼亚人的使者和代表们纷纷来见彼得，希望俄罗斯能够利用武力，将他们的民族从土耳其人的压迫中解救出来。

彼得顺应他们的意愿，号召这些民族为自己的信仰而战，为自己祖国的尊严和荣誉而战。彼得亲手写了一份送给黑山人大使的手谕，他写道："俄罗斯的目标不但要反对伊斯兰教，而且还要用强大的武力将东正教的基督徒们从异族的奴役中解救出来。"彼得的手谕极具煽动性，达尔马提亚、塞尔维亚等地区的代表们将彼得的信心带回了自己的祖国，反对土耳其人的情绪在土耳其国内暗流涌动。

1709年，摩尔达维亚请求彼得出兵保护。摩尔达维亚大公德米特里·坎捷米尔和瓦拉几亚大公布兰科万，在1711年与彼得签订了反土耳其条约。条约中规定，摩尔达维亚和瓦拉几亚反对土耳其，并在俄罗斯与土耳其的战争中提供必要的支援；而俄罗斯的义务，则是将两国的主权从土耳其人手中夺回。为了保持与同盟国之间的良好关系，彼得命令最信任的舍列梅捷夫元帅率军驻守摩尔达维亚，并且下令说，俄罗斯军队在进入摩尔达维亚后，绝对不能拿当地居民的一针一线，就算当地居民赠予，在没有命令的情况下也不能接收，违反军令者就地处死。彼得谋求更多的反土耳其联盟，并尽量与当地居民保持友好的关系，不管这个国家是大是小，只要他们仇视土耳其，都是联合的对象。

弃卒保帅

1711年春，彼得率军继续向土耳其进发。俄罗斯人的行军速度极快，四月的时候他们还在加里西亚的雅罗斯拉夫，六七月的时候就已经快要到达多瑙河了。然而，俄罗斯人的行军非常艰难，他们缺乏地图的指引，经常走上一些不知通往哪里的道路。彼得说，他们所走的路只有上帝才知道通往何方。由此可见，彼得远征土耳其的前期准备工作不够充分，还有很多疏漏之处。

疏漏之处，不仅是道路的问题，还有被过于高估的民族情绪。等彼得快要到达多瑙河时，一个坏消息传来——彼得未能唤起巴尔干各民族反对土耳其的浪潮，人民没有站起来公开反对土耳其，更没有举行起义。土耳其人没有了内患的后顾之忧，安心地将庞大的兵力集结在多瑙河的两岸，静候彼得大军的到来。彼得的坏消息还没有结束，与他结盟的瓦拉几亚大公布兰科万在关键时刻背叛了他。他向土耳其人献媚，将国家的食物发放给土耳其人，还将塞尔维亚人的军事秘密告诉了土耳其人：这导致将近两万人没能渡过多瑙河与俄罗斯军队会合。

驻守在摩尔达维亚的俄罗斯士兵也面临着困境，彼得曾下令不允许士兵私自打扰当地的居民，但是他们的食物很快就吃光了；而且当地闹蝗灾，蝗虫将庄家吃得颗粒无收，就连地上的野草都被啃食一光，现在就算他们向当地居民索要食物，当地居民也是无能为力。俄罗斯人感到食物匮乏的压力，这让他们心神不宁。

驻守在普鲁特河畔的彼得大军，由于没有获得预期的补给，进攻计划有所耽搁。就在他们迟疑的时候，二十万土耳其人将其团团包围，形势十分危急。7月8日这天，土耳其人向俄罗斯发动了攻击。这二十万大军中，多数是土耳其国内临时征用的摩尔达维亚民兵，他们的身份大多是农民、手工业者和服侍他们的奴仆。虽然他们人数众多，但却没有任何作战的经验，他们没有计划、没有组织地冲向防守严密的俄罗斯阵营，不仅没有对俄罗斯人造成损害，反而被俄罗斯人追着打。7月9日，彼得的军队乘胜追击到新斯塔尼列希特附近，在那里他们遭遇了土耳其的正规军。土耳其兵躲在结实的防御工事后，以为彼得大军无法突破过去。然而事与愿违，彼得大军轻而易举就瓦解了防御工事，七千多名土耳其正规军战死沙场。这场战役给土耳其人的打击很大，他们对俄罗斯人刮目相看，不得不重新拟订作战计划。

当时的战斗力相差巨大，土耳其人为了将彼得大军消灭掉，在战场上投入了大量的兵力，据估算，当时的作战比例是一比六。也就是说，一个俄罗斯士兵要与六个土耳其士兵作战。俄罗斯人饥肠辘辘、筋疲力尽，但他们仍然没有处于下风。

面对如此强大的俄罗斯士兵，土耳其人不得不采取议和的政策。俄罗斯的密探得知了土耳其人的计划，彼得又派人将这个消息传回到了土耳其的军营中。当时，适逢俄罗斯的连涅将军指挥骑兵到达多瑙河，并将布莱洛夫城攻占了下来。土耳其人连连战败，又传来消息说政府无心作战、打算与俄罗斯人议和，一时之间，土耳其人的阵营大乱。外忧内乱，这让土耳其人无暇顾及其他。彼得在这种情况下，委托外交家彼得·帕夫洛维奇·沙菲罗夫到土耳其人的阵营中谈判。临行前，彼得告诉沙菲罗夫，他的底线是圣彼得堡，只要土耳其人不收回圣彼得堡，所有土耳其人先前占领的地方，彼得都可以还给他们。

沙菲罗夫是一位很能干的外交家，他没有辜负彼得的重托。7月12日，沙菲罗夫代表俄罗斯与土耳其在普鲁特河上签订了和约，俄罗斯只需要将亚速城堡交还给土耳其人，另外拆除塔甘罗格和其他几座滨海的城市就可以了——这个损失极微小，沙菲罗夫利用自己高超的外交本领，将俄罗斯的损失降到了最低。

亚速城堡得来不易，彼得虽然为它的得而复失感到痛心，但他同时也统揽全局，看到了这只是弃卒保帅而已。只要波罗的海沿岸还在俄罗斯人手里，那么亚速城堡迟早还会重新回到自己的手中。

土耳其对这次和谈结果非常满意，他们对国内那些对和谈有意见的大臣、总督进行了大清洗，许多人为此被流放和处死。但是查理十二世却没有达到目的，土耳其人与俄罗斯人和谈后，他只能再向法国寻求帮助，之后还不忘与法国一起向土耳其施压，希望和他们一同组成反对俄罗斯的同盟，将彼得彻底消灭。土耳其人经历了一段时间战争后，只希望休养生息，他们没有听取瑞典和法国的教唆，于1713年正式与俄罗斯签订了和平协议。

那些生活在土耳其的统治下，但又曾高举反对土耳其的民族们再也忍受不下了。这些瓦拉几亚人、摩尔达维亚人、黑山人和塞尔维亚人纷纷从自己的地区搬出来，迁移到了接受他们的俄罗斯境内。虽然彼得和他领导的俄罗斯军队，没能将这些民族从土耳其人手中解救出来，但从那时起，这些巴尔干斯拉夫人们就已经将俄罗斯看成"救世主"和"老大哥"了。他们歌颂俄罗斯，赞扬彼得大帝，彼得的名字在黑山地区和塞尔维亚享有极高的声誉。人民用各种形式歌颂彼得，他们把彼得的名字写进歌曲里、写进诗句中，代代传诵那段彼得带领他们争取自由的历史。

远征普鲁特河一行，彼得虽然失败了，但却没有对他和俄罗斯造成不良影响。这是一场虽败犹荣的战役，在这个过程中，彼得让其他信奉基督教的民族认识了俄罗斯，也让世界各国看到了俄罗斯的军事实力，过去那个溃不成军、贪生怕死的俄罗斯军队已经完全脱胎换骨了。

第十四章　结束北方战争

欧洲各国并没有因为彼得的失败而看轻他，在他们眼里，土耳其的胜利是理所应当的，彼得能将土耳其人逼到和谈的地步，这才是出人意料的地方。波尔塔瓦一战，俄罗斯人将瑞典击败；现在，他们又将老牌大国土耳其逼到和谈的境地，彼得和俄罗斯人果然名不虚传。北方局势到这时已经发生了巨大的改变。

趋之若鹜的盟国

对彼得刮目相看的，不只是欧洲各国的执政者们，那些昔日曾打击、蔑视彼得的预言家、政治家们，也对彼得笑脸相迎了。最具代表性的是著名数学家、哲学家莱布尼茨，他曾在纳尔瓦之战后预言彼得将会遭到毁灭性打击。现在，他又高度赞扬彼得，说彼得经历了波尔塔瓦战役后，会成为人们世代传颂的英雄人物。彼得已经走出了昔日失败的阴影，他现在是名副其实的胜利者了。

不伦瑞克-沃尔芬比特尔公爵，是德意志帝国分裂后的一个小公国统治者，他曾经十分看不起彼得，把彼得和俄罗斯人蔑称为"野蛮人"。当彼得从土耳其回到俄罗斯时，他却兴高采烈地将自己的女儿莎尔洛塔许配给了彼得的儿子阿列克谢。这样，德意志的小公国便公开与俄罗斯结盟了，彼得也将自己的女儿安娜许配给了戈尔希廷公爵，把自己的侄女安娜·伊万诺芙娜许配给库尔兰公爵。汉诺威没有与彼得结亲，但他们也表示向俄罗斯归顺了。彼得出于公平，将俄罗斯占领的不来梅和凡尔登两座城市，交给了汉诺威的统治者。

德意志的小公国与俄罗斯结盟，这让德意志各国联盟名义上的首脑国——德国坐立不安。德国国王与英国、荷兰国王紧急磋商，他们认为彼得已经危及到他们的利益，俄罗斯很有可能会入侵德国北方的城市。这些城市曾是瑞典的领地，如果彼得继续打着"反瑞典"的旗号，为这些小公国争取领地的话，俄罗斯军队就会名正言顺地开进这一地区。

如果这些小公国能听从德国的话，事情就不会这么复杂了。如今联盟已经分崩离析，他们不再唯德国马首是瞻。1710年，在英国、荷兰与德国的强大压力下，这些德国北方的各省签订了一份《海牙协定》。协定规定，这些小公国、分省可以不支持查理十二世领导的瑞典，但他们必须在对待俄罗斯这点上，至少保持中立的态度。他们不能支持俄罗斯，也不能支持俄罗斯的同盟国丹麦、萨克森与波兰。

德国、英国、荷兰与瑞典认为，《海牙协定》束缚住了这些小公国，彼得就无法将他们招至自己的麾下，那么德国受到的威胁也就大大降低了。但是，他们显然低估了彼得的能力。彼得评估了一下《海牙协定》的能力，认为它不仅没有对俄罗斯造成影响，反而给俄罗斯提供了一个绝佳的出击机会——按照协定的内容，查理十二世需要派遣军队到这一地区的波美拉尼亚。当查理十二世的军队刚进入这里后，彼得就让大军压向了波美拉尼亚的首府施特廷。

俄罗斯军队如此快速地出现，这大大出乎了瑞典人的意料。1712年春天，缅希科夫将军的大军到达了施特廷，城内的瑞典人不敢与俄罗斯人一决高下，他们不顾国王查理十二世的警告，自动缴械投降，施特廷成了俄罗斯人的囊中之物。

彼得继续为同盟国争取利益。长久以来，俄罗斯的同盟国丹麦与德意志帝国一直在争取德国北部的戈尔希蒂尼亚公国，但是由于丹麦势单力薄，无法与德意志帝国相抗衡。现在，有了俄罗斯的介入，形势发生了逆转。继缅希科夫将军来到德国北部之后，彼得也亲率大军来到了这里，他挥兵直向戈尔希蒂尼亚公国。

在戈尔希蒂尼亚公国附近，彼得遭遇了著名的瑞典将军施滕博克·马格努斯伯爵。施滕博克曾参加过早期的北方战争，在纳尔瓦战役中率领瑞典人取得胜利，也正是他打败了在瑞典登陆的丹麦国王弗里德里希四世。这位战绩显赫的瑞典将军在经过与彼得的一番激战后，被困在了腾宁根要塞中。随后，萨克森、丹麦的联军也前来围攻。施滕博克将军眼看再也无取胜的机会，只能缴械投降。施滕博克将军被彼得打败后，这里驻守的瑞典人死的死、逃的逃。至此，彼得基本上将波罗的海南岸的地区清理完毕。

俄罗斯、丹麦、萨克森三国联军所向披靡，库尔兰的弗里德里希施塔特、波美拉尼亚的施特拉尔松和吕根岛先后都被攻占了下来。俄罗斯始终扮演着重要的角色，至此为止，俄罗斯已经成为欧洲中部的"龙头老大"。德国的领主、汉诺威选帝侯乔治一世在英国女王安娜去世后，登上了英国国王的王位。他接受了彼得代表俄罗斯、丹麦、萨克森提出的建议，将不来梅和凡尔登从瑞典人手中夺走，并且要求瑞典人再也不能踏入不来梅和凡尔登。新任英国国王接受了彼得的建议，瑞典在英国这里失去了支持与帮助。丹麦的"宿敌"——普鲁士，也在彼得的威胁迫使下，与丹麦"冰释前嫌"，两国握手言和。

扫清波罗的海上的障碍，德意志海就近在眼前，彼得不自觉地将两者联系到了一起：如果将两片海域连在一起，那俄罗斯在西方的海上道路就畅通无阻了。然而，这条海路并不是完全无忧的。在德意志海的一侧，还有一个梅克伦堡没有拿下，如果瑞典人将这里作为据点，那么俄罗斯的商船依然有危险。对于梅克伦堡，彼得没有必要再发动战争，经过与其他几个大公国的联姻政策，彼得发现许多问题可以不必动用武力。彼得与梅克伦堡公爵举行了和平谈判，他大方地将自己的侄女叶卡特琳娜·伊万诺芙娜许配给了梅克伦堡公爵。联姻还不够诚意，彼得答应公爵，将派遣俄罗斯军队帮助梅克伦堡攻占维斯马城和维斯马港。彼得打探到消息，梅克伦堡公爵对维斯马城和维斯马港这两个地方垂涎三尺，如果向他献上美女，再献上两座心仪的城池，梅克伦堡公爵就彻底是彼得的自己人了。

其实，彼得是有自己小算盘的。维斯马是一个港口城市，如果在这里建立俄罗斯军舰的停泊处，再在不远处的戈尔希廷基尔港建立俄罗斯商品的销售市场；那么俄罗斯就是名副其实的海上强国了，彼得不再需要昔日的盟国丹麦了。

然而彼得的这些意图被同盟国看得一清二楚，他们也要为自己的未来有所打算。自己的国家目前对俄罗斯来说还有用途，彼得还要依靠他们的优势，一旦彼得觉得这些国家没有了利用价值，他一定会毫不犹豫地抛弃，甚至武力相向。同盟国们没有支持彼得描绘的未来大计，他们在这个关键时刻选择了退缩——这对彼得来说是退缩，但对这些同盟国来说，却是救国救命的重要一步。

光荣的甘古特海战

彼得没有因此而放弃希望，他按照自己的计划，一步一个脚印继续前行。1713年，戈利岑的部队在芬兰南部地区艰难作战。翌年，芬兰南部地区被俄罗斯人所征服。

彼得认为芬兰战役的意义重大，俄罗斯人在地势如此复杂的地方行军作战，再加上粮草的短缺，不仅没有被困难折服，而且还打了胜仗，很了不起。芬兰战役中，作战不是为了恶意破坏，而是和平占领；百姓免于战火之苦，士兵也避免了不必要的流血牺牲。芬兰战役为俄罗斯增添了很多筹码，增加了在交战时和谈的可能性，因为别国看到了俄罗斯人性化的一面。同时，这场战役也切断了瑞典供应船的必经之地，瑞典人失去了木柴、肉类和其他食品，瑞典国内一定会陷入饥荒，那时候俄罗斯就更加容易将其征服了。

1713年，彼得亲自参加了俄罗斯军队在赫尔辛福斯的登陆。两百多艘俄罗斯战舰将赫尔辛福斯包围。彼得下令船上的大炮对赫尔辛福斯城展开猛烈轰炸。经过一整夜的狂轰乱炸，黎明时分的赫尔辛福斯城内燃起了熊熊烈火。彼得知道是陆军准备登陆、发起最后进攻的时候了，他身先士卒，冒着炮火勇敢地向前冲去。瑞典人已是苦苦死守，见俄罗斯陆军登陆发动总攻，慌忙弃城而去，赫尔辛福斯被攻占了下来。继赫尔辛福斯之后，博尔戈、当时芬兰的首邑阿博、塔墨尔福斯以及涅希洛特均陆续被攻陷。值得一提的是，在1713年和1714年，瑞典将军阿尔姆费尔特与彼得两次交手，都败在了彼得的手下，昔日世界闻名的军事天才已经成了彼得的手下败将。

1714年，也就是波尔塔瓦战役五年之后，俄罗斯历史上爆发了首次大规模海战——甘古特之战。估计彼得做梦都没有想到，纪念波尔塔瓦战役五周年的礼物，居然是打败海上霸主瑞典的战舰！

甘古特战役之前的1713年冬天，彼得一直准备与瑞典人在海上进行一番对决。所谓海战，并不是指让船在大海上随意找一个地方进行战斗，要考虑海面的诸多要素，比如有无暗礁、海面是否平静，这些因素都会影响到海战——风浪大的话，战舰上的大炮根本无法瞄准，再好的战舰也发挥不出实力；而暗礁遍布的海域，别说进行海战，就连能否安全通过都是一个大问题。综合所有因素，彼得认为进行海战的最好地方就是没有风浪、远离暗礁的岩岛区。可是新的问题又出现了，如果没有风的话，船如何行驶呢？彼得建议摒弃依靠风帆的战舰和双桅船，建造一批划桨推进的战舰，另外还要建造既有船桨又有风帆的大、小桡船。大桡战舰配备有五十二支船桨，可容纳三百个士兵，还有一门重达二十四磅的大炮和数量众多的小炮。小桡战舰有三十六支船桨，容纳人数为大桡船的一半。两者结合在一起，不管是速度还是火力，都极具杀伤力。

彼得还对大桡船进行了一番改进，他在船上加装了钩子，当俄罗斯的战舰与瑞典战舰接触到一起时，钩子会将两船紧紧连在一起，这样俄罗斯士兵就可以向瑞典士兵发动白刃战了。彼得将这一战术称作"接舷战"，我们不得不佩服彼得军事策略的灵活。

对于即将展开的海战，彼得的目标是将瑞典舰队全部打败，然后班师回到芬兰，援助在芬兰作战的俄罗斯陆军。海军最高长官接受了彼得的建议，并许诺海军少将彼得·米哈伊洛夫如果在战役中立下战功的话，会将其提升为海军中将。彼得摩拳擦掌，已经按捺不住激动的心情了。

1714年5月，俄罗斯大桡船组成的战舰向大海远航了，彼得与海军长官阿普拉克辛共同指挥此次远航。舰队在大海上漂泊了一个月后，来到了赫尔辛福斯，最后停泊在甘古特半岛南部的特维尔明纳港。彼得还另外安排了一支舰队停靠在甘古特岬附近，这支舰队包括十七只主力战舰、五只巡航战舰和七只小船。

瑞典的战舰排成一行，阻断了阿博通往奥兰岩岛区的海路与陆路。他们的战舰一共有八百多门大炮，火力不容小觑。

道路不通，船就无法通过，步兵也无法灵活调集。彼得在特维尔明纳北面半岛最狭窄的地方，让士兵在这里修筑连接水路与陆路的工事，彼得将此称为"连水陆路"。"连水陆路"一旦建成，可以让俄罗斯的舰队绕过瑞典人的封锁，神不知鬼不觉地出其不意。

俄罗斯人正在修筑连水陆路的消息很快就传到了瑞典战舰指挥官瓦特朗将军耳中，他急忙派利尔耶少将去封锁维尔明纳。利尔耶少将带走了瑞典海军的分舰队，虽然他这样做可以阻止彼得修建连水陆路，但却正中彼得的计谋——瑞典人将自己的力量分散开来，战力由此削弱了。彼得于7月26日让驻守在特维尔明纳的舰队离开海港，悄悄绕过瑞典主力战舰，驶到了海岬的西岸。

依靠自己力量冲出瑞典封锁线的兹马耶维奇、沃尔科夫、布列杰尔以及列福尔格的大桡战船队，也接到了彼得的最新命令，他们要组成一个包围圈，将即将到来的利尔耶少将分舰队全部消灭。彼得先将瑞典战舰分散，然后再分而包围，这一化整为零的战略方针，在当时是非常先进也非常明智的。

双方战舰在夜里开始了战前的部署。瓦特朗将军试图集中自己的全部兵力，让战舰全部远航到大海中去，这样做可以防备俄国大桡战船重新绕过自己。但是这样一来，他反而令俄罗斯人更有可能靠近海岸线了。

就在瓦特朗将军还未意识到漏洞时，彼得已经瞄准了瑞典人露出的甘古特岬附近沿岸航道。俄罗斯指挥部在7月26日夜的会议上，决定让大桡船组成的主力战舰在瑞典舰队与海岸边之间通过，快速绕到瑞典战舰后面，形成前后包围之势。7月27日清晨，阿普拉克辛、魏德、戈利岑的大桡战船出发了，他们在风帆和船桨的共同驱动下，像离弦的箭一样冲向了瓦特朗的海军舰队。瓦特朗将军没有猜透俄罗斯人的意图，还以为这些数量不多的大桡船要向瑞典海军发动攻击，双方力量有着巨大的差距，俄罗斯人这样做无异于以卵击石。于是瓦特朗将军命令瑞典海船向冲来的俄罗斯舰队发射炮弹，猛烈的轰炸让海面像沸腾的热水一样翻滚，俄罗斯人根本就无法用自己的大炮瞄准到瑞典战舰。

但是，瓦特朗将军失策了，俄罗斯人压根就不想与瑞典主力战舰硬碰硬，他们的目的只有一个，那就是快速冲过瑞典战舰组成的封锁线。大桡船无法攻击瑞典战舰，但瑞典战舰的炮弹同样对俄罗斯的大桡船攻击无效，当这些船快速穿过封锁线，与里拉克斯-菲奥尔德地区包围埃连舍尔德分舰队的兹马耶维奇的船队会合在一块时，瓦特朗将军才真正明白了彼得的意图，但是为时已晚。

全部战舰已经准备就位，彼得下令开始展开攻击。要打击的第一个目标，就是脱离了主力舰队的埃连舍尔德的分舰队。俄罗斯的战舰"埃列封特号"巡航战舰只装备了十八门大炮，其他大桡船虽然也装备有大炮，但射程却非常短，交战之初起不到任何作用。而瑞典的战舰却有一百六十多门大炮，大炮的数量远远超过了俄罗斯人。彼得并不担心，因为俄罗斯的人数要比瑞典的人数要多。当时有三千二百五十名俄罗斯人对抗一千名瑞典人，一旦双方战舰近距离接触后，俄罗斯人数多的优势就会得到发挥。

彼得选择开战的时间，恰好是海面上无风的时候。瓦特朗与利尔耶的分舰队距离埃连舍尔德分舰队不算太远，但他们无能为力。因为没有风，所有的战舰都没有动力，他们只能眼睁睁看着俄罗斯的海军将埃连舍尔德分舰队团团包围。彼得向瑞典人发去了和谈的要求，但瑞典人却拒绝了，双方约定在下午三点正式开战。

战斗一直延续了三个小时。前两个小时中，瑞典人的海船和大炮击退了企图逼近的俄罗斯舰队。但到了第三个小时的时候，俄罗斯的战舰终于靠近了瑞典战舰，利用彼得"接舷战"的战术将两方的船只紧紧连在一起，俄罗斯士兵端起带有刺刀的火枪与瑞典人在船上展开了白刃战。

瑞典人的战舰上虽然有士兵，但他们几乎都是海军，没有陆战的经验。彼得的船上海军少，但陆军众多，一旦与敌人展开了激烈的白刃战，陆军的优势就得到了充分的发挥。就在短短的第三个小时内，俄罗斯人击败了瑞典海军，迫使他们大规模投降，就连埃连舍尔德本人也降下了军旗，战斗宣告失败。

阳奉阴违的盟国

彼得将甘古特海战的胜利与波尔塔瓦战役的胜利提到了一样的高度，他兴奋地说："俄罗斯过去只取得过在陆地上的胜利，从未在海上取得过荣誉，但是，今天上帝同样赐予了俄罗斯在海上的胜利，这是一次空前的胜利！"

甘古特海战的胜利，使俄罗斯正式成为波罗的海的主宰者。彼得不仅打垮了瑞典人，而且还把它挤出了强国的行列，从此以后，瑞典完全处于俄罗斯的掌握之中，再也没有了还击的能力。波尔塔瓦战役后，彼得没有迫使瑞典人签订和平条约，这给了查理十二世喘息的机会；但这次彼得不会再疏忽了，他提出了让瑞典人服服帖帖的条件，瑞典人俯首称臣后，彼得才宣布战役胜利结束。

瑞典人怎么都想不到，他们引以为傲的海船，居然输在了小小的划桨上。如果彼得没有建造一批人力划桨的舰船，与瑞典人按照常规海军作战的话，恐怕今天欧洲的历史要重写了。机会永远留给有准备的人。彼得抓住了这次机会，瑞典人只能乖乖将芬兰湾和波的尼亚湾交给俄罗斯人。清理完瑞典境外的瑞典人，此刻的俄罗斯完全有将军事行动转移到瑞典境内的可能性。甘古特海战之后，俄罗斯舰队没有回到俄罗斯或者圣彼得堡，而是直接驶向了奥兰群岛，这让整个瑞典感到了前所未有的恐慌——俄罗斯人要攻来了，瑞典人面临着成为俄罗斯人奴隶的危机！瑞典国王暗中征兵，来阻止彼得的野心。想当初他率军远征莫斯科时，同样也想将彼得置于死地，让俄罗斯人永世为奴；现在的他处于下风，只能化攻击为防御了。

1714年，伊万·米哈伊洛维奇·戈洛温将军用几艘小桅船把军队运送过波的尼亚湾，并且在乌列阿堡附近登陆后，彼得这才放心离开。1716年，彼得来到格但斯克，设宴庆祝侄女叶卡特琳娜·伊万诺芙娜同梅克伦堡公爵的结婚典礼。在这里，彼得丝毫感觉不到做客的陌生感，相反，他才更像这里的主人。因为在他到这里之前，梅克伦堡偷偷与瑞典人进行贸易，被俄罗斯人发现后，将军队驻扎到了这里，把贸易、船舶等方面的管理全部掌控在俄罗斯手中——梅克伦堡公爵的行政大权名存实亡了。

同样是在1714年，彼得到波兰和德国游玩。5月，他在施特廷同普鲁士国王会晤；在阿尔通同丹麦国王会晤，在什未林同梅克伦堡进行谈判；在皮尔蒙特，又与学者莱布尼茨边在矿泉中治病，边与之交谈。

7月6日，彼得亲自率领军舰来到了丹麦的首都哥本哈根，在他到达之前，根据同盟国的约定，英国人、荷兰人和丹麦人的联合舰队正在港口等待彼得和他的俄罗斯舰队，彼得成为这支联合舰队的总指挥。这是一个重要标志，意味着俄罗斯已经被认定为伟大的海上强国，成为同盟国的老大哥了。

就像同盟国对待彼得的"长远规划"一样，他们表面上响应彼得的号召，暗地里却打着自己的小算盘。他们担心俄罗斯过于强大，担心自己被俄罗斯吞掉；但是双方力量悬殊，又不敢公开反对，所以只能阳奉阴违，喊着响亮的口号却不按彼得的指示去做。

四国同盟的战舰全部到齐后，彼得宣布联合舰队向瑞典进发；然而这些同盟者们却迟迟不行动，以各种借口拖延出发。彼得在给他妻子的信中写道，由于这些同盟国的拖延，俄罗斯人只能在原地等待，把最好的战机白白浪费掉了。他打了一个非常形象的比喻，四国联军就像四匹去往不同地方的马匹，把它们强行套在一起去拉车，车子根本就不会动。

俄罗斯人焦急地等待着，彼得不停催促这些没有任何问题、临出发前却又情况百出的同盟者们。四国联合舰队失去了实质性的意义，它只是一个没有任何威胁力的纸老虎而已。最后，彼得实在是忍耐不住，他独自指挥俄罗斯舰队驶向瑞典海岸。瑞典人利用俄罗斯人等待的时间，将边境的海岸防御早已准备妥当，等俄罗斯沙皇来时，他们用漫天而降的炮弹作为欢迎仪式。彼得所在的"郡主号"双桅风船战船没有躲过炮弹的轰炸，它被炮弹击穿而险些灌水搁浅。彼得又气又恨，但最终只能返航，登陆瑞典的计划失败了。

同盟国英国国王乔治一世，不仅对彼得的指挥阳奉阴违，而且还暗中搞小动作。他曾想向海军将军诺里斯发出进攻俄国海船和逮捕彼得的秘密命令，但是思前想后，觉得这样做的后果将严重打击到英国与俄罗斯之间的贸易往来，得不偿失，最终才停止了这一背信弃义的行为。彼得看透了乔治一世的虚情假意，他不想与英国公开为敌，这样做只能让面和心不合的四国同盟瞬间分崩离析。但是彼得又不能坐视不管，于是他放弃英国这个口是心非的盟友，转而向法国寻求结为同盟。二十年前，彼得也曾出访过欧洲，那时的他化名为普列奥布拉任斯科耶团军士彼得·米哈伊洛夫，躲在大使团中，企图在欧洲寻找同盟国组成反对土耳其联盟。那时的彼得年轻、老实而又有些笨拙，二十年过去了，那个青涩的小伙子早已成长为成熟的国君、军队统帅和卓越的外交家了。二十年的光阴，彼得与他的俄罗斯已然发生了翻天覆地的变化。

黑森–卡塞尔的外交家凯特列尔，代表查理十二世在什末林同彼得举行谈判。他提出了俄罗斯与瑞典停战和平建设的建议，彼得欣然接受。他同意与瑞典缔结和约，答应放弃芬兰的要求，但是需要将维堡、彼得堡以及整个波罗的海沿岸地区留给俄罗斯管辖。瑞典人得寸进尺，他们居然要求彼得将圣彼得堡和利夫兰归还给瑞典，这触及到了彼得的底线。作为战胜国，彼得拒绝了瑞典人的要求，和谈破裂。

随后，彼得在加维尔贝格与普鲁士国王弗里德里希·威廉会晤，同他签订了新的协定，以加强俄国与普鲁士原有的联盟。彼得这次结盟比之前要轻松得多，经过波尔塔瓦战役和甘古特海战后，俄罗斯在世界上的影响力与日俱增。

途经安特卫普与布鲁塞尔，彼得在那里的井前畅饮井中之水，这一幕被当地人牢记了下来。后来建造了一座纪念沙皇彼得的圆柱形纪念碑，碑上立有彼得站在井前畅饮的半身雕像，直到今天还能看到这座雕塑。之后，彼得又经过布吕赫及奥斯坦德，最终来到法国。

彼得在法国的日子

　　法国人热情迎接俄罗斯沙皇，他们用豪华的宫廷四轮轿式马车去恭候彼得。然而彼得对这种华而不实的东西不屑一顾，他坚持乘坐双轮的轻便马车。法国人不得不将四轮马车拆掉，将双轮车座安在了四轮马车的一组车轮之上。彼得在法国欣赏了一番卢浮宫，拒绝了法国人为他在卢浮宫安排的住所，下榻到了朋友莱迪格耶尔家。就算是在这里，他也不住朋友为他准备的豪华卧室，而是选择了一间为他仆人准备的小房间作为自己的卧室。

　　彼得看不起欧洲专制君主的豪华外表，但对维护自己作为强大的俄国君主的尊严却异常严肃。他初到法国，不先去拜访法国的国王，而是坚持让年仅七岁的法国国王路易十五和摄政王先来拜访他。法国执政者们拗不过彼得，只能动身前来拜见彼得。彼得非常隆重、高傲地接见了法国国王和摄政者，就像他们远赴到莫斯科一般。拜见完毕，法国国王临走时，彼得抱起了年幼的国王，对他又搂又亲。

　　当他再去杜伊勒利宫回访路易十五时，他用双手环抱着年幼的小国王，一步步沿着台阶向上走。他感觉，他已经将整个法国抱在自己的怀里了。

　　官方拜访完毕后，彼得继续参观巴黎的名胜古迹。他先后去了马尔利、枫丹白露、圣西尔、特里亚农、凡尔赛和圣克卢。当彼得在圣西尔参观时，他来到了已故国王路易十四世有名的宠姬、侯爵小姐德·芒特农创办的妇女学校，这所学校后来成为叶卡捷琳娜二世创建斯莫尔尼中学的样板。这位侯爵小姐不愿见彼得，她推脱说自己生病了，卧床不起。彼得毫不拘束地走进她的卧室，默默走到她的床前嘘寒问暖，祝福她能够早日康复。侯爵小姐惊慌失措地看着彼得，谎言不攻自破。彼得意识到这位侯爵小姐在说谎后，没有刁难，也没有指责，他一言不发地走出了房间。

法国人的招待会很多，舞会也让彼得应接不暇。彼得不喜欢参加这些社交活动，他甚至都没有准备可以参加舞会的服装。法国人参加舞会的假发以及带花边和袖扣的衣服让彼得感到厌烦，当某些舞会他不得不去参加时，他穿着亚麻布的圆领衫，戴着达不到肩部的乌黑圆形假发，穿腰身下垂、简朴平整的有金属钮扣的褐色长袍，或者穿男式西装背心和短裤、长袜去参加舞会，他始终坚持不戴手套和不使用袖扣。

招待会礼节面面俱到，舞会宴会热情洋溢，但彼得却与这里格格不入。因为在彼得看来，他来欧洲是来学习的，以前是这样，现在还是这样。

法国国王和摄政王为彼得的到来举行了盛大的阅兵仪式，可是彼得并没有看完整个阅兵仪式。彼得是一位天生的士兵，士兵的意义只存在于战场上，那些像木偶一样穿着华丽的衣服、做着机械动作的士兵，他们根本就算不上是士兵。

在法国国王身上，镶嵌着很多名贵的宝石，随从的大臣和俄罗斯的官员都目不转睛地盯着看，但是彼得却不以为然。在他眼中这只是一些小玩意，跟小石头没什么区别，所以他只是象征性地看了一眼。

宫廷活动场所和宫廷生活中装腔作势的请安礼，也引起了彼得深深的鄙视，他不理会这些繁冗礼节，以自己特有的直率来回敬其他的人，这引起法国许多贵族的不满，其中，有位在法国地位最为显贵的太太德·罗冈公爵夫人。她与彼得见面时，彼得没有用最尊贵的礼仪对待她。她当即痛哭流涕，认为彼得是在侮辱自己，她的丈夫更是咒骂彼得是一头野蛮的牲畜。

面对指责和不满，彼得依然我行我素，他绝对不会将精力花费在这些毫无意义的宫廷礼节上，他有太多重要的事情要去做。随后，彼得马不停蹄地参观了法国的铸币厂和军械制造厂，还参观了工场、工厂、印刷厂、天文台、"药房"、植物园以及巴黎大学本部和科学院。他亲自动手参加化学实验，与医生一起在手术室参观外科手术，深入考察一切他想知道的东西。

彼得掌握新知识的认真和迅速以及他那特别旺盛的求知欲让人感到匪夷所思。彼得的热情不是三分钟热度，更不是一时的好奇，他是真心想了解和学习这些新鲜的知识。彼得能够成长得如此迅速，也都得益于他永不满足的求知欲。

不讲礼仪的彼得在法国宫廷集团眼中是一个不折不扣的野蛮人，但睿智的作家和国务活动家圣西门公爵却对这位俄国沙皇给予了极高的评价，他认为彼得是一个"非常危险的人物"，他会将法国所有先进的东西全都学习走，这是很可怕的一件事。

法国国力富足，人民安居乐业，举国上下一派祥和。但彼得在法国短暂的出访期间，还是看到了法国潜在的病症和不安因素。彼得毫不客气地说，法国宫廷的挥霍浪费和奢侈早晚会把这个国家毁掉。彼得的这句话颇有先见之明，它准确预见到了日后法国因奢侈导致的诸多问题。

在巴黎逗留期间，彼得没有忘记自己此行的主要目的。他向法国摄政者竭力诉说着瑞典的坏话，挑拨瑞典与法国之间的关系，力求让法国与俄罗斯以及它的同盟国普鲁士、波兰结盟，共同抵抗瑞典，甚至是土耳其。

1717年8月，俄罗斯与法国的谈判在阿姆斯特丹举行，俄罗斯、法国与普鲁士共同签订了《阿姆斯特丹条约》，三国缔结和约，结为战略同盟国。《阿姆斯特丹条约》没有限制同盟国的个数，欧洲其他国家如果有加入的意愿，这个同盟随时都为他们敞开大门。同时，《阿姆斯特丹条约》并不与之前的条约相冲突，更不会对第三方国家带来不便。所以，法国是俄罗斯的同盟国，同时又是俄罗斯的敌人荷兰的同盟国。

英国原本是俄罗斯的同盟国，但乔治一世担心在英国的帮助下，俄罗斯会更加强大，这无异于引狼入室，他最终选择了公开与俄罗斯为敌的立场。从1717年开始，英国不再向俄罗斯提供造船的帮助，他们与瑞典走得很近，在各方面都帮助被俄罗斯打败的瑞典。

多方都在拉拢瑞典，俗话说得好："瘦死的骆驼比马大。"瑞典是昔日的海上霸主，他们的实力和能力依然具有威慑性。彼得在想，与其把瑞典推到敌方的阵营中，不如将它拉拢到自己这边。于是，1718年，彼得决定同查理十二世重启和平会谈。俄罗斯派出了亚科夫·维利莫维奇·布鲁斯同安德烈·伊万诺维奇·奥斯特曼组成的外交大使，前往奥兰群岛与瑞典方面进行磋商会谈。英国对这次会谈非常紧张，一旦俄罗斯与瑞典达成和平协议，俄罗斯将会达到空前的强大。为此，英国甚至打算在双方举行会谈之前，将俄罗斯的大使绑架。然而，双方还未进行会谈，瑞典国王查理十二世就在围攻挪威的弗雷德里克斯坦时战死沙场。和谈中断，英国也长长松了口气。查理十二世的妹妹乌尔里克·埃莱奥诺拉登上了瑞典女王宝座，她拒绝了彼得关于和谈的邀请，决定继续与俄罗斯为敌。

彼得正式称帝

新的战役随时都会打响，彼得不再满足那些靠划桨来航行的战舰，他要建造行驶速度更快、活力更强大的战舰。在彼得的要求下，二十一艘大海船很快就造了出来，每艘大船上都配备着四十八门至九十门大炮，这样的配置，在当时大海上基本上就是无敌了。

1719年，俄罗斯海军终于在瑞典登陆，一举夺下了两座城池和十三个村子。尽管这是一场算不上正义的"入侵"，但彼得要求士兵不能随便伤害瑞典军民。他在瑞典散发了很多用德语印刷的公告《论战争犯罪》，以此来向瑞典人抛出和平的橄榄枝——俄罗斯人来瑞典不是为了争夺地盘和资源，更不是要奴役他们，而是为了和平。

英国海军在海上伺机行动，他们趁彼得不在的时候，对波罗的海沿岸进行威胁行动，希望这样做可以威慑在沿岸生活的俄罗斯人。但是，英国的努力都化为了泡影，俄罗斯人并不畏惧英国人——没有彼得的日子里，他们照样能够英勇抵抗英国的海军。

为了履行同盟国的义务，英国海军巡航战舰就驻守在离瑞典海岸不远的地方。1720年，就在英国人的眼皮子底下，俄罗斯军队的五千多名士兵在瑞典再次登陆了。7月27日，也就是发生甘古特会战的纪念日这天，米哈伊尔·米哈伊洛维奇·戈利岑所率领的俄罗斯海军在奥兰群岛的港口格连加姆附近再次将舍布拉德率领的瑞典舰队打败，四艘全副武装的瑞典巡航战舰成了俄罗斯的战利品，这是纪念甘古特海战最好的礼物。

瑞典女王与英国走得很近，彼得做不通她的工作，只能另辟蹊径。在瑞典，有一位一直想取得瑞典国王宝座的公爵——查理·腓特烈，女王继位后，他对瑞典政局非常不满。彼得认为这是一个可以入手的契机，于是将这位公爵召唤到圣彼得堡，出巨资供他花销，还把自己的女儿许配给了他。

查理·腓特烈公爵非常希望登上瑞典国王的宝座，但他又不想俄罗斯强大后，自己沦为彼得的傀儡。于是他想尽办法瓦解彼得的实力，让俄罗斯与它的同盟国分崩离析。彼得当然不会中他的计，双方不欢而散。

英国没有停止阻碍俄罗斯强大的步伐，乔治一世继续向俄罗斯的同盟国施压。在英国的施压下，与俄罗斯签订和平条约的普鲁士、丹麦和波兰，不得不再与瑞典缔结和约。这样，在俄罗斯与瑞典的作战中，他们就无法向彼得提供支援和帮助了。

彼得立刻对英国还以颜色。彼得与西班牙缔结和约，并与西班牙国王就推翻乔治一世的统治和复辟英国斯图亚特王朝之事举行了谈判。西班牙国王对此非常感兴趣，他早就对乔治一世的做法感到不满了。

俄罗斯继续对瑞典采取军事行动。英国的乔治一世能力有限，无法保护瑞典人的安全，就在他打着十二万分精神时，俄罗斯人都能大规模登陆瑞典，这让瑞典人无法再相信他。瑞典女王冷静了下来，她决定接受彼得先前的建议——两国停战并进行和平谈判。

1721年的8月30日，俄罗斯与瑞典在芬兰的尼什塔特签订了和约。和约规定，俄罗斯获得对爱斯特兰、利夫兰、英格里亚、卡累利阿（连同凯克斯霍尔姆）以及维堡等地区的控制权，芬兰的一部分归还给瑞典人管辖。

《尼什塔特条约》的签订，使彼得成为波罗的海两个良港的主人。彼得的舰队每天都在不断壮大，这让邻国感到恐惧不已。每当彼得的舰队和军队有所活动时，邻国们纷纷提心吊胆——瑞典、丹麦、普鲁士或波兰等君主国都首先考虑自己是不是哪里做错事了或者是说错话了！在以往的军事部署中，如果邻国军队有风吹草动，本国都会在边境增兵，防止邻国发动突然袭击。但是彼得的邻国却不敢这样做，这无异于向俄罗斯宣战，而对俄罗斯宣战的下场只有一个，那就是自取灭亡。

与瑞典签署和约的消息传来时，彼得正在圣彼得堡附近。他兴高采烈地回到圣彼得堡，在这里举行了盛大的庆祝活动。在圣三一修道院的广场上，摆放了盛有酒的大圆桶，并建了木台。彼得走上木台，向成千上万的人民群众敬酒并发表演说。彼得说，感谢上帝，是上帝让这场旷世持久的战争结束，俄罗斯与瑞典永久的和平从此拉开了序幕，人民再也不用为抵抗瑞典、经历战火而痛苦了。说完之后，彼得用长柄勺喝酒，为俄罗斯人民的健康干杯。

台下的人民发出了雷鸣般的呼声，"乌拉"此起彼伏，回荡在圣彼得堡的天际。10月20日，彼得在参政院宣布大赦，所有被判有罪的人，取消欠缴的税款，释放欠国债者。庆祝的酒宴、化装跳舞会通宵达旦，人们用狂欢的形式来庆祝俄罗斯的和平与胜利。

同日，俄罗斯参政院授予彼得以皇帝尊号，称之为大帝——彼得大帝的名号正式确立。

瑞典和荷兰等国都承认了俄罗斯成为帝国的事实，也承认了彼得大帝的称号，北方战争就这样宣告结束了。俄罗斯战胜瑞典后，世界各国改变了对俄罗斯的外交态度和策略，俄罗斯再也不是那个蜷缩在内陆的小国家了，他们控制着大海和河流，控制着海上贸易与各国往来，已经变成了强大的俄罗斯帝国了。

彼得大帝的东方政策

打通了通往欧洲道路的同时，彼得也很关心加强俄罗斯在东方国家中的地位。俄罗斯虽然要向欧洲进军，但它的主要领土还是在东方，这是它的根基。

在地图上，彼得关注两个方向，一个是北方，另一个就是南方。北方是欧洲各国，比如瑞典和芬兰；而向南则是富有的希瓦和布哈拉，还有最南端的印度。希瓦和布哈拉与俄罗斯商人一直都有贸易往来，彼得对他们比较熟，但对印度就比较模糊了。

1714年，布赫戈尔茨的队伍沿着额尔齐斯河向上游走，彼得让他去寻找黄金以及通往印度便捷的道路。可是这支队伍让彼得非常失望，交与的两个任务他们一个都没有实现。

1716年，彼得派亚历山大·别科维奇·切尔卡斯基公爵，去希瓦劝说希瓦大汗臣服于俄罗斯的沙皇，并劝说布哈拉的大汗同俄罗斯友好交往。1717年，别科维奇·切尔卡斯基率领着四千多骑兵和步兵出发了，他们从陆路经古里耶夫和埃姆巴，再向中亚腹地进发。不久之后，这支队伍分出了一个支队，由捷夫克列夫中尉率领，向印度出发，探寻通往印度的便捷之路。但是，这支队伍在经过阿斯特拉巴德时，捷夫克列夫中尉却被抓进了监狱，远征印度的计划再次失败。

别科维奇·切尔卡斯基一行继续向前，他们在靠近希瓦的卡拉加奇一带时，遇到了希瓦大汗率领着两万多人的大军。别科维奇·切尔卡斯基向希瓦大汗传达了彼得的"口谕"，希望他能向沙皇彼得俯首称臣。希瓦大汗当然不同意，两者于是兵戎相见。希瓦大汗的部队人数是俄罗斯人的五倍之多，但是他们却远没有俄罗斯人具备的作战经验，经过一番交战后，希瓦人失败了。希瓦大汗建议同别科维奇·切尔卡斯基进行和平谈判，他让别科维奇·切尔卡斯基带着五百人进入希瓦，以给予物资补充和商谈为借口，将他暗中控制住，之后将俄罗斯的部队分散开来，一一消灭。最后，别科维奇·切尔卡斯基被杀死，他所率领的队伍也全军覆没。

这两支队伍都失败了，但彼得的其他队伍却获得了成功。彼得让俄罗斯人向西伯利亚的南部推进，布赫戈尔茨、利哈列夫、斯图平等考察团将俄罗斯的国境线不断向南推移，并在西伯利亚的南部建立了新的俄罗斯城市——奥姆斯克、热烈兹宁要塞和亚梅舍夫要塞以及谢米帕拉京斯克等，这是一个不小的收获。

两次开辟通往印度道路的尝试全都失败后，彼得将注意力转向那些熟悉的国家。自古以来，俄罗斯商人都与波斯统治的里海沿岸有贸易往来，彼得将目标锁定到了这里。彼得想通过与里海沿岸国家结盟或者交战，夺取这些地区，为下一步全面夺取里海作准备。就在这时，驻波斯的俄罗斯大使阿尔捷米·沃伦斯基向彼得汇报说，波斯国王侯赛因不得民心，他的统治已经引起了国内的普遍不满；他认为这是一个天大的机会，建议彼得能够抓住时机采取行动。

阿富汗吉利扎伊部落的首领马哈茂德，号召阿富汗人的所有部落联合起来，共同反对波斯国王侯赛因的统治；卡尔塔利国王瓦赫坦格六世，也希望将自己的国土和人民从波斯统治者的手中夺回。他们向彼得请求帮助，希望俄罗斯能够出兵。

彼得还没有答应这一请求，卡尔塔利国王瓦赫坦格六世就已经将四万格鲁吉亚部队派上了前线，亚美尼亚教会首脑宗主教伊赛亚也组织了一万多人的军队，全力准备与波斯决战。

彼得大帝最终答应了他们的请求，导火索是波斯人在舍马哈攻击俄罗斯商人，这让彼得无法再沉默下去。彼得清点了两万两千人的步兵和九千人的重装骑兵，还有将近一万人的其他兵种，亲自全权指挥这场战斗。

1722年7月18日，彼得从阿斯特拉罕出发，向波斯发动了远征。一路走来，彼得都很轻易地战胜敌人，并攻下了多个城池，塔尔基王和许多其他东方王公也向彼得俯首称臣。

彼得原计划从捷尔宾特出发去同亚美尼亚人会合，但由于天气炎热、食物缺乏，最终放弃了这个意图。之后，彼得将军队的指挥权交给了他的挚友——最初游戏兵团团员之一的米哈伊尔·阿法纳西耶维奇·马秋什金。马秋什金曾参加过波尔塔瓦战役，拥有将军的军衔。彼得移交完毕后，于12月11日放心地返回了莫斯科。

由于受到气候等的影响，俄罗斯军队的行军速度比预计的要慢了许多，俄罗斯的另外两个盟军支撑不下去，他们各自撤到了安全的地方。没有了盟军的帮助，俄罗斯人毫不畏惧，他们继续向波斯进发。吉兰、拉什特、巴库的居民害怕阿富汗人和列兹金人的进攻，他们邀请俄罗斯军队到他们的地方做客，于是马秋什金顺理成章地占领了巴库。

1723年9月，波斯国王与俄罗斯签订了和平条约，将里海西岸和南岸连同杰尔宾特、巴库、阿斯特拉巴德以及希尔凡州、连科兰州、阿塞拜疆州、吉兰州、马赞达兰州等地割让给了俄罗斯。彼得的目的达到了，他将里海沿岸具备商业和战略意义的城市全部握到了手中，这次远征非常完美。

攻下里海沿岸城市后，俄罗斯的版图又增大了。它从太平洋沿岸延伸到波罗的海，从北冰洋寒冷的佩琴加修道院一直伸展到酷热的阿斯特拉巴德，俄罗斯帝国越来越强大了。

第十五章　建设与保卫新首都

北方战争之后，俄罗斯所占领的这片地区，实则算不上是侵略和霸占，因为早在北方战争之前的一千多年前，俄罗斯早期的罗斯人就在那里生活定居。据史料记载，早在一千多年前，罗斯人就已经从俄罗斯地区移民至纳罗瓦河到拉多加湖与奥涅加湖的滨海地区。他们世世代代在这里生活，理应属于俄罗斯的管辖范围。所以，当彼得将祖先失去的故土重新收复回来后，他立刻将精力和财力投入到新版图的建设上。

几乎没用多少时间，原本已被战争破坏得支离破碎的城市和村落，纷纷展现出了新模样——废墟全部被夷平，新的建筑和房屋平地而起。

割不断的血脉亲情

富裕的沃德行政区，奥列霍夫县尼科尔斯基·伊若尔斯基乡与斯帕斯基·戈罗坚斯基乡的居民，在历史上曾经历过大诺夫哥罗德的兴盛时期，这一地区后来就在现在的彼得堡境内。在涅瓦河左岸的南侧地区，归属尼科尔斯基·伊若尔斯基乡管辖，而涅瓦河右岸以北土地属斯帕斯基·戈罗坚斯基乡的一部分。所以，今天的列宁格勒大部分地区都有昔日的尼科尔斯基乡辖境。

至今依然保存着涅瓦河三角洲1500年的人口调查报告册，上面记载着瓦西里耶夫岛和福明岛的人口数量。除了这份人口调查报告外，还有一份古老的旧函件证书，这些证书和文件，全都证明这里的人口属于古代的罗斯民族。所有的资料都证明了一点，血脉亲情不会因为战争而泯灭，更不会因为被他国侵占而割裂。

到了16世纪初期，在奥赫塔河流入涅瓦河的河口处，出现了一个不靠农耕来谋生的小村子，这个小村后来发展为商业镇，罗斯人将这里称为涅瓦河口镇。后来这片地区被瑞典人侵占后，他们将涅瓦河口镇改名为尼延。因此，古代罗斯文献上所记录的涅瓦河口镇，与后来的尼延尚茨，是同一个地方。

在16世纪的罗斯税册上，明确标注着罗斯人的居民点，后来瑞典人故意将这些地区更改名字，用芬兰语来歪曲事实，但从后来这些名字中，依然能看到古代罗斯词干的影子，它们都由罗斯词汇演变而来。

罗斯人居住的涅瓦河入海口地区、芬兰湾沿岸地区及卡累利阿地峡，到了17世纪之后被瑞典占领，瑞典的封建主让这里的罗斯人、卡累利阿人、伊若拉人以及沃德人改变自己的国籍，还强行要求他们改变原来的信仰——由信奉原来的东正教改为信奉瑞典的宗教，还要求他们学习瑞典的文化。

生活在这里的居民世代信奉东正教，不管是罗斯人还是卡累利阿人、伊若拉人和沃德人，他们只接受罗斯的文化和传统习俗，不愿意成为瑞典国王的臣民。当瑞典封建主宣布了这一苛刻的要求后，成千上万的居民向俄罗斯迁居；而那些被瑞典人许诺给以好处的贵族们，除了为数不多的几个人之外，也全都放弃了那些优厚的条件，逃到了俄罗斯。

瑞典人严防死守，甚至采取了严厉的措施来防止人口流失，但是迁移仍然继续发生着，农民、贵族、僧侣全都义无反顾地向俄罗斯迁徙。不久之后，卡累利阿人定居在卡累利阿地峡的科列拉这座城市已经成了一座空城，瑞典人由于不知道这座城市的名字，只好为它重新取名为凯克斯霍尔姆。

占领了新的地区，但没有人口居住，对瑞典来说几乎没有任何意义。为此，瑞典政府想了一个办法，来吸引瑞典和德国封建主到被征服的边区。这个办法就是把过去土地占有者抛弃的土地分给他们。大批芬兰农民被迫从芬兰西北部迁移到涅瓦河畔居住，瑞典人将这里命名为英格里亚或英格尔曼兰。

没有逃离出去的罗斯人，受到了瑞典国王的压迫和屈辱，瑞典人对他们进行疯狂的敲诈、勒索，他们只能将自己的家搬到边远的地区来苟活下去。他们恨透了瑞典人，发誓一定要找准机会报仇雪恨。

这个机会等了好久，终于来到了。1656年，当俄罗斯军队远征到伊若拉地区时，当地的罗斯居民和伊若拉人热情帮助俄罗斯的将士。他们像见到了离别多年的亲人一样，无偿为俄罗斯军队提供食物、住所，不舍昼夜地帮助修筑防御工事，还冒险去打探瑞典人的军事情报。他们对这里的瑞典封建主太熟悉了，这些人的一举一动，罗斯人都掌握得一清二楚。

5月8日，俄罗斯军队在舍列梅捷夫指挥下，抵达了科波里耶。经过与瑞典人的战斗后，俄罗斯人终于将这座古时就属于俄罗斯的城市，重新夺了回来。夺回尼延尚茨，彼得要做的第一件事就是为它更名，尼延尚茨是瑞典人为它取的，是屈辱的象征。彼得亲自将它更名为施洛特堡，在荷兰语中，就是坚固城堡的意思。随后，彼得面临着一个新问题——在涅瓦河沿岸，哪里才能让俄罗斯人站稳脚跟呢？

在熟悉了涅瓦河三角洲诸岛之后，彼得很快就放弃了在尼延尚茨建造城堡以及修建海港的想法。尼延尚茨这个地方太小了，而且它还没有天然屏障，附近没有水域，离大海又很远。在攻打这里之前，瑞典人拼命想构筑大规模的防御工事，与俄罗斯人的想法一致。就在那个时候，彼得心中规划新的城堡应该恰好紧靠大海，只要是离大海有一段距离的地方，都不合适。他亲自驾船沿着海域寻找，找了很多天后，终于找到了扎亚奇岛。

扎亚奇岛在瑞典人眼中是一块欢乐的净土，这里距离大海很近，又处于涅瓦河分为二股支流的分叉处附近，四面八方被水包围，具备天然的屏障。扎亚奇岛长约七百五十米、宽约三百六十米，不算大，但又的确不小。如果在这里建造军事要塞，可以将整个岛都作为军事要塞，让敌人没有靠近和登陆的立足之地。不管敌人是要从涅瓦河还是大涅夫卡河经过，要塞的大炮都可以对他们进行精准打击，火枪的射击范围之外也囊括其中。除了这里的水路之外，敌人再也没有其他道路能够进入城市，因为陆地上到处是无法通行的沼泽和深浅不一的河沟——人走上去必下陷，船驶上去必搁浅。

圣彼得堡

6月29日，在新的要塞和城市奠基仪式上，彼得把它命名为"圣彼得堡"。这个名字里面带有"彼得"二字，但却不是为了纪念彼得本人，而是纪念基督教庇护圣徒、使徒彼得。根据基督教的传说，"圣徒彼得"是掌管通向天堂大门钥匙的人，用这位圣徒庇护者的名字命名的城市，按彼得的意思应该是打开波罗的海大门的钥匙。

新要塞的建设速度非常快，也非常顺利。这期间，瑞典人多次派大军去攻占和骚扰新要塞，最后都被俄罗斯人击败了。虽然遭遇过一次恶劣天气，涅瓦河出海口爆发了洪水，将营地和工具、建材全都冲走，但不久之后，首批荷兰的商船驶进了涅瓦河出海口。他们刚从瑞典人那里采购了大量的木材，这正是圣彼得堡所急需的。缅希科夫将军询问荷兰商人，俄罗斯能否高价购买他们的木材时，荷兰人痛快地答应了。这批物资弥补了洪水造成的物资缺失，也打开了俄罗斯通往欧洲的窗户——俄罗斯可以在这里与欧洲的商船进行贸易往来，这个重大的利好是无法估量的。

为加快建造速度，要塞的城墙采用泥土建筑，多棱堡的形式第一次出现在这里。所谓多棱堡，就是在要塞墙上凸出架炮的土台，远远看去这座城堡有很多棱。第一阶段的建造速度犹如神速，第二阶段的建造更让人头疼。

将土筑变成石头建筑的难度太大了，要塞的土筑防御工事不能毁掉，因为要塞周边的形势依然非常紧张，瑞典人的战舰在不远的海面上逡巡，陆兵也驻扎在不远处虎视眈眈，敌人随时都可能发动突袭。因此，建筑工程师们只能将石头堆砌在土围墙上面，在石头与下面的土围墙之间，需要把大量桩子打进到泥泞的土壤中用以连接和支撑，难度大，工期长。一直到1710年，面向瓦西里耶夫岛的多棱堡，才全部建成了石头防御工事。

彼得在要求由土围墙变成石头防御工事时，还增加了城堡的高度，等第二阶段工期完工后，整座城堡达到了十二米！城墙上面预留了带有炮眼的隐蔽炮台，敌人在下面很难瞄准这样的炮台，大大降低了炮手的伤亡率。另外，在要塞里还修建了众多的火药库和兵营，在被围困以及失去支援的情况下，这里的储备可以支撑很长时间。

当圣彼得堡即将建成时，彼得下令将先前修筑的施洛特堡防御工事拆除掉。在圣彼得堡修建前，施洛特堡是重要的要塞，但圣彼得堡建成后，它就失去了原有的意义——一旦它被瑞典人夺取，那么圣彼得堡就会面临极大的威胁。

圣彼得堡的对面是克隆什洛特的科特林岬，彼得在这里也修建了木制防御工事，并安装了大炮。科特林岛上新增了大批的新伊万诺夫炮台，使涅瓦河三角洲的海上要塞更加巩固了，彼得这才觉得圣彼得堡可以高枕无忧了。

当1703年的冬天过去后，彼得越来越觉得，新要塞、新城市和新海港应该成为俄罗斯的新首都。虽然他的祖辈们世代都将莫斯科当作俄罗斯的首都，但那是因为当时的俄罗斯只是一个内陆国，没有对大海的需求，现在时代已经变了，谁控制着大海，谁就控制着商贸、经济与军事。考虑再三，彼得决定与祖辈的想法决裂，将这座新兴城市作为俄罗斯的新首都。

就这样，刚刚修建而成的圣彼得堡，成为当时俄罗斯的政治中心，它同时也是俄罗斯的军事、贸易、外交的前哨阵地。这样的胆识，除了彼得大帝之外，恐怕再也没有别人能做得到。

圣彼得堡的建设速度很快，但这还只是一个军事要塞。彼得和他的幕僚清楚地知道，这里不仅是一个军事要塞，还应该是一个大型城市。这里只要有了安居乐业的百姓以及自给自足的经济，俄罗斯人在涅瓦河的入海口才能真正站稳脚。

但是，圣彼得堡在建设之初全部重心都在防御工事上，没有房子居住、没有城镇商场，谁会过来居住呢？彼得曾想过，强迫让士兵在这里居住，他们的确会听从沙皇的安排，但当有战争需要调集时，他们又会离开这里奔赴沙场，所以这里终究只是个军事要塞。

彼得命令士兵，建造防御工事的同时，也要建造房屋。在短短几天的时间内，士兵们就在涅瓦河右岸的别列佐夫岛上，建造了第一座原木小屋。这个小木屋没有打地基，被削平的松树原木当作砖头，在外面还漆上了一层颜色，高高的屋顶覆盖着瓦状的屋面板，七八个带着铅窗栅的窗户，在夜间需要用护窗板保护着防止脱落。这个小木屋高约两米五，算不上很高，但对沙皇彼得来说就很矮了——彼得身高两米零四，他进出这个小木屋时，需要弯腰低头，以免头部撞到门框上。需要弯腰才能进入的彼得却很喜欢这里，他并不觉得这里面低矮、压迫，相反他很讨厌那些有着高天花板、富丽堂皇的宫殿。小木屋里没有安炉子，也没有预留烟囱的管道，彼得只需要在木床上铺上一些简单的被褥，他在里面却住得很舒服。这个小木屋直到今天还保留得完好无损。

1711年，士兵们担心沙皇在小木屋里住得不舒服，于是又赶造出了位于左岸的夏宫。夏宫的花园里有喷泉，水是从封坦卡的小河里压上来的，盖有瓦顶的冬宫很快也建好了，有了这两处条件不错的宫殿，沙皇彼得再也不必屈居于那个只有小窗户的木屋了。

有了第一座木屋的激励，第二座、第三座相继出现，到了1705年的时候，已经有一百多座木房建成，海军的各位军官们也陆续住了进去。在这一百多所木屋四周围，又建造了很多大大小小的房子，它们为后来的大小街道打下了基础。各路将军如布鲁斯、佐托夫、布图尔林的房屋，都围绕着彼得最初的那个小木屋旁建造而成。在别列佐夫岛上，还建成了圣三一修道院广场，至今还能看到建于1704年的木制圣三一修道院。这些用木头建造而成的房屋非常坚固，除非用火才能将它们毁掉。

在别列佐夫岛上原本就有一个大型的市场，他们也是由原木建造而成，里面既没有火炉也没有窗户，由于这个市场内许多商人出身于大罗斯托夫，所以它被命名为"罗斯托夫市场"。这个市场在1710年遭遇过大火，大火将它烧得一干二净。后来，一些小商人在原址上搭建了一些窝棚小铺，后来被彼得称为"旧货市场"。

1713年，新的中心商场建造而成。这次建造充分吸取了第一个中心商场的教训，舍弃了原木，用土坯修建而成，房顶还盖有瓦片。这个新商场一共有两层，每层中间都有走廊，人们在里面可以很轻松地来回走动。第一个商场在设计时，忽略了走廊的空间，导致店铺之间只留有很小空隙，人们在里面穿梭十分困难。这个两层的建筑中，店铺在一楼，既方便顾客进入，也方便在出现紧急情况时逃生；二楼是商家的仓库，便捷又安全。商场的店铺只有使用权，所有权归国家，商家租用店铺时要向国库缴税。

由于国家的财力和精力有限，圣彼得堡内城市的建设速度一直很慢，但它最后还是发展了起来。远在莫斯科有商业头脑的贵族们来到这里，他们自己雇人来这里修建富丽堂皇的宅邸，军官和有钱有势的外国人也来这里建造房屋，好的地段先到先得，精于算计的人当然不会错过这个机会。

很快，这里就形成了村落和城镇，还有穿梭其中的街道，当然这些街道仍然是土路，还没有铺设石子。河的两岸没有堤岸，而且也没有进行加固。整座城市几乎都是木制的建筑，直到后来由于担心引发火灾，才换成了坚固的石头。

道路在一点点完善，水路的需求也越来越大。各个岛屿之间需要相互通行，而遍布沼泽和沼泽化的草地无法通行，运河的建造势在必行。1703年，彼得开始修建维什涅沃洛茨基运河，这条运河的职能就是将把涅瓦河和伏尔加河连接起来。运河的工程一直到1709年才建成，九年后，另一条重要的运河——拉多加运河的工程也破土动工了。其实，早在1704年时，彼得就有了修建拉多加运河的计划，那年十月份，他率领舰队在从夏西河前往圣彼得堡的途中遭遇到了可怕的风暴，除了大型战舰之外，其他小型的船只被风暴吹得七零八落。当时的彼得望着掀起巨浪的拉多加湖，突发了在它沿岸修建运河的想法。拉多加运河使外面的货物源源不断运进了圣彼得堡，成为重要的物资补充线路。这两条运河的修建，在圣彼得堡的历史中都有着无法估量的意义。

圣彼得堡的建设者们

成千上万的俄罗斯人为圣彼得堡的建设作着贡献，他们从自己的家乡远赴而来，劳动强度很大。1704年，彼得下令，每年从全国强行抽调四万多人来建设圣彼得堡。这意味着每九家农户中，就要贡献出一个人去圣彼得堡挖土。

挖土工人在圣彼得堡服役的时间为一个月到两个月，每年有两到三次徭役。这些挖土工人境况很苦，他们要从家乡步行来到涅瓦河边，路途遥远，时间也很长。工人们从家乡出发时，国家是不发给他们旅费的，他们需要自己带够干粮或者自己掏钱在路上买面包吃。只有到达了圣彼得堡的人，国家才按每月五十戈比发给他们薪金。

虽然沙皇下令每年要有四万人来圣彼得堡支援建设，但实际上到这里的人数远远达不到。一般来说，每年在这里工作的人，大约维持在一万二千到一万八千人左右。国家发放的薪金数量不低，但却没有人自愿去那里，路途遥远是一方面，更重要的一点是因为在那里工作的劳动强度实在是太大。人们千方百计地想办法逃避这遥遥无期的徭役，逃跑、装病，任何办法都用上了，甚至为了保护家里的成年人，让自己年幼的孩子去替父服徭役。

再到后来，出现了服徭役的农民在半路"消失"的现象，他们偷偷藏了起来，或者举家搬迁到一些偏远的地方。为了维持必需的劳动力，军队不得不监督这些走在路上的农民和工人，像对待犯人一样，给他们戴上镣铐以防止中途逃跑。

当然，彼得也让那些瑞典战俘以及在战斗中逃跑的俄罗斯士兵来充当劳动力。全国各地的犯人，如果被判流放的话，会全都被"流放"到圣彼得堡，在这里做苦力来服刑。但是这些人的数量终究是少数的，每年被流放到这里的人，充其量超不过一千人，与所需的四万人相比，还赶不上它的一个零头。波尔塔瓦战役之后，俄罗斯的军队几乎没再受到重创，因此也就不太需要新兵的补充，但彼得没有中止新兵的募集——他让这些新兵直接来到圣彼得堡支援建设。不用上危险的战场，但却要去劳苦的圣彼得堡，这对新兵们来说不知是该高兴还是该悲哀。

在圣彼得堡挖土的工人们，薪金相对当时的物价来说不算低，但有一个大前提，那就是薪金需要按时发放才行。遗憾的是，粮饷的发送并不那么准时，时有时无、时断时续。没有粮饷的日子里，食品物价会飞涨，工人们常常没有饭吃。他们只能用菜根和芜菁来勉强充饥，再到后来，连菜根都被挖干净了。

圣彼得堡的军官们只对这里面的将士负责，没有人关心这些生活在饥饿中的工人们。工人们没有地方居住，他们只能靠自己去开挖窑洞、搭建窝棚；而那些连窑洞都没有的工人，只能在工作的棚子下面容身。吃不好、睡不安，工人们中疾病肆虐，特别是痢疾和坏血病。那些用来治病的药剂价格昂贵，得病的工人只能向上帝祈求奇迹的发生。

饥饿、恶劣的气候以及潮湿和疾病，导致大量工人死亡。据保守估计，在圣彼得堡的建设过程中，至少有上万人死在这里。

只有挖土的工人是远远不够的，彼得还需要建筑行业的专家。按照沙皇彼得的圣谕，俄罗斯国内大批手工工匠被强行拉到这里，他们需要在这里永久定居。铁匠、烧砖工人、石匠、陶器工人、细木工匠和木匠，他们携带着自己的妻儿老小来到了圣彼得堡。国家发给他们每人每年十二卢布的薪金，另外还有额外的十卢布来购买柴米油盐酱醋茶。

手工工匠们对此强烈抗议，他们想尽一切办法来抗命。到头来，来到这里的工匠们也只有一千多人。这个办法不行，彼得只好再从新兵中进行招募——会石匠工艺和烧砖的新兵去圣彼得堡的工厂工作，会木匠的人去舰船修造厂。他们用自己的一技之长换取了自己的自由，从挖土的工作中解放了出来，也解救了自己岌岌可危的性命。

按照彼得的旨意，一个自由木匠阶层形成了。在彼得看来，木匠们，特别是从事造船行业的木匠尤其尊贵，他们的地位高于其他行业。自由的木匠注册于舰船修造厂并为该厂做工，但有权受雇于其他人。国家分给他们上好的房子，还分给他们菜园和土地，并且有权向国家借钱和借粮食。任何农奴主的自由木匠，一旦来到圣彼得堡，国家就替他向地主偿付赎金，赎回他的自由之身。自由木匠们多数在舰船修造厂工作，在那里他们还可以定时定量地领取到薪金，这些钱是国家为他们设置的专项资金。

挖土工人死亡率之高、劳动生产率之低、逃亡人数之多，使彼得不得不改变先前的策略，不再强迫农民和工人到这里来劳作。取而代之的，是用自由雇佣劳动来代替强迫性的劳动。

圣彼得堡发展至今，已经初具规模了，人们也有了自愿到这里寻找工作机会的想法。许多外出打短工的农民纷纷来到这里，他们利用农闲来赚些外快，这一形式的出现，让俄罗斯的劳役制度可以终结了。随后，国家每年都拿出三十万卢布，设置专项资金来雇佣到这里打工的人。自1718年开始，在圣彼得堡从事挖土的工人数量逐渐稳定，他们在这里逐渐安家，彼得不必再去雇佣那些打短工的农民了，这些工人就成了固定工作者。

补充这些挖土工人的是那些没有土地的农奴。这些农奴原本是替代他们的地主来服役的，但到这里之后，彼得帮他们赎回了自由。其他地方的农奴得知这个消息后也纷纷赶到这里，有效地填补了工人数量不足的空缺。

在这些有才能的建筑师之中，有一个人必须要提，那就是多梅尼科·特列齐尼。他是一个服务于丹麦的意大利人，是筑城工程专家，后来成为卓越的城市建筑家和建筑学家。特列齐尼把俄罗斯作为自己的第二祖国，他在这里取名安德烈·特列津。圣彼得堡的战略要塞、彼得罗夫大门、大教堂及其带旗杆的钟楼，还有夏宫、亚历山大·涅夫斯基大修道院、瓦西里耶夫岛上的中心商场等等，这些建筑都与特列齐尼分不开。此外，特列齐尼还制定了圣彼得堡的第一份总体规划，他对创建圣彼得堡这座新首都的贡献有目共睹。

米哈伊尔·格里戈里耶维奇·泽姆佐夫也是一位俄罗斯杰出的建筑师。他与彼得一起长大，年龄与彼得相仿。彼得派泽姆佐夫到国外学习建筑学和建筑业，他回国后得到彼得的提拔。彼得将一些极重要的建筑项目委托给他，泽姆佐夫完成了瓦西里耶夫岛上珍品陈列馆的建设，并建造了封坦卡河河口的瞭望馆，还建造了彼得戈夫的亭馆、急流和喷泉。从他开始，俄罗斯人开始逐渐取代外国建筑师，这对俄罗斯来说，与逐渐取代外国军官有着同样的重大意义。

还有很多卓越的俄罗斯建筑师，季莫费·乌索夫、伊万·乌斯季诺夫、费奥多尔·瓦西里耶夫、伊万·马特维耶夫等人，他们都参与了圣彼得堡的设计和建设工作，为涅瓦河上首都的建筑风貌作出了自己的宝贵贡献。

挖土的工人、工匠和在这里打工的农民逐渐成为圣彼得堡最初的居民，有了固定的居民，移民也有条不紊地进行着。移民到这里的人们，每年都有钱饷和粮饷，彼得还帮他们建造房屋。并不是所有人都能成为圣彼得堡的市民，他们要靠自己的劳动来获得这个荣誉。

这份荣誉不是那么容易得到的。为圣彼得堡建设的人们，早上五点就要起床，一直干到晚上九点才能休息。有时，工作还会无限期地延长，冬季白天的休息时间也只有一个小时，人们都叫苦连天。

上工迟到的人，还要被克扣工资和接受体罚，负责监督的士兵们手中拿着皮鞭狠狠鞭打着那些"偷懒"的工人们。俄国人用歌谣描述那些高强度的劳动，简直是人间地狱。

手工业者也一个接一个地移民到了圣彼得堡，他们从诺夫哥罗德、沃洛格、大罗斯托夫、科斯特罗马等地迁来。保卫圣彼得堡的士兵和波罗的海舰队的水手，也是构成圣彼得堡居民的重要组成部分。

还有很多外国人来到圣彼得堡，他们中有荷兰人、德国人、丹麦人，也有英国人。他们主要从事海军军官和水手、手工工匠、医生等工作，他们之中有很多人自愿留在俄罗斯，永久地居住在圣彼得堡。

与前面这些人不同，商人和贵族不愿迁居到圣彼得堡。他们在莫斯科有着相当富足的家业，而且还担任政府的顾问，全是有头有脸的寡头，他们不可能放弃在莫斯科的一切。能够自己出资在圣彼得堡修建房屋，已经是给足了彼得的面子，这些投机者和投资者们的眼中只有利益，绝不会做损害自己利益的事。

既然请不来，那么政府只能用强硬的办法了。1712年，参议院的决议大会上，确定了必须迁到圣彼得堡的一千二百位贵族的名单。政府通过法令的形式，命令这些贵族到圣彼得堡购置家园，并且要把圣彼得堡当作自己的故乡。很多贵族反抗法令，被彼得毫不犹豫地治了罪。其他贵族害怕了，他们在巨大压力下，被迫离开自己的世袭领地，从俄罗斯的腹地迁移到涅瓦河上。

收拾完贵族，彼得又用同样的办法，命朝廷的重臣和官吏都举家迁移到圣彼得堡。彼得实行责任制，由参政院负责贵族们的迁移工作、商业委员会负责商人们的迁移、工场手工业委员会看管工业者们的迁移，谁出纰漏就向谁问责。

在圣彼得堡，每个人都有机会当选为管理委员会的委员，也就是说，这里的官位不是靠世袭，而是靠真才实学。此外，彼得还建立了新的城市管理机构——市议会。市议会由管理税收和司法制度的管理人和市议会议员组成，他们由商人和富人选举而出，这一改革是为商人和富人的利益服务。

彼得必须要将这些富人和商人拉拢过来，否则这些长着腿脚的"财神爷"就会跑到别的地方，甚至跑到外国去。彼得详细倾听他们的意见，热心关怀商业和商人阶层。彼得说，不管商人在哪里遇到委屈，都可以向参政院申诉，这是他们应有的权利。彼得还对商人实行优惠政策，给予金钱资助，在优惠条件下把国营工厂转让给他们经营。

商人们在圣彼得堡享受了其他地方所没有的特权，也感受到了沙皇对他们利益的保护，自然就乐意在这里定居下来了。

彼得通过强迫、雇佣等方式，终于让圣彼得堡人丁兴旺。农奴在这里可以获得自由，商人在这里享有特权，工匠们在这里属于"上流阶级"，外面的人们开始向往这里，导致圣彼得堡的人口数量越来越多。截至到1725年，圣彼得堡已经有四万多人在这里定居了，这座新兴城市容纳了俄罗斯八分之一的人口，一跃成为了人口大城。

圣彼得堡用了无数人的生命来建造，用了几代人的精力来完善，也花费了俄罗斯数不清的财富来繁荣。它是俄罗斯的新首都，也是俄罗斯的未来。

保护年轻的首都

当圣彼得堡的第一枚木桩砸入潮湿的泥土时，俄罗斯人就开始考虑如何保护这座城市了。圣彼得堡的选址非常高明，瑞典人决不允许彼得在他们眼皮子底下建造城市。按照他们的计划，要么干扰彼得的建造，要么将这座城市夺取下来。当时的瑞典国王查理十二世曾宣称，要让俄罗斯人为瑞典建造这座城市，他认为彼得没有能力将其保护好。

第一波骚扰出现在1704年的夏天。迈德尔指挥着八千多名瑞典士兵，逐渐向圣彼得堡逼近。负责戍守圣彼得堡的部队由六个步兵团和六个正规骑兵团组成，他们由布鲁斯统一指挥。当布鲁斯获悉瑞典人要进攻圣彼得堡后，他让士兵只用了一晚上的时间，就在石岛对面的阿普捷卡尔岛上修筑起了防御工事，海上的巡航战舰也开到了涅夫卡河上。7月12日，瑞典人来到了石岛，他们以为会轻易登陆，却被困在这一夜之间修筑起来的防御工事前。从防御工事后和海船上发出的炮弹让瑞典人根本无法前进一步，他们只能向后退，一直退到谢斯特拉河上。

7月9日，瑞典海军将军普鲁统率的瑞典分舰队驶近了科特林，那里的海面上没有巡航舰，也没有防御工事，瑞典人在12日成功地在科特林登陆，他们暗喜，以为这次一定能夺下圣彼得堡。然而防御科特林的俄罗斯士兵却打破了瑞典人的美梦，瑞典的陆军无法攻下科特林，瑞典统帅命令海上的四十多艘海船集中火力向科特林城狂轰乱炸。科特林要塞非常坚固，同时，俄罗斯的大炮在不停地还击。瑞典人惧怕俄罗斯大炮的攻击力，赶紧退到了大炮射程之外。这样一来，俄罗斯的大炮虽然打不到瑞典的战舰，瑞典的战舰同样对要塞起不到轰炸的目的。双方的轰炸一共持续了两天，科特林要塞毫发未损，巍然屹立在那里。瑞典人知道自己的攻击无效，也就不再浪费时间和弹药，灰溜溜地撤退了。战斗结束后，俄罗斯人对科特林要塞进行了检查，瑞典海船发射来的炮弹，没有一枚击中要塞。

迈德尔回到瑞典后不死心，他在八月份又组织了一次远征。他试图劝说守城的布鲁斯，让他交出城池。然而布鲁斯并不惧怕什么，他用挖苦的话语和有力的攻击回复了迈德尔，迈德尔再次败走。到了第二年的一月，迈德尔率领一千多人从芬兰海岸出发，踩着冰面向科特林出发。迈德尔计划用精锐部队进行偷袭，他的想法是好的，但却在半路迷路了，行踪被俄罗斯人发现。俄罗斯人已早早作好准备，等待这支部队的"奇袭"。结果不言而喻，迈德尔又一次失败而归。

春天来临时，瑞典悄无声息地又组织了一次远征。这次他们的保密工作做得很好，除了几位主帅之外，几乎没有人知道这次远征的目的地——海军将军安克尔施特尔恩统率着二十二只海船，从海上向圣彼得堡进发；而迈德尔将军的一万人陆军在陆地上行进，两位指挥官相约在圣彼得堡会师，他们对这次海陆夹击圣彼得堡的计划非常有信心。

6月4日，安克尔施特尔恩将军的舰队驶近克隆什洛特和科特林，企图冲过防御，进入涅瓦河。俄罗斯的海船在克隆什洛特和科特林之间一字排开，将河面死死堵住，封锁了瑞典海船的道路。瑞典人的战舰还未来得及调头，克隆什洛特的炮火就开始向瑞典战舰肆意射击，瑞典战舰损失惨重，急忙撤退。

第二天，瑞典海军不敢再大规模出动，陆军着手登陆作战。俄罗斯士兵按照托尔布欣的命令，不与瑞典步兵和骑兵硬碰硬，他们躲在石头后面、灌木丛中、大树上，当瑞典人走近时，俄罗斯人暗中向他们射击，等到距离合适，他们还用霰弹大炮向瑞典兵团轰击。瑞典的陆军遭受了重创，他们丢盔弃甲纷纷向后逃去，钻进了岸边的小艇里。

迈德尔将军的军队几乎与舰队同时开始战斗行动，6月23日，瑞典人强行渡过了大涅夫卡河，到达了石岛地区。但是，就在这天的凌晨时分，他们却被俄罗斯的军队从岛上打跑了。瑞典人在施吕瑟尔堡附近渡过涅瓦河，企图向南方进入俄罗斯腹地，将圣彼得堡与内地的联系切断。如果瑞典人得逞的话，圣彼得堡的后果将不堪设想。可惜，迈德尔经过多次尝试，都遭到了失败，他不得不带兵撤退。

查理十二世的大话闪了舌头，他调集主力兵力来夺取圣彼得堡。瑞典人最后一次颇具威胁的进攻，发生在波尔塔瓦战役之前。1708年的8月，利贝克尔将军取代迈德尔，成为瑞典军队的新任指挥官。大军从维堡出发，渡过谢斯特拉河，辗转多处，最终渡过了涅瓦河。当时，阿普拉克辛负责俄罗斯军队的指挥，俄军的数量远远少于瑞典人，他们只好边抵抗边后撤，瑞典人长驱直入，圣彼得堡就在不远处了。然而，在关键时刻却发生了一件意想不到的事，让整个战役出现了转折——瑞典人面临严重的粮食匮乏，许多士兵因为饥饿而放弃行军，整支队伍像一盘散沙。利贝克尔被迫放弃了进攻圣彼得堡的计划，退回到海岸边，那里是卢加河流入芬兰湾的出海口，安克尔施特尔恩的舰队停泊在那里。

利贝克尔向安克尔施特尔恩求救，希望他的士兵能上船休整。安克尔施特尔恩同意了他的请求，但是要求把沉重的辎重和马匹留在岸上，否则战舰会被压沉。瑞典人不得不将五千多匹精壮战马杀死，将大炮等辎重抛弃掉，然后准备上船。俄罗斯人抓住了这个机会，他们不会让瑞典人轻易上船。俄罗斯士兵对岸上的瑞典人进行了围攻，瑞典人的辎重都已经抛弃，手中的武器也只能应付近距离作战，没有了招架的能力。俄罗斯人一口气消灭掉了瑞典的五个军营，安克尔施特尔恩的海船没等瑞典人全部上船，就急匆匆命令起帆开船了。这是瑞典人对圣彼得堡的最后一次远征，损失惨重，而且毫无颜面可言。

再采取大规模的军事行动，对瑞典人来说已经是不可能的事了，他们只能搞些骚扰和破坏活动，影响圣彼得堡的建设工作。正规部队的战争都奈何不了圣彼得堡，更何况是这种小打小闹。不管瑞典人策划多少起破坏活动，对圣彼得堡都没有丝毫影响。

保护圣彼得堡的要塞，除了彼得堡罗要塞和克隆韦尔克组成的防御工事外，还有第二个要塞，这个要塞就是彼得的舰船修造厂。

彼得的造船厂与军工厂

早在1704年11月，彼得就拟定了一份建造舰船修造厂的方案。原来的奥洛涅茨造船厂远离大海，而且远离战区，在那里建造好船只，还要费力运过来，远不如在圣彼得堡附近再修建一所造船厂。

彼得选择了加夫古耶沃小村作为造船厂的地址，这里干燥、隐蔽而安全，是舰船修造厂的不二选择。最初只拟建造造船厂及板棚、仓库和宿舍，鉴于迈德尔的瑞典军队曾出现于涅瓦河左岸，彼得不得不改变最初的方案。彼得认为，这个舰船修造厂既是造船厂，又是军团要塞，它肩负着保卫涅瓦河左岸的任务。舰船修造厂三面都有防御工事，只留下涅瓦河河面是敞开的，这里既面对陆地，又要面对涅瓦河，可以在彼得堡罗要塞发现敌情之前，优先发射炮火。

彼得的这个设计相当成熟，让一个造船厂同时具备要塞的功能，既可以协助要塞的攻击，又能自我保护，可谓一举两得。彼得对这个造船厂的建造十分重视，他特意让缅希科夫以及圣彼得堡首席卫戍司令布鲁斯等人亲自负责舰船修造厂的修建工程，立下军令状，丝毫不能马虎。

第二年，这个工厂兼要塞就开工了。七米高的木桩砸入泥土中，建造起了牢固的棱堡。五个棱堡之中，三个在舰船修造厂南部，两个在岸边，充分发挥了协防的作用。一年后，舰船修造厂、造船厂和要塞的建造任务胜利完成。

舰船修造厂刚一建成，警备部队就驻扎了进去，他们将一百门大炮安装在了造船厂的防御工事上，强化它的攻击和防御作用。造船厂与先前的圣彼得堡一样，第一阶段的建造都是土筑防御工事，这样的防御能力显然达不到彼得的要求，于是俄罗斯人继续在原有的基础上筑起了石头工事。

造船厂的攻击力和防御功能越来越强的同时，本职工作也在有序进行。1706年，舰船修造厂的第一批产品诞生了——配备有十八门大炮的"普拉姆号"海船与"希望号"快艇配备完成，成功试水了。

舰船修造厂作为造船厂的重要性日渐增大，尤其是在波尔塔瓦战役之后。这绝对不是彼得的运气好，而是他对整个战局的高瞻远瞩。圣彼得堡附近本身就是战区，这里生产出来的每一艘战舰，都可以在配备好后直接投入战斗。1709年12月，舰船修造厂造好了俄罗斯第一艘可以在外海远航的大船——配备有五十四门大炮的波尔塔瓦号大战舰，这宣告俄罗斯已经具备在外海进行海战的能力。这个好消息激励了造船厂，造船厂的规模日益壮大，战舰一艘接一艘地造了出来，它们组成了俄罗斯强大的波罗的海战舰队。

全国各地的能工巧匠都云集到圣彼得堡，这些人多数是经验丰富的奥洛涅茨造船工程师。他们中有俄罗斯传统造船术的继承人，也有从欧洲留学归来的精英们，比如费多谢伊·奥克利亚耶夫、加夫里拉、缅希科夫、谢尔巴乔夫等，还有擅长制作零部件的工匠们，他们制作的风帆、桅杆以及滑轮质量都属上乘。

1712年，舰船修造厂旁边创建了单独的大桡战船厂。这个大桡战船厂制造出很多既用风帆又用船桨航行的大桡战船和半大桡战船，非常适合芬兰湾和波的尼亚湾的小岩岛群中经常无风的环境，瑞典战舰惧怕这些不挂风帆却能够"自己发动起来"的大小桡船，没有十足的把握和充足的支援，他们是绝对不敢靠近的。

帕尔季库利亚尔造船厂也投入了生产，这里专门制造速度快的小快艇、河船，很好地弥补了大型战舰活动不便的弊端。侦察兵、通信兵是这些小船的主人，贵族、军官的私人快艇也在这里被大量制造出来。

舰船修造厂奠定了俄罗斯海军事业发展的基础，18世纪的前半期，俄罗斯海军的主力战舰有一半多都是从这里制造出来的，三百多艘大桡战船中有二百多艘出自这里的大桡战船厂。最负盛名的是配备有九十门大炮的主力海船"列斯诺耶号"和有着九十二门大炮的"甘古特号"巨型海船。瑞典人的战舰只要听到这两艘战舰在自己前方，就会立刻调转船头匆忙逃走，它们对瑞典以及其他国家都起着震慑作用。

当彼得还是孩子的时候，他就羡慕英国能够制造出速度快的小快艇，当彼得长大后，全世界都羡慕俄罗斯的战船。瑞典人、英国人以及所有敌视俄罗斯的国家，对俄罗斯的战舰都赞不绝口，它们船体坚固、航行迅速、灵活稳定。继瑞典之后的另一个海上霸主——英国的有些海军统帅也赞叹说英国最快速的战舰与俄罗斯船相比，速度又慢又笨，根本无法与之相匹敌。

圣彼得堡成为新的政治中心和经济中心后，大量的俄罗斯人迁居到了这里。据记载，1709年，这里的人数还没有达到一千人，但到了1715年，在这里工作的人就已经超过了一万人。这些人中，有奉沙皇圣谕前来支援圣彼得堡建设的农民，也有被这里高佣金吸引而来的铁匠、木匠。总之，新兴的圣彼得堡人头攒动，已经成为了一个人口众多的大都市。

人口数量的激增，也带动了除兵工厂之外的其他辅助企业的发展，其中有焦油厂、砖厂和水力、风力磨坊。随后，面粉厂、面包干厂和啤酒厂以及其他日常生活所必需的工厂也陆续修建而成，最后，这里还开办了伏特加酒厂。舰船修造厂连同其全部附属企业，成为庞大的工业综合体。

圣彼得堡刚落成之初，只有造船厂但没有武器厂，大炮和火药都是从遥远的国内其他城市运送而来。彼得意识到这会成为圣彼得堡的一个短板，必须立刻克服。彼得任命杰出的工程师德·根宁和炮兵总监布鲁斯将军负责大炮厂的建设，铸造厂、大炮厂也同时拔地而起。

1713年，大炮厂铸造出了第一批大炮。起初，铸造厂是用准备好的炮管铸造出铜炮；后来，彼得改进了制作工艺，在准备好的铸件中钻出管道，制造出了质量更好的无缝大炮。圆形炮弹、榴弹、大炮上用的导火线等，也相继在这里制造而成。

在别列佐夫岛上，在通往克隆韦尔克的道路两旁，曾经建成了圣彼得堡的第一个露天火药厂，但是采用马匹拉动作为动力，生产效率不是很高。到了1715年时，彼得委托莫凯·古谢夫在奥赫塔河上又建立了两个火药厂，依靠大坝上安装的水力发动机，生产效率得到了极大的提高。

1719年，彼得邀请当时国内的火药专家彼得·施密特来到圣彼得堡，委托他来改进俄军的火药。然而施密特还没等把自己的秘密工艺告诉彼得，就突然去世了。施密特的妻子瓦莲京娜·德·韦尔将丈夫的秘密工艺贡献了出来，她继承了丈夫的事业，作为制作火药的女师傅，一干就是四十年。

1720年，机械师亚科夫·巴季谢夫中士将生产过程中的手工劳动全部改良成了机械操作，特别是发明了"筛分机"，将危险又精细的火药颗粒化工序，用水作为动力取代了人力。除此之外，他还用内部灌铅的沉重铜磨盘代替了传统的石磨盘，铜磨盘比石磨盘更沉重，而且也更加耐磨。

虽然彼得将圣彼得堡的火药厂放在重中之重，但这里的火药工程师和工人数量还是很少，最多时也只有一百多人。所以这里的火药厂产量很低，数量远远不如莫斯科城内的那些老牌火药厂。即便如此，这毕竟是圣彼得堡的一个突破。

坚固的要塞，精良的大炮，圣彼得堡是坚不可摧的。可惜，这里的大炮基本上没有向敌人开过火。之所以会出现这样的局面，是因为俄罗斯的海军与陆军将战区推到了远离涅瓦河出海口的地方，敌人根本就无法接近这里。

虽然敌人无法靠近，但彼得丝毫没有放松圣彼得堡的防御。从1706年春天开始，彼得继续建造石头棱堡，对城堡里任何一处薄弱的地方都进行改良、加固。在沙皇棱堡的上空以及高大的城门上，飘扬着鹰爪中握有四海的大黄旗，这四海分别代表着白海、黑海、里海和波罗的海，它们是鹰的猎物，而鹰就是彼得的化身。

彼得不仅成功地保护了年轻的首都，而且还将它作为通往更广阔大海的据点，俄罗斯的海上霸主时代正式来临。

第十六章　彼得大帝改革的逐步深入

在北方战争伊始，彼得就看到了俄罗斯存在的诸多流弊，它们渗透在俄罗斯每个阶层的结构中，充斥于整个国家的每个角落里。这些积习和流弊禁锢着俄罗斯进步的步伐，如若不及时改革，俄罗斯的处境将十分危险。

在彼得初尝改革的胜利果实后，他更加坚定了改革和进一步深入改革的决心。军事、服兵役等方面的改革已见成效后，彼得将目光投向更加错综复杂和阻力更大的社会结构、国家机构等方方面面。这些积弊的存在不是几十年和几百年的问题，而是世世代代流传下来并且已经融入了那些游手好闲、愚昧无知的贵族的血液中。

社会阶层结构的改革

由于阶级局限性，彼得忽视了劳动人民，将自己的立场摆到了贵族阶层，他要将俄罗斯打造成为一个强大的贵族国家。要实现这个目标，彼得首先要做的，就是要提高贵族的地位——提到一个前所未有的高度。

彼得将自己的目标告知到了贵族阶层中，除了莫斯科的贵族之外，其他地方的贵族都不明白彼得的真正用意。他们不明白，彼得要打造贵族强国，为什么要把自己牵扯进去。所谓的贵族国家，难道不是国家为贵族服务吗？为何还要强迫贵族为国家躬身服务呢？莫斯科的贵族们活跃在国家的事务中，他们了解国家的运作方式，也知道为沙皇陛下服务、为整个俄罗斯服务是他们的义务和职责所在。

当时的贵族阶层，毫不夸张地说，就是一群国家的蛀虫。在彼得实行征兵制度之前，俄罗斯的军队需要这些贵族向国家提供贵族民兵，这些贵族担任各自民兵团的首领。由于缺乏训练，这些贵族民兵的军事素质极差，连国家配备给他们的火枪都不知道怎么使用；而他们向国家提供的武器质量极其低劣，根本无法使用。不会用火枪，贵族民兵只能使用落后的冷兵器。面对敌人的火枪，冷兵器最后只剩下自卫和防御的功能。

　　贵族民兵也有自己的骑士团，当然，他们的素质远比不上彼得的龙骑士团。这些骑士团的马匹是驽马、矮马，没有速度可言，更谈不上有什么耐力。骑在马上的骑士们更加惨不忍睹，他们都是贫民出身，浑身上下衣不蔽体，手持的马刀还是自家的砍柴刀，在战场上除了让敌人捧腹大笑之外，没有任何存在的意义。

　　其实这些步兵、骑士们都算不上可笑，荣登整个俄罗斯军队耻辱之首的是那些自以为是的贵族统领们。他们手上握着象征权力和地位的手枪，却不知道如何去更换弹夹、开枪之前先要瞄准敌人这样的基本常识，也竟然浑然不知。他们心里所想的根本就不是如何杀敌，而是怎么样才能活着回家享福。活着回家是大前提，但是还不能完好无损地回去，这样就没有了战绩。受伤要轻，这样可以因为"负伤"而得到沙皇的奖赏；重伤不行，剩下半条命回去，沙皇不会因此而多奖励，这个区别非常重要。

　　战争打响前，贵族们东瞧西望，他们要充分了解战场的地形，目的只有一个，那就是在战争打响后，能躲到距离自己最近的灌木丛中。如果附近有成片的森林，那就太感谢上帝了，贵族会率领着自己的贵族民兵团，消失在森林中无影无踪，一直到战争结束，他们才"伤痕累累""上气不接下气"地从森林里出现在战场上，就像从来都没有离开过一样。

　　贵族们经常说一句话——为伟大的沙皇陛下效劳没有问题，但是，马刀千万不要从刀鞘里拔出来。潜台词很明显，就是跟着沙皇享福没有问题，但拿自己的命去战场上拼杀，这是绝对不可以的。

　　彼得要改变现状，他必须要让全体贵族认识到为沙皇陛下效劳是自己的光荣，也是自己的义务和天职，他们与整个俄罗斯国家的命运紧密相连。为此，彼得要从贵族中选拔出统治国家和指挥军队的人，让他们担任军事首领、海军统帅。要实现这个目标，彼得首先要在贵族之中普及教育。

接受教育成为贵族的新义务，贵族家庭中年满十岁的孩子，彼得让他们去学习识字、算术和几何学。彼得兴建了许多学校，它们与炮兵学校、筑城学校等专业学校享有同等重要的地位。

当这些孩子接受完教育，年龄达到十五岁时，他们就要离开学校去服役或工作了。大约三分之二的贵族子弟在军队和舰队中服役，剩下的三分之一，也就是那些身体孱弱、实在是不适合在军队中供职的人，他们被分配到那些非军事机构去供职。

有些贵族不想让自己的孩子去学习，他们站出来反对彼得的提议。彼得也想出了对策——设置毕业证书。获得证书并不难，只要将那些课程全部学完就可以，但它却是另一个证书的钥匙——结婚的许可证。这意味着没有学业证书，就无法结婚。

从1712年到1719年俄罗斯发布的法令中，我们能看到彼得在为官职挑选人才时，已经不再考虑是否出身名门了。只要是有才能、精力充沛，并且是支持和效忠彼得的人，都有可能取得任何官职。1722年的官阶表确认了这一改革，从陆军、海军和国家管理机构中划分出来的十四个等级中，很多人都是出身平民。

之后，在俄罗斯的国家事务中，出现了很多出身低微但靠自己的能力获取了高等官衔和公爵称号的人。比如亚历山大·丹尼洛维奇·缅希科夫，他的父亲在宫廷里专门喂马，自己却获得了特级公爵的称号；亚古任斯基，他曾是一位来自立陶宛的猪倌，后来担任了总检察官的职位，还成了伯爵和大工厂主。这些人获得了前所未有的荣誉和封号，跻身于权贵阶层，同世袭的贵族们融为了一体。

然而，这些出身于底层的权贵们，后来却成为大片地产和许多农奴的占有者，他们脱离了底层的人民，忘记了人民的疾苦，转而像其他贵族一样，疯狂掠夺和欺压人民。

彼得还取消了原来那些旧有的阶级划分，不管是原来的御前侍臣、大贵族还是贵族，都统一成为贵族阶级。这样做可以保护那些新晋的贵族们免受歧视，同时，彼得又大大削弱了旧传统的势力。

一旦触及到了旧传统的利益，就一定会有人不满。许多贵族对彼得的1714年颁布的法令不满，他们一直沿袭旧有的习俗，排挤一切新生事物。这些人经常讥讽彼得，对他只穿简便的小外衣指指点点，对他穿着围裙在造船厂里砍木头的行为说三道四，还对他乐意向外国船长学习知识的做法颇为不满。这些古老风俗的热烈捍卫者，冷眼看着彼得的一举一动，他们愤恨沙皇彼得抛弃了自己尊贵的身份，还将他们世代沿袭的封号剥夺掉，而出身卑贱的外国人反而成为公爵。

这些贵族开始抵触彼得，对学习和在军队的工作心怀不满。他们纷纷躲进了自己的庄园内，宁可不出门，也不去接受彼得的调遣。有些贵族讨厌算数和科学，他们只报考扎伊科诺斯帕斯科耶宗教学校，以为这样就算受到了教育，可以获得毕业证书。但是彼得不会让他们蒙混过关，他亲自去修道院学校抓人，将他们直接送到圣彼得堡的海洋学校，而且还惩罚他们在莫伊卡河上抡锤打桩子。凡是企图逃避学习、逃避战争的人，彼得都会严加惩罚。

飞涨的苛捐杂税

现在的彼得已经不是那个衣来伸手、饭来张口的小沙皇，他不仅要维系整个沙皇俄国的运转，还要在战争之余实现自己的改革大计。然而，所有的一切都离不开钱，一旦没有了钱，什么都做不了。彼得绝对不允许因为钱的事而耽误自己的改革，所以当国库告急时，他就将手伸向了任劳任怨的老百姓——增加赋税！

躲避劳动、逃避学习的贵族数量越来越多，彼得组成了专门到贵族庄园进行监督、抓人的使者，还将那些逃避的人称作"旷职者"。"旷职者"的行为是非法的，需要受到法律的制裁，如果有人向政府揭发贵族躲避的地方，国家会对告密者进行奖赏，庄园里的农奴则可以得到他主人一半的财产。在这样的奖励和揭发制度下，秉承旧传统的贵族们无处躲避。

彼得作为国务活动家，同时也是贵族阶级的一分子。他有清晰的头脑，能看到当时大多数贵族所看不清的未来。他无法向别人描述未来的俄罗斯会是什么样，但他却能明确知道自己应该怎么做以及走什么样的道路。他努力克服通向预定目标途中的一切困难，清除一切障碍。在他的强烈感召下，越来越多的贵族不再惧怕改革，也不再抵触新鲜事物，他们甚至从这些新东西中尝到了甜头，比如彼得发明的大炮、火枪，依靠它们，俄罗斯军队接二连三取得胜利，所获得的战利品就是改革最直接的产物。

对于不理解和抵触情绪，彼得没有期望这些贵族能够体恤他的用心，也不会等待他们良心发现，而是直接用强硬、威胁的手段，逼迫他们按照自己的想法去做事。

就是在不断的怨恨和不满下，彼得在后面驱赶着贵族们，将俄罗斯打造成为强大的俄罗斯贵族帝国。

在关心贵族阶级地位提高的同时，彼得大帝也为商人做了许多实事。彼得是贵族阶级的沙皇，但他比一般贵族的眼界要更宽广，他深知工商业对国家富裕、强大的意义。为此，他在让贵族们掌握国家的工商业同时，也向商人们抛出了橄榄枝。

首先，彼得给予商人很多优惠条件，对他们进行金钱上的援助。其次，在有利的条件下，把国营企业转让给这些商人，让他们自己去经营。在沙皇彼得的保护下，商人们都变得非常活跃，他们积极利用沙皇给予他们的优惠条件创办工厂、通商贸易。这些人中后来出现了很多大企业家，比如创办冶金工厂的尼基塔·杰米多夫等。

不管是提升了贵族的地位，还是给予商人巨大的财政支持，这都离不开一样东西——金钱。数目如此之大的金钱，从哪里来呢？

国库一直都是处于收支基本平衡甚至赤字的状态，国家没有那么多钱拿出来进行改革，这一资金压力只能转嫁到劳动人民身上。彼得大帝的改革，让俄罗斯帝国变得越发强大的同时，也让俄罗斯的劳动人民遭受了更大的剥削和压迫。

北方战争一共持续了二十一年，对土耳其的战争持续了十六年，建设圣彼得堡、修筑维什涅沃洛茨基运河和拉多加运河以及建设城市、工厂，这些人力、物力和财力都落到了人民的头上。当国家正规的税收无法填补财政支出时，那些"聚敛官们"便纷纷出谋划策，挖空心思去掏空老百姓的口袋。在这些"聚敛官们"眼中，什么都可以用来征税——食盐税、甜汁税、胡子税、棺材税、黄瓜税……凡是老百姓日常需要的东西，全都可以拿来征税。短短几年的时间，俄罗斯的苛捐杂税增长了近十倍，人民苦不堪言，民不聊生。

苛捐杂税还不够，各种各样的徭役数量同样不少。新兵的招募从各村中夺走数万农民，庄稼几乎快要荒芜。新兵也并不是服完兵役就能回家，他们一旦踏进了军队，就几乎不可能再回家。他们要参加旷日持久的战争，要戍守边疆和要塞，战争胜利了还要去支援圣彼得堡的建设，不是战死沙场，就是累死在工地上，永远回不了家了。

在彼得进行改革之前，课税单位是农户，随着居民的不断增加，农户数量增加了，但国库的收入却没有增长。因此，为了提高国库的收入，彼得决定对课税进行改革。1718年，政府决定用人口代替户进行课税，这就是著名的"人头税"。所有的男性居民，无论年龄大小，都要向国家纳税。各省各市还对自己地区的纳税居民进行了登记，每年需要纳税的人的清单与已经缴税的人头清单，两者一对照，谁没有缴税一目了然。

新的"人头税"一经实施，纳税人数一下子增加到五百四十万人。国库的收入比之前增加了三倍，而农民的压力同样也增加了三倍。农民除了要向国家缴税，还要孝敬他们的贵族老爷，而这些贵族老爷永不知足。老百姓纷纷破产，再也没有了缴税的能力。于是政府便派遣军队到各个村庄和村镇残酷无情地追债，老百姓四处逃亡，死伤无数。

"聚敛官"库尔巴托夫这样描述农民的生活："大规模地拷打追债，造成了全民哀号的现象，特别是在农民中更甚。因为他们不但失去了最后的牲畜，而且一些最贫穷的农民连自己祖传的小屋也失去了。遍地哀嚎，生无所依，这是一种怎样的悲惨。"

国家的沉重徭役和税收，领主的压迫和恣意妄为，最终激起了农民的骚乱。在彼得沙皇统治的末年，农民几乎完全破产，他们债台高筑却又无力偿还。被逼走投无路，农民们纷纷起义，但他们被彼得训练有素的军队所镇压。

俄罗斯帝国的发展史，是贵族和商人的发达史，也是劳动人民和百姓的血泪史。在统治者的阶级局限性下，生活在底层的劳动人民是没有真正自由和权利的，他们苟延残喘地活着，唯一的意义就是让统治阶级来剥削。

国家机构的改革

彼得执政之初，由大贵族组成的杜马充当了议会的作用。每当开会时，这些大贵族都会坐在台上，作着没有任何建设性的发言，时常还会打瞌睡和发呆。彼得并不看好这个大贵族杜马，他觉得他们像个傻瓜，于是任由它逐渐衰落。

其实，不只是杜马议会，彼得在纳尔瓦战斗失败后，已经对俄罗斯整个国家机构都产生了异议。他从纳尔瓦班师回朝后，就开始着手对国家机构进行改革，大刀阔斧，不留任何死角。想要改革的不只彼得一个人，他的战友们也早已看不惯冗杂、效率极低的国家机构。彼得多次派他们到国外参观、学习，除了让他们学习外国的航海技术外，还要熟悉欧洲各国的国家机构组成情况。战友们从欧洲学成归来，给彼得提供了许多宝贵的建议，比如将莫斯科各衙门改为分工详细的办公厅。职能越来越细，所管辖的范围越来越小，工作效率才能越来越高。正是在这种环境下，那个什么都管但什么都管不了的大贵族议会起到的作用越来越小，终于寿终正寝了。

1711年2月22日，彼得远征普鲁特河。在出发之前，彼得需要在莫斯科留下几个人来代替自己处理政事，这几个人的政见要与自己相符，绝不能有策反之心。最后，彼得挑选了九个人，组成了叫作"参政院"的临时机构，他们分别是穆辛普希金、斯特列什涅夫、戈利岑、多尔戈鲁基、普列米扬尼科夫、沃尔康斯基、萨马林、阿普赫京和梅利尼茨基。另外，阿尼西姆、休金被任命为参政院的秘书长。参政员与秘书长共同维持参政院的运行。

按照彼得的想法，参政院不仅作为一个临时机构，还应该成为长期发挥职能作用的最高政府机关，取名为"参政"就是这个意思。如果参政院发挥得当的话，还能够肩负起管理财政、商业、监督高级官员和机构的活动，监督诉讼程序，拟定新的法令草案以供沙皇批准的各项职能。

彼得临走前宣布，每个人都应该听从参政院的命令，他们的命令犹如沙皇本人的命令，不得违抗。

虽然这几个人都是彼得精挑细选的，但彼得还是不放心。他不放心的地方有两点，一是对他们的能力保持怀疑，担心他们的决策与自己的改革大计不符，阻碍改革；另一方面，是担心他们有谋反之心，他们地位高，如若勾结在一起，谋朝篡位，也不是不可能的，毕竟沙皇的宝座是那么吸引人。

于是，彼得在行军途中就派人去监督参政员们。他先是委派总监察官瓦西里·尼基季奇·佐托夫，但由于他不是彼得临走前指派的参政员，所以根本无法参加参政员们召开的会议。后来，彼得又让参政院秘书长休金去监督他们，作为秘书长，休金可以全程参与参政员们的大小事务；然而休金的职责实在尴尬，他既需要听从于参政员们的命令，又要暗中监督他们的一言一行，再向彼得汇报，一不小心就会被他们发现，所以休金也不适合担任这个监督的职务。

最后，彼得在参政院各次会议上，设置了值班站岗的禁卫军首席军官，由他们去监督。这些站岗的禁卫军，以保护参议员人身安全为由，几乎时刻都在他们身边。在挑选这些禁卫军时，彼得最信任的还是他在普列奥布拉任斯科耶村里亲自培养起来的禁卫军。彼得告诉他们，如果那些参政员们有一丝谋反之心，或者在背后辱骂沙皇以及做一些危害国家安全的事、说些不该说的话，禁卫军可以随时实行抓捕，甚至押送到要塞的监狱中。

然而，士兵毕竟只是兵，他们的监督活动只能暗中进行，不能正大光明、名正言顺。1722年，总检察官帕维尔·伊万诺维奇·亚古任斯基成为沙皇的新耳目，总检察官委任检察官监督各机关官员和他们的工作，这样就可以名正言顺地对参政员们进行监督了。检察官们的主要职责是监督官员的不法行为，其中最泛滥的当属受贿行为。任何一个国家、任何一个朝代都存在下级向上级、平民向官员行贿施贿的现象，官僚贵族国家的俄罗斯同样不能幸免，仅仅依靠监督和检察官们，是不可能杜绝行贿受贿现象的。颇具讽刺的是，首席监察官涅斯捷罗夫就是因为受贿罪被抓捕，最后被当众处死。

不管是率兵远征，还是出访他国，彼得只要不在莫斯科，都会频繁地与参政员们保持联系，这种联系主要是指书信的来往。彼得对参政员的要求很高，希望他们能够快速处理各项工作，并对参政院所发出命令的执行情况进行跟踪调查。很多时候，政务的难度之大已经超出了参政员们的能力范围，远在外面的沙皇，不得不抽出时间来帮助他们打理。

除了处理政务的速度和质量外，彼得对参政员们的一言一行、一举一动都有着严格要求。彼得要求参政院的成员们不许议论与职务不相干的事，更不能无所事事地闲聊或开玩笑，因为参政院是代表沙皇的，他们的言行举止都与沙皇本人密切相关。虽然彼得多次感谢参政员们所付出的辛勤劳动，但他也会严厉批评他们不明智的决策，特别是对他们暗中存在的受贿行为进行斥责。

参政院这种新型最高行政机构的建立，进一步促进了国家机构的改革。到了1718年，彼得将先前存在的各大小衙门全部取消，甚至废除了刚设立不久的各办公厅，取而代之的是各种委员会。彼得之所以这样设置，是因为他对集体管理特别感兴趣，某一政务的决策，必须靠委员会的全体成员共同商谈和表决，而不是靠某几个人的一时兴起或拍脑袋决定，这样商讨出来的决策更真实、有效。彼得将委员会形象地比作是钟表，委员会的成员是钟表内的各种齿轮，所有人齐心协力做事，这个钟表才会运转起来。同时，整个俄罗斯国家也是一个大钟表，每个委员会是钟表内部的齿轮，各个齿轮相互作用、共同协作，国家这个大钟表才能不停歇地运行。

外交委员会、陆军委员会和海军委员会是所有委员会中最重要的三个委员会，在它们之下的是管理国家财政的委员会，它们包括管理开支的财务委员会、管理税收的税务委员会和监督这两个委员会的稽核委员会。此外，还有管理工业的手工工场委员会、管理矿山事业的矿业委员会和管理商业的商务委员会等。这些委员会以"主席"和"副主席"为首，他们之下是委员和委员助理；每个委员会都设有自己的办公厅，全权处理自己的内部事务。

委员会由彼得信任的近臣管理和负责，这些近臣都是相关领域的首席人物。比如，陆军统帅缅希科夫负责陆军委员会，海军将军阿普拉克辛领导海军委员会，戈洛夫金领导外交委员会，布留斯领导矿业委员会和手工工场委员会。他们都有着真才实学，所以能很好地统领各委员会。

管理各城市市议会的总市议会，也起着委员会的作用，它们负责管理各城市工商业居民事务。另外，东正教院也作为管理教会事务的最高部门，成为政府机构的重要组成部分。

东正教院的设立，着实花费了彼得一番工夫。旧传统的俄罗斯国家制度中，东正教的宗主教有着崇高的地位，对于一些重大的国家决策，沙皇还需要询问宗主教的意见。在彼得还小的时候，他就在修道院的墙后面，聆听宗主教的教诲。长大后，特别是他登上沙皇的宝座后，一度让宗主教非常不满，所进行的改革更是让宗主教颇有微词。宗主教不支持彼得的一系列改革，整个宗教界也跟着对彼得采取不支持的态度。

宗教界对彼得的不友好态度，让彼得非常头疼。他不止一次地想"收拾掉"他们，但碍于各方面原因，只能退而忍让。不过国家机构的改革，给彼得一个不错的提示——教会的管理机构，完全可以变成一个貌似很有实权的官衙。俗话说："伸手不打笑脸人。"让这些人满足自己的虚荣心，他们自然就不会再向自己发起刁难了。1700年，宗主教阿德里安去世后，宗主教的位子一直处于空缺的状态，并不是没有合适的人选，而是因为彼得要为之后的改革作准备。这种空缺的状态一直持续到1721年，彼得下令将宗主教这一职位废除，由东正教院的院长代替，并全权管理国家的宗教事务。就这样，原来独立于国家机构的宗教首领，也成了彼得的手下。

将宗教界"收服"之后，彼得的贵族官僚帝国的管理机构就这样创建完毕了。在这些新的国家机构中，有原来的贵族，也有非贵族出身的平民，他们在管理国家上开始发挥巨大的作用。至此为止，俄罗斯帝国最高层的官僚机器逐渐成型了。

上层官僚体系建成，下层的、地方的行政机构也需要陆续建成才行，只有建成自上而下统一的体系，才能巩固上层贵族的官僚政权。1708年，彼得将整个俄罗斯划分为八个大省，后来又增设了三个省，并撤销了之前的一个省，最后一共是十个省，分别是莫斯科省、彼得堡省、基辅省、阿尔汉格尔斯克省、喀山省、亚速省、西伯利亚省、下诺夫哥罗德省、阿斯特拉罕省和里加省。各省之中设立总督，总督除了全权掌管省内事务外，还握有军权，在本省遭遇他国人侵时，可以第一时间调集军队抵抗。总督之下设有副总督，当总督离任后，由副总督填补空缺，这是一套成熟的官员任免制度。

生活改革与教育改革

经常到国外出访学习的彼得，见识了国外的工业水平和手工技艺，他比同时代的任何一个俄罗斯人都能敏锐地察觉到俄罗斯的愚昧与落后。

那些守旧的老贵族们，浑身上下散发着愚昧无知的气息。他们严格按照老祖宗留下的规矩生活，穿着既长又重、袖子一直垂到膝盖的古老长袍，他们不愿意脱下这些又脏又旧的长袍，还留着长长的胡子——这在彼得眼中，正是那些旧习俗捍卫者的典型形象。特别是那些胡子，当年发生射击军叛乱时，留着胡子的射击军对彼得影响极大，他只要看到留胡子的人，就会把他与该死的射击军联系到一起、与那些陈年腐朽联系到一起。为此，彼得在1698年回国后，颁布了一条法令，强迫俄罗斯男人将胡子剪掉。对于不服从法令的人，彼得惩罚他们每年缴纳六十卢布的罚款。六十卢布，这个数字几乎相当于一个农户一年的全部收入，谁也不想因为胡子而搞得自己倾家荡产。

这项法令，主要是针对士兵和城镇市民、商人，农民和僧侣不受影响。彼得对农民和僧侣还算比较仁慈，他在普列奥布拉任斯科耶村生活的时候，对淳朴的农民印象较好；而僧侣们经常在修道院里活动，也不会对彼得产生"视觉污染"。那些有钱的市民们，宁可缴纳罚款也要留住象征对祖上孝顺的胡子，他们自己做了一些小铁牌，上面画着一脸长胡子，并在旁边注明"我已经交钱了"！

收拾完象征旧传统的胡子，彼得在1700年又制订了一套针对人们穿衣打扮的法令。法令要求，男人只能穿匈牙利式、萨克森式和法国式的上衣，靴子是德国式长靴；妇女所穿的衣裙、裙子、鞋子和帽子也必须都是德国式的。从此之后，俄罗斯人开始穿无袖短上衣和长衣，脚踩骑兵长靴，头戴扑有香粉的假发。如有违反，他们将与违反胡子法令一样需要缴纳罚款。对于卖服装的商人和裁缝店做衣服的裁缝们，如果他们继续兜售、缝制旧俄罗斯式的服装，不仅要接受巨额罚款，还会受到鞭笞和牢狱之灾。

当时的克里姆林宫里出现了这样搞笑的画面——沙皇彼得不管那些引自海外的措施、事物是否合情合理，都固执地推行着，而他的臣子们则顽固地拒绝着彼得推行的新鲜事物，固执地坚持不管多么腐朽、落后的旧东西和旧传统。

还有一点很重要，彼得只注重对臣民外表的变化，认为让大臣和百姓们剪掉胡子、换下脏旧的长袍、穿上德式的鞋帽衣服，他们就能变成开明的德国人了。但是事实会是如此吗？当然不是，他们的打扮能变得与德国人无异，但他们的思维习惯和本质依然是那个守旧、传统的旧俄罗斯人。

彼得用西欧的新鲜事物影响了俄罗斯人的日常生活，他曾说过这样的豪言壮语——现在俄罗斯人学习西欧，但十年后，这一切将全部变为俄罗斯自己的东西。可惜，很多东西无法在短时间内完全转化为俄罗斯自己的东西；相反，却给子孙后代留下了一些难题。比如引进的荷兰语、法语和德语，他将这些外语融入到俄罗斯语中，使俄语变得繁冗复杂。到了后期，普希金、罗蒙诺索夫等大师们不得不投入大量的时间和精力对俄语进行净化工作。

的确，彼得在很长一段时间内，极力排除俄罗斯自己的东西，他将陈旧腐朽的东西剔除的同时，也将俄罗斯民族应该保留下的美好传统给摒弃了。同时，他又盲目地崇拜外国的东西，认为外国的一切都是神圣的，在它们面前，俄罗斯现有的所有东西都一文不值。他对那些身份可疑、来历不清的外国人非常信任，还让他们成为了俄罗斯的上层人士。

这些"披着羊皮"的外国人们，因为惧怕威严的彼得而老老实实；但是，当彼得的无能继承者们坐上皇位时，这些外国人就原形毕露了。他们活动在俄罗斯国家的每个地区，实施恐怖、威胁、无政府状态和盗窃国库的罪恶行径，传播对外国盲目崇拜的思想，搞得俄罗斯国内乌烟瘴气。

彼得修改了俄罗斯的历法，不再让新年从9月1日开始了。他还发明了拉丁化字体，创办了俄罗斯自己的第一份报纸——《公报》。彼得曾经很讨厌那些繁冗的礼仪，但自从见识了欧洲人温文尔雅的"礼仪"后，也变得十分讲究了。他亲自拟定了《怎样写各种赞美话的实例》一书，规定贵族们见面后的问候用语，还有反映日常生活中事无巨细的《青春宝鉴》一书，书里面对剪指甲、餐桌上的礼仪、吃相、坐姿等内容都有详细的规定。

这些行为、礼仪有好的精华，但也有西欧的糟粕。比如狂饮，喝酒要用巨大的高脚酒杯，喝不醉不算喝酒；跳舞的时候，要跳到累得再也站不起来才算尽兴。舞会上，谁说错话、做错事，彼得都会惩罚他们喝酒，"温文尔雅"的贵族们喝得烂醉，在地上打滚的、打架的各种丑态百出；而那些小心谨慎的太太和少女们则站在一旁担惊受怕，她们紧闭双唇一字一句都不敢说，只是不停地跳舞，直到精疲力竭为止。

彼得除了强迫俄罗斯人接收西欧的生活方式，还努力使俄罗斯人接受欧洲国家的教育。为此，他身先士卒、以身作则，虚心学习一切新鲜的知识。

这位热爱科学的沙皇，每到国内的一个地方参观考察，都会优先接见当地的科学家、教育家和文学家。他会在到达地方官邸之前，跑到学校的实验室和博物馆的展厅里，深入学习他所不知道的知识；而当地官员只能乖乖地站在一边，等待沙皇学会知识，才能进行工作汇报。有时，彼得到外国出访时，还会让地理学家、生物学家等人陪同，外交官员和大臣们则排在队伍的最后面。

在阿姆斯特丹参观时，彼得有幸参观了赖什博士的研究室。赖什博士是一位著名的解剖学家和解剖实验标本保存方法的发明家，他的实验室里摆满了稀奇古怪的东西，这让彼得深深迷恋其中，经常在里面逗留很长时间后才依依不舍地离开。

到了莱顿时，彼得参观了当地有名的解剖室，还亲自全程参加了一次解剖。在德尔夫，动物学家列文胡克让彼得看了一眼显微镜，他直呼微观世界的精彩！

莱布尼茨在很早之前就认识了彼得，他起初并不看好彼得，甚至还预言彼得会在战争中死亡。彼得对这位数学家、哲学家非常尊敬，他不计前嫌，邀请莱布尼茨为俄罗斯科学和教育的发展拟定一份可行性报告。这份报告对彼得日后改革俄罗斯教育，提供了一份宝贵的蓝图。

1705年，彼得在莫斯科创办了一所中学，学者格柳克牧师负责学校的教育和运行。在这所中学里，学生学习地理、政治、拉丁语、希腊语、古犹太语、法语、德语、骑术和舞蹈等课程。这些学生除了贵族子弟外，还有一些士兵和城镇居民的子女，他们在这里平起平坐，谁的学习成绩好，谁就可以获得国家颁发的奖学金。同样是在莫斯科，彼得还创建了一所斯拉夫—希腊—拉丁学院，这里主要向学生教授语言学、演讲术和神学知识。

这两所学校的创建，在国内引起了强烈反响，人们对此高度赞扬。彼得受到了鼓励，推广了更广泛的国民教育，他要求其他地区、各城各区，都开设国立小学，孩子们到这里来学习算数、语言、文字和地理学。彼得的出发点是好的，但他完全忽略了当时俄罗斯的实际情况——在苛捐杂税、徭役横行的时代，老百姓哪有钱送孩子去读书？家里的劳动力和男丁已经被强迫去当了兵和挖土工，每个家庭还要指望孩子学点手艺去打工和做买卖，这几乎是他们最后的希望和唯一的经济来源。彼得兴建了大批的国立小学，也在莫斯科的学校里培养了大批的年轻教师；但课堂上却是空荡荡的，一个学生也没有。

在彼得重视科学、普及教育的铺垫下，俄罗斯杰出的科学家们纷纷崭露头角，他们用自己的实际行动来响应彼得大帝的号召，进行了很多有价值的努力——俄国作家伊万·波索什科夫在自己的著作中，对俄罗斯的国民经济发展进行了探讨；数学家列昂季·菲利波维奇·马格尼茨基，耗尽毕生精力写出了《算术，即数量科学》百科辞典一书，这本书成为俄罗斯学校的指定教材，使用了长达半个多世纪；斯科尔尼亚科夫·皮萨列夫写出了世界上第一部用俄语出版的力学著作；编制成《西伯利亚地图册》、编写西伯利亚编年史以及帮助彼得修订完《北方战争史》的马卡罗夫等等，他们都为俄罗斯科学、教育的发展贡献出了自己的力量。

舍列梅捷夫的奴仆库尔巴托夫，向彼得提出了仿照欧洲模式，在莫斯科和圣彼得堡建立科学院的建议，年轻的费奥多尔·萨尔特科夫也建议在俄罗斯开办大学，建造一些类似剑桥大学和牛津大学样式的著名学府。

这些好的建议，彼得都一一付诸实施了。就在彼得临终前，他还签署了创建科学院及其附属大学和中学的命令。当然，这些学校真正开设，是他去世之后的事情了——他的妻子叶卡捷琳娜一世完成了彼得最后的遗愿。

彼得大帝对俄罗斯国家科学和教育最大的贡献，在于使人民摆脱了封建神学和教会的思想束缚，将科学知识正大光明地摆到了人民的面前，并且还为他们的学习扫清了基本的障碍。彼得大帝之后，俄罗斯的科学文化才开始了真正的繁荣与发展。

战斗的艺术与战略的改革

彼得大帝既是一位伟大的统帅，具有高超的领导才能；同时，他又是一位天生的军事奇才，对于这一点，相信没有人会质疑。

彼得在童年时期就表现出了与同龄人不同的兴趣爱好。他不喜欢那些布娃娃、积木和堆沙子游戏，却对与战争有关的玩具爱不释手。年少时，他就经常跑到军械局去参观，一看就是一天。那时，他就已经能够区分螺旋纹火绳枪与带罩的火绳枪，对双筒火枪的工作原理也能说出个大概了。到了十三岁，彼得已经在阅读《枪炮射击书》。他在他的"游戏"和"事业"中受到了良好的训练，通过反复研究，还总结了很多实战的经验和方法。当时，他还只是个孩子。

在俄国军事长官戈洛温和罗莫达诺夫斯基等人的指导下，彼得受到了良好的军事训练，对军事操练乐此不疲。彼得作为皇子和未来的沙皇，他并不鄙视那些地位卑微的军衔，他甚至要求自己从最低级的鼓手开始做起，从点滴做起。彼得几乎是世界上唯一一个通过自己的努力，经历了军人全部军阶的军人。直到1691年，彼得才给自己穿上了中士的制服，在此之前，他一直都是一个无名小卒。

就连在远征亚速的时期，彼得也只担任一等炮兵，从事艰苦的搬运火药和炮弹等工作，直到整个远征结束，彼得才晋升为一个很小的船长职位。彼得与他的任何一个军官一样，完全靠战绩来获取升迁的机会。在波尔塔瓦战役之初，彼得曾向指挥官请求，将他升为海军上校的军衔，这样他才能够在海战中发挥更大的作用；但总指挥拒绝了沙皇的请求并告知他，只有在战场上立下特殊战功，才会被授予如此崇高的军衔。彼得没有生气，也没有动用自己沙皇的特权，他在战场上奋勇杀敌、冲锋陷阵，直到波尔塔瓦战役胜利之后，才终于获得自己梦寐已久的海军上将军衔。

战场上的彼得勇敢而沉着，他能够冷静地看待周围的一切——自己军队的优势和劣势，敌人的状况和力量；战斗胜利了彼得不骄不躁，失败了他也不气馁。不管胜利还是失败，彼得总能从战斗中总结出经验和教训，他可以完全忽略战斗的结果，转而将全部精力用到军队的改革上。传统的制服不利于隐蔽，换掉；传统的大炮质量太差、精度太低，也换掉；排兵布阵的策略太老套了，统统换掉：所有这些思考模式和特性，无不显示出彼得是一位当之无愧的统帅！

彼得对战术和战略的改革，充分体现在他的《军事条例》里。《条例》中写到，战斗只是战争的一种手段，实现战争的手段，不只战斗一种；战斗的目的不是为了恐吓敌人，而是要把他们消灭掉，放虎归山只能让自己再一次处于不利的境地；战斗不是某一支部队的事，它能否胜利完全取决于各种兵种的协同能力。此外，彼得还摒弃了古老、陈旧的线性战术，他认为在战斗中不必平均分配力量，好钢要用在刀刃上，将优势力量集中到一起，这才是战斗的艺术。彼得提出，最理想、最合理的战斗队形是依据当时的战局形势而定的，所以不存在什么固定队形。他还要求炮兵部队同步兵和骑兵协同作战，这在当时属于首创。

每一次军事行动之前，彼得都会详细拟定战略计划，只要是战术合情合理，他都会坚定不移地执行战略计划，直到完全歼灭敌人或敌人投降为止。他把战斗前的准备工作，摆到比战斗本身还要高的位置上，不打没有准备的战斗。

波尔塔瓦战役，无疑是彼得战略和战术的最高成就。战斗中，彼得先是诱敌深入，将查理十二世的精锐部队引诱到了俄罗斯辽阔的平原上，然后让瑞典人经受饥饿和寒冷，同时用一些小规模的偷袭战，让瑞典人夜不能寐、筋疲力尽。彼得避免了与身经百战的瑞典人硬碰硬，幸亏他没有采取传统的兵团大作战，才让俄罗斯人狠狠地痛击了瑞典人。

彼得经常要求军官们要学习知识，并不断提高军事素质，这样才能获得较快的晋升。此外，好的军官还应该具备好的生活风范和勇敢的心，能够了解士兵的心声，并竭力去帮助他们，这样才能得到士兵发自内心的尊敬，在战场上也可以用心听从军官的指挥。

至于更高级别的军事首领们，彼得要求他们奖罚分明，主动提拔那些有作为、有能力的年轻军人。在战场上，更要为其他军官和士兵做好英勇作战的表率。如果在战场上首领和军官犯了错误，同样得接受惩罚，这里的犯错并不是说战斗失败。在与瑞典人作战时，列普宁由于玩忽职守，没有按照彼得的要求快速撤军，受到了彼得严厉的惩罚；而舍列梅捷夫在一场战斗中失败了，彼得却没有惩罚他，反而写信安慰他，并委托他去鼓舞士气。

在军事家彼得的眼中，士兵是一个很特殊的名字，在战场上，无论是只负责敲鼓的列兵，还是指挥作战的将军，每个人都是士兵。士兵在休战时要不停地训练，这些训练不是指那些机械的队列式和老套的攻防，而是要与实战演习融合到一起。正因为他赋予了士兵如此神圣的使命，所以他才特别鄙视法国阅兵式中的那些士兵们一个个像木偶一样做着整齐划一的机械动作，没有斗志也没有生气，他认为，那样的士兵在俄罗斯根本就配不上士兵的称号。

在实行征兵制度时，彼得就明确了俄罗斯军队的组成。俄罗斯之所以在以前的战斗中屡屡受挫，是因为军队构成太复杂又太懒散；贵族民兵、射击军，他们没有一个是真心为祖国抛头颅洒热血的。今后，俄罗斯的士兵要从人民中征集，无论他们有没有军事基础，只要征集到军队中，彼得都会派最好的军官来指导他们、训练他们，还要用最好的武器来装备他们。彼得是这么想的，同样也是这么做的。当时俄罗斯士兵所配备的武器，在全世界范围内都属于顶尖水平；而俄罗斯军队所采用的战术和策略，则至少比欧洲诸国超出了一百年！

彼得让他的人民摇身一变，成为威慑四邻的国家正规军，这在别国眼里简直就是一个奇迹。彼得在军事方面另一个非常重要的举措，就是他的"海军游戏事业"。

童年时期的彼得非常痴迷水域。他站在海船的甲板上，像在坚固的陆地上一样平稳和有信心。彼得熟悉大海，喜爱大海，这对他成就一个伟大的海上强国的海军起着重要的作用。

彼得没有从父辈那里继承舰队，也没有继承真正意义上的水手，但是他以其特有的鉴别力，选用了勇敢的哥萨克人以及北方沿海俄罗斯居民的经验和航海技术。他们这些人精通大海，在远古时代就能用几块木板搭建简陋的木板船，在亚速海、黑海、里海、北冰洋甚至太平洋上航行。

欧洲海洋科学的传统并没有捆住彼得的手脚，彼得取其精华、弃其糟粕。他认为陆军士兵同样可以与海军一起协同作战，于是大桡战船上既有水手又有陆军，他们配合的默契度越来越高。同时，彼得还采用了争议很大的跳板技术，使欧洲人在争论之余也感受到了这种技术的先进。

海军与步兵的紧密配合，巧妙而迅速地利用形势的变化、精心安排和不断进行战术侦察，彼得的海军实力越来越强，它虽然不会比彼得的陆军强多少，但至少一点也不差。正是这样的一群海军，在与海上霸主瑞典战神作战时能够将强大的瑞典战舰最终摧毁殆尽。

1720年，彼得制订了专门的《海军条例》。这个条例第一次将海军的权力提了出来，国家对待他们像对待陆军一样，发放军饷和粮饷，保证海军的生活。有了固定的海军、陆军以及骑兵团，俄罗斯在北方战争结束后，不但是陆地上最强的国家，还是海上最强的国家。

彼得依靠这"两只手"，还有他出色的领导才能，创造了只属于他的奇迹，外国人只有目瞪口呆的份儿。

彼得的外交政策与艺术

彼得在很小的时候，就已经肩负起了外交的重担。

当外国大使到克里姆林宫拜见沙皇陛下时，他和哥哥伊万就开始了外交活动。哥哥伊万精神萎靡地坐在宝座上，低着头一言不发；姐姐索菲娅公主虽然一脸傲慢的表情，但却一点也不懂外国使者在说些什么；其他贵族和大臣们则慵懒地埋在自己的座椅里，对外国使者华丽的颂词哈欠连天。只有小彼得兴致勃勃地看着下面的外国使者，向他们问东问西，甚至能够问到一些外交大臣都忽略掉的细节内容。

如果说当时的小彼得只是对外面的世界感到好奇而已，那么等他长大之后，他就开始认真地向外国人学习先进的国家制度、社会构成以及军事、科学等方面的知识了。等到他登上沙皇的宝座时，他已经具备与外国人打交道的基本素养，并对许多国家的情况了如指掌。

但是，对于传统外交的奉承、讨好与外交礼节，彼得直到成年都与之格格不入，这与他的个性有关。他不想去学习这些习俗，从内心鄙视这些习俗。

1713年，彼得与普鲁士国王进行外交活动时，彼得就把自己的个性展示得淋漓尽致。晚宴上，彼得尽量让自己遵从那些讨厌的外交礼仪，在王后面前也表现得彬彬有礼。就在他搀扶王后进入寝宫时，王后向彼得请求，求他释放瑞典将军列因希尔德。这个无理的要求让彼得大为光火，他将那层虚假的外交"大衣"一把扯下，厉声拒绝了普鲁士王后，最后居然也没有向王后告别，就气愤地返回了俄罗斯。

1717年，彼得出访法国时，同样对法国人那冗繁的外交礼仪无法忍受，甚至拒绝了很多法国贵族的拜访。

彼得不喜欢在那些富丽堂皇的宫殿内进行外交活动，他喜欢将一切随意化。床边、饭桌旁、造船厂的工作台前，都是他会见大使、进行外交的地方，也正是在这些地方，彼得同他们交谈了至关重要的外交话题——彼得用自己特有的外交方式，解决了先皇们一直没能解决的两个问题：一个是波罗的海的问题，一个是黑海的问题。他将奥古斯特二世这个傀儡扶上了波兰的王位，迫使普鲁士国王与俄罗斯建立邦交，还在与宿敌土耳其签订合约后，立刻宣布对瑞典的作战。这一切高明的外交手段和能力，都是先皇们所不具备的。

在与越来越多的国家进行外交后，彼得也意识到了自己的不足。他需要新的对外政策，需要新的外交方法，需要新的外交家。为此，彼得首先设置了俄罗斯驻外的长期代表团，并在欧洲的一些大城市中设置了俄罗斯领事馆。欧洲各国和东方各国也先后在莫斯科、圣彼得堡设置了驻俄国的长期代表团。后来，彼得对机构进行了改革，成立了专门的外交委员会，彼得成为外交委员会的高级人物，经常"应邀"参加委员会召开的会议。彼得在监督他们的同时，其实也在指挥他们的外交活动。

客观来说，俄罗斯在彼得的统治时期，并没有在外交上有什么伟大的外交策略，毕竟俄罗斯在彼得之前只是一个封闭的内陆小国。但彼得利用战争的手段，使俄罗斯在波罗的海站稳了脚，使英国、法国等强国也开始正视俄罗斯的日益强大。到彼得的统治结束时，俄罗斯在国际上的地位有了显著的提高。

彼得以拳头和武力作为最好的外交手段，这正是他的性格写照。

彼得刚一出生，就体现出了与父亲和祖父完全不同的体格。父亲和祖父的身体孱弱，而彼得的身体却十分健硕。长大后，他的身高居然达到了两米零四，当时俄罗斯长得最高的人，也只能达到他的肩头。彼得强壮、彪悍的体形与其勇猛、果敢的性格非常匹配。

高个子的人，一般行动不会太敏捷，甚至还非常笨拙。但彼得的行动却很灵敏，走路快、说话快，做事快，沙皇彼得永远是一副忙忙碌碌的样子。当彼得坐在马车上时，他喜欢让马车疾驶狂奔，他很享受这种快速的感觉。

彼得的一生，几乎都是在路上度过的。在机动行军中、在远征中，他习惯了听车轮在鹅卵石上轧轧作响的声音，喜欢坐在海船上左右颠簸的感觉。

就是这样的彼得，竟然学会了十四种精细的手艺活。他经常手执斧子、锯和凿子，灵巧地从熔铁炉里迅速取出灼热的铁条，还能亲自建造风帆战船。奥洛涅茨地区的农民们在回忆彼得在奥洛涅茨各工厂工作的情形时，称赞沙皇彼得干的活比那些纤夫还要多、还要重。

虽然贵为俄罗斯的沙皇，但彼得却不喜欢那些形式主义的东西，生活上非常简朴。他喜欢穿矮跟的皮鞋、织补过的长袜，还喜欢穿粗呢制成的平平常常的长衣。这些简单的东西，就是彼得日常生活的全部衣物。

彼得大帝的宫廷是整个欧洲最简朴的，彼得格勒区的彼得的小木屋，足以证明他偏爱住在俭朴的不大的房间。后来，他在圣彼得堡建造了两座小宫殿：夏宫和冬宫。可是这两个地方如此之小，以至于官方若在圣彼得堡召开招待会和舞会，只能到缅希科夫的官邸举行。除了喜欢饮酒，特别是狂饮之外，彼得在饮食上也比较随便。他不会像那些大贵族们一样，对每顿饭都有所要求，他非常喜欢吃萝卜和黄瓜，山珍海味、美味珍馐在他眼中与钻石一样，吸引不了他。

彼得非常正直和公正，他认为公平公正是人类的最高品质。有一次，涅普柳耶夫去拜见彼得时，不小心迟到了，他起初想撒谎，但考虑再三还是向沙皇坦率地说出了实情。彼得没有责备他，而是对他表示感谢，感谢这位年轻人说了实话，没有欺骗自己。

在朝堂上，彼得也是如此，他欣赏那些敢说实情的人，尽管听起来不那么悦耳。比如，正直的亚科夫·费奥多罗维奇·多尔戈鲁科夫，他经常揭彼得的短处，将国家存在的问题一一列举出来。彼得不仅不生气，反而对他非常尊敬。彼得容忍不了那些喜欢奉承、说假话的人。

作为沙皇，彼得有着凶残的一面，他经常参与严刑拷问，残忍的手段让人不寒而栗。但是，沙皇彼得又有善良和富有同情心一面，他曾跳到冰冷的水里去搭救落水的士兵，还挽救过一只小燕子的性命——那是在他观看阿列斯金博士一项实验的时候，当时阿列斯金博士把燕子放在空气泵的玻璃罩下做实验，当彼得看到因失去空气而抽搐的燕子时立即阻止博士的实验，让他把燕子释放了，因为它只是一条无辜的生命，而不是强盗。但是，当面对真正的强盗时，彼得往往毫不留情。

在彼得的统治后期，俄罗斯国内很多官员仗着自己的战功和权贵，进行受贿、敲诈和勒索，这让彼得非常生气。彼得对这些人进行了严厉惩罚，包括那些与他一起长大、出生入死的挚友们。

大发展的工商业

彼得对国家机构、军事的改革以及对他国无休止的征战，为俄罗斯国内外商业贸易的扩大创造了条件。这并不是巧合，彼得一直就很重视国家的商业发展，他甚至将商业称作是国家命运的最高掌管者。

要发展工商业，就需要有经商必需的场地和通道，为此，彼得兴建了许多集市、外商商场以及贸易港口，还不断开凿运河，目的就是保证商品有持续进出的通道。在这一策略下，顿河和伏尔加河之间的运河、连接伏尔加河与涅瓦河的维什涅沃洛茨基运河等相继修建而成；此外，彼得还设置了专门管理商业的部门，命名为商务委员会。

有了场地，彼得又着手培养俄罗斯自己的商业集团。他鼓励国内的商业大亨开办贸易集团或贸易公司，国家为这些商人提供巨额的贷款，彼得批准了给予阿普拉克辛家族公司四万卢布的贷款，还给予多库恰耶夫的公司三万卢布的贷款。有了这些巨额的资金，商业集团一下子壮大了起来。

彼得刻意让这些新兴的企业在圣彼得堡扎根，他将圣彼得堡变成了与欧洲进行商贸的重要城市。1722年，已经有一百一十六艘外国商船停靠在了圣彼得堡的港口。而到了1725年，这个数字陡然增长为九百一十四，短短三年，这里发生了翻天覆地的变化。

在欧洲各国的大中城市开办领事馆，也是彼得刺激俄罗斯经贸发展的重要策略。俄罗斯的商人可以在异国受到祖国领事的保护，外国企业也可以在这些领事馆洽谈商贸，不必再花费时间、精力和财力亲自跑到俄罗斯了。这些领事馆的建成，在开拓国外市场、获得国外市场情报方面起到了极大的作用。每年，彼得还从众多年轻商人中选拔十几名商业精英，由国家出资供他们到荷兰和意大利学习商学和业务知识。

与欧洲发展商贸的同时，彼得也没有忘记同东方各国的贸易联系。彼得同波斯国家达成和平协议后，又与波斯国王签订了有利于俄罗斯商人的通商协议，恢复了俄罗斯与中亚国家的贸易往来，也开通了途经恰克图直到中国的贸易路线。

在进行对外贸易时，彼得发现只有扩大贸易出口额，俄罗斯的商人才能真正取得利润。进口数量的增加，只会让俄罗斯国内的资金，源源不断流向国外。为此，彼得在1724年将进口商品的关税提高到了百分之三十七，这意味着俄罗斯国内的人每买一件价值一百卢布的外国商品，就要向国家额外支付三十七卢布的关税。进口关税的额度也不能提高得太大，外国商人在俄罗斯卖不出商品，他们就不会再来俄罗斯进行商贸了。在彼得这一"恰到好处"的关税制度下，俄罗斯的出口额大大超过了进口额。

据统计，在彼得大帝统治时期的末期，俄罗斯的出口额为四百二十万卢布，而进口额只有二百多万卢布，出口额整整比进口额超出了一倍多。

彼得这样做的目的只有一个，那就是在国内积累大量的贵重金属。有了资金，才能解决国内的众多问题，才能让改革顺利进行。彼得的另一个目标，是解决俄罗斯国内的工业问题。在彼得大帝执政之初以及执政之前，俄罗斯的工业非常薄弱，充其量只是一个内陆的农业大国，与工业强国的头衔是无缘的。以前可以没有工业，但随着俄罗斯的发展，工业的重要性越来越凸显——没有工业，就不能解决俄罗斯陆军、海军的建设；没有自己的工业，俄罗斯所需要的大炮、船帆和铜、铁等基本原材料就只能靠进口，不仅花费大量的精力去争取别国国王的点头同意，而且还要付出的巨额的资金。要想实现俄罗斯军事、城市建造的可持续发展，俄罗斯必须要有自己的工业。

虽然俄罗斯国内有几家大型的工业企业，但它们生产效率低下、产品质量不过关，远不能满足俄罗斯对工业产品的需求。彼得认为，俄罗斯之所以一直处于西方列强的下风，正是因为俄罗斯的工业发展太过缓慢。

彼得很不服气，俄罗斯地大物博，国内有着丰富的自然矿产，这是其他国家所不具备的。上帝恩赐了这么好的礼物，俄罗斯人却让它们白白留在地下，简直是太浪费了！彼得决定在发展俄罗斯的工业之前，先将埋在地下的宝藏挖出来。

沙皇亲拟的公文飞向了国家的每个角落，彼得命令各级官吏，在对本地的自然矿产进行勘探之后，在矿产地周边开办相关的冶炼厂，把这些开采出的矿石全都冶炼成工业必需的原材料，然后源源不断地运往兵工厂和城市的建筑工地。勘探、采矿的工人们在全国各地热火朝天地行动起来，偏远的乌拉尔山脉和外贝加尔山区也不例外，这些有价值的偏远地方，彼得甚至为它们铺设了铁路，确保原材料能够源源不断地从这里运送出来。

不管是建造工厂、金属冶炼厂，还是零部件制造厂的厂商，他们都能获得政府给予的贷款和优惠。尼基塔·杰米多夫之前只是图拉一位名不见经传的铁匠，他在彼得政府的资金支持和政策恩惠下，一夜之间成为了乌拉尔最大的工厂主；另一位企业家巴塔舍夫，也是通过这一方式，成为拥有数家工厂的企业家。彼得用他独有的办法使这些企业家乐于从事工业生产，沙皇尊敬他们、支持他们，这些企业家们便安心将自己的资本继续投入到工业生产中。有了大量资本的注入，俄罗斯的工业像雨后春笋般遍地而起了。

财政的支持、政策的倾斜、沙皇的青睐，俄罗斯的商人们很快就安逸了下来，他们满足于已经取得的成绩，为了保住自己的财产，不肯再听从彼得的建议去尝试新鲜事物的指示，转而继续用陈旧的经商模式去经营。这是彼得所不能忍受的，这点成绩在彼得眼中，只是国家发展所需要的工业产品和金钱数量的几十分之一，甚至几百分之一。在给予恩惠和仁慈之后，彼得开始了强迫的手段，强迫工厂主们继续加班加点地工作，强迫商人们去寻找更大利润的产品，去探寻更容易倾销俄罗斯产品的国家。

尽管有手工工场委员会的监督，尽管这些官吏们勤勤恳恳地工作，但很多时候，彼得还是需要亲自上阵。1712年，彼得为了实现自己不用从国外购买制服的夙愿，在国内创办了自己的国营制呢厂。为了搞活经济，彼得又将这个国营厂子转让给了私人的商人。商人虽然接管了厂子，但依然身不由己，因为彼得还是会时常来监督生产，就像以前一样。

严酷的惩罚措施

彼得的近臣们，如缅希科夫、阿普拉克辛、戈利岑、斯特列什涅夫等，直接领导着各自管辖的总督。彼得要求他们严加看管各省的总督，因为他们手中握有兵权，不得不去防范。为此，彼得设置了非常严格的标准和残酷的惩罚制度，对玩忽职守以及不按要求做事的官员严加惩治，一旦犯错，决不姑息。

总督要对自己管辖的省负全责，稍有闪失就会受到惩戒。比如每年征兵时，如果这个省的新兵征集数量不达标，那么这个省的总督就要面临罚款的惩罚，每少一个人，就会罚一卢布，如果欠缺的人数非常多，那么罚款的数字就会相当可观。

彼得经常训诫这些总督，他命令总督们牢记自己的责任，如若玩忽职守，就等同叛国罪，需要受到极其严厉的惩罚。

彼得的话绝非儿戏，总督们身边有彼得派去的禁卫军官时刻监视着，总督们不敢有丝毫懈怠。有一次，基辅省的官员们因为催缴税款不力，没有在国家规定的时间内从老百姓身上搜到足够的钱财，禁卫军的中尉卡拉巴诺夫亲自来到基辅，下令将全省的官员们铐上脚铐、套上颈链，以惩罚他们工作不力。

到了1719年，由于大省的行政区划太大，地方难以管理，各省的总督无法做到面面俱到，于是，这些大省又划分成了五十个州，州制替代了省制。各州的长官称为督军，这些督军从地方的贵族中选拔任命。各州的下面又划分为各区，各区成立了由贵族组成的管理委员会。

尽管彼得努力让各级的国家机构完美，但不管是高层还是地方，都出现了不同程度的欺诈、舞弊行为。那些高高在上的长官们为了满足自己的私欲，无节制地受贿和敲诈勒索，他们担心部下揭发自己的罪行，就索性将部下一起"拖下水"。当上下沆瀣一气之时，彼得想要抓住他们的罪状就难上加难了。彼得将这些官员的做法，称作是"国家的灾难，迟早会使国家衰落并灭亡"。

为了加大惩罚力度，彼得开始向一些位高权重的"功臣们"开刀。彼得毫不犹豫地对西伯利亚总督加加林处以绞刑，对首席监察官涅斯捷罗夫施行车裂，还判处高等文官沙菲罗夫死刑。对于屡获战功的缅希科夫，彼得也用自己的棍子狠狠教训了一顿。有一次，彼得对那些贪污、受贿的官员忍无可忍，对亚古任斯基说，立刻起草一道圣谕，任何窃贼，不管职务高低、是否属于贵族阶层，所偷所盗之物价值只要达到了上绞刑的条件，一律处以绞刑。亚古任斯基却对彼得说："大慈大悲的沙皇陛下啊，难道您想让整个俄罗斯只留下沙皇您一个人吗？所有的官员都在偷窃，他们把手伸向国库、伸向老百姓的口袋，一个比一个偷得更多，不同之处只在于谁偷得更加高明，不被人察觉而已。"亚古任斯基的话深深触痛了彼得，让他认识到腐败的无处不在、无时不有。

彼得深知自己创建的机构不完善，他想尽一切办法去堵住那些漏洞；但总有人能够绕过去，甚至利用这些漏洞来满足私欲。

比如说，彼得鼓励人们对不法行为进行告密，告密者可以得到国家一大笔现金奖励。但问题接二连三地出现了，不法者将身边一切可能会告密的人全都收买了，他们给予那些潜在告密者的钱远比国家奖励的钱要多，这就让告密失去了任何意义。还有一部分人，他们通过诬告的形式，让那些守法、无辜的人遭受了残酷的惩罚，并将被告密者的财产"合法"侵吞。

彼得的改革中，还有一点在改革之初就预示着失败。彼得引进了许多欧洲国家的机构部门，但这些部门根本不符合俄罗斯的实情，没有存在的价值。当彼得意识到，这些花大价钱设立起来的部门对国家建设起不到作用、没有任何存在意义时，便将它们撤掉，再花费大量的人力和财力，用另一个不切实际的机构来替代。新成立的机构同样没有任何价值，但由于代价太高，最后也就"将就着"运转了起来。

国家机构的改革很不顺心，唯一让彼得感到骄傲的就是他的军队了。到1725年时，俄罗斯已经有了一百二十六个骑兵团和步兵团，另外还有十万人的非正规骑兵以及遍布全国无法计数的禁卫军们。如此庞大的军队规模，的确有力地保卫了俄罗斯的疆土安全，以及保障了俄罗斯民族独立自主的存在，但这并不意味着可以高枕无忧了，军队中存在着潜在的危机——士兵都是从农村和城市中征集而来的，当强壮的劳动力从农村和城市抽调到军队里时，就没有足够的劳动力从事农业生产，造成的恶果就是没有钱缴纳各种苛捐杂税、负担费用高昂的国家机构。这是一个恶性循环，越没有人就越没有钱，而越是没有钱，统治者们就更加变本加厉地去压迫和剥削劳动人民——这是一个封建官僚国家自身的不足，彼得的能力再强大，也不可能跳出阶级的限制，只能对这个问题无能为力。

另外，彼得所实施的服兵役制度本身也存在问题。自从北方战争打响后，彼得不断地从国内各个地区征集新兵，战争从未结束，这些原本只需要服役几年的新兵也成了终身的军人。士兵的命运不比农民好多少，他们在战场上随时都有生命危险，战斗之余，还要义务去服徭役，建造城市和运河，回乡的日子遥遥无期。而且，士兵们的待遇也差到了极点，他们经常一顿饥一顿饱，一旦犯错甚至是极微小的失误也会被扣除军饷和粮饷，遭受残酷的惩罚。

到了彼得统治的后期，人们将新兵的征集与送葬摆到了同样的位置。送新兵到军营时，妻子们、母亲们和孩子们都会痛哭流涕，他们看着自己的丈夫、儿子和父亲去为沙皇效力，可能这一眼就是最后一眼了。俄罗斯民间有人将这一幕写成了著名的叙事诗《征兵哀歌》，服兵役就意味着永远离开自己的家乡，永远离开自己的亲人。人们开始仇恨征兵、仇恨战争、仇恨沙皇的一切命令，人民起义的火种开始燃烧了。

不管怎么样，彼得对国家机构的改革，还是使俄罗斯向前迈进了一步。尽管不算太完美，但彼得已经摒弃了旧传统的那些大贵族杜马、衙门，成立了效率更高的参政院、各省各区的管理委员会，这些改革为俄罗斯以后的改革起到了良好的开端。

改革的硕果与反抗

彼得说，只给他们建议是不够的，必要时还要运用强制的手段。为此，彼得亲自为制呢厂制订了严格的规章制度，并要求企业生产严格遵守。产品的质量必须过关，这是企业的责任，也是企业主的义务，一旦不过关，就毫不犹豫地被销毁。彼得不仅对工业企业如此严格，他对手艺活的手工业方面，同样进行了严格的监督，甚至会亲自过问生产的方式和原材料。

为了保证刚起步的工商业发展，彼得严格控制外来商品的进口，只要俄罗斯国内能生产的产品，一律不得进口。当韦斯托夫的一家工厂已开始生产糖时，彼得让参政院在1721年颁布法令，禁止进口一切外国的食糖。这种地方保护主义政策对保护当时俄罗斯新生的工商业发展，起到了一定的积极作用。

俄罗斯在乌拉尔山脉地区的勘探工作传来了捷报，这里的铁矿石含量很高，可以从一百俄磅矿石中提炼出三十到四十俄磅的铁，受到冶炼工艺水平的影响，这个比例在当时来说是很高的。彼得非常高兴，他认为俄罗斯冶炼出来的铁，远胜过瑞典，于是在乌拉尔地区继续投资铁矿石冶炼工业。

　　国内的工业企业，在战争的需求中不断创建和发展着。生产和战争相辅相成，工业生产使俄罗斯军队的战场越推越远，战事的扩大又使国内工业的规模日逐渐壮大。由于远征亚速和建设沃罗涅日舰队的需要，博林斯基铁制品制造厂扩大了规模，并在沃罗涅日造船厂附近修建了利佩茨克炼铁炉厂和库兹明斯克大锤厂。在原有制铁厂的图拉地区，又扩建了五个新的工厂；昔日宁静的奥卡河边，也兴建起杜格纳炼铁炉厂和梅尼绍夫斯基炮厂。这些冶炼厂和兵工厂整日叮叮咚咚地响着，奥卡河完全不是那个安谧的河面了。

　　之后，圣彼得堡也有了自己的大炮厂和兵工厂，大炮、火枪、铁锚、钉子、金属丝等产品，从圣彼得堡的谢斯特罗列茨克工厂生产出来，单是这个工厂里，就有六百多个工人在这里辛勤劳作着。

　　同那些自西欧引进的国家机构一样，彼得所创建的俄罗斯工商业也不完全符合俄罗斯的国情。它们的出现违背了俄罗斯生产力的自然发展规律，这样的企业，虽然在沙皇的强制命令下，在一定时间内的确能够有所发展，但它们并没有持久生存和发展的基础。不久之后，很多工业企业像温室里的花朵一样逐渐开始枯萎了，它们在耗尽国家政策支持的资金贷款后，日渐萎靡和停滞。彼得深知其中的原因：在工业极端落后的农业国，如果没有资金的资助和政策的支持，是不可能发展工业的，这需要一个优胜劣汰的过程，只有那些实现价值和利润的企业才能在俄罗斯真正扎根。

　　尽管有很多工厂陆续倒闭，但俄罗斯的工商业还是有了长足的进步，这一点是毋庸置疑的。到1718年，俄罗斯国内的冶金厂已经提炼出了将近七百万普特的生铁以及数千普特的纯铜，西伯利亚地区的涅尔琴斯克工厂也提炼出了贵重的金银与铅块。这些金属原材料基本能够满足俄罗斯军事用品的制造，彼得再也不用去向国外购买了。

　　织布厂、缆绳厂以及制革厂、丝绸厂的产品不仅能够满足国内生产和生活的需求，还能够出口到国外，这些手工业产品在拉动俄罗斯商贸发展的同时，也为俄罗斯带来了大量的财富。从这一点上来看，彼得对工商业的改革还是非常成功的。

在外国人的眼里，当时的俄罗斯就像一个大工厂，到处都是从地下挖掘出来的宝藏，工厂里发出的敲击声、金属碰撞声随处可闻。这个国家最尊贵的沙皇奔波于工厂的每个角落，他既是这个国家的一国之君，更是工商业的指挥者和专家。

迅猛发展起来的工业和手工业，对劳动力提出了大量的需求。工商业创建之初，来这里"工作"的人，多数是被判有罪的盗贼、骗子、囚犯和逃兵。彼得时代初期的工厂，实质上更像是一个牢狱，它们通过压榨犯人的劳动，来让犯人进行永无止境的赎罪。

工厂里充斥着这样的"工人"，生产效率当然不会多高，随后，政府出资向全国雇佣自愿到工厂工作的自由工人。这些自愿来工作的人，素质也不比犯人高多少，几乎都是外出打短工的农民以及忍受不了苛捐杂税而破产的城市市民。当农奴主要求农奴们回农场劳作时，农奴们便从工厂流失了，用工荒再次出现。

自愿来工作的人数量少得可怜，农奴们又要回农场劳作，彼得只好再次使用强迫的手段，来获取必需的劳动力。国内大量的农民被登记注册到了工厂中，他们不明不白地成为工厂的人。1721年，法令准许企业家和商人为自己的企业收买农奴制的农民，这些农民的自由归属企业，而不是企业主。农民们被迫搬迁到工厂所在的地区，大部分时间都为工厂工作，薪金少得可怜，而他们赖以生存的农业劳动只有很短的时间。

农民的处境十分艰难，于是在工厂采取了消极怠工的态度。工厂附近驻守了军队，名义上是保护国家的资产，实际上是为了监督工人的工作。只要发现有偷懒、怠工的人，一律施以笞杖、镣铐、烙铁的惩罚。上千的农民死于繁重的劳动以及工厂传染的疾病，人民生活不下去，冲破军队的阻拦，纷纷四处逃亡。

1715年，奥洛涅茨各工厂附近的列博尔斯基村农民发动了起义，他们反抗工厂主，破坏工厂的机械以泄愤，彼得的军队血腥镇压了起义。之后，陆续有多个工厂的农民举行了罢工和暴动，但他们最终也都被军队镇压了下去。

尽管彼得通过军队用残忍的手段去镇压人民起义，但人民的怒火最终还是爆发了出来，这直接导致了18世纪初期发生俄罗斯著名的人民运动。

第十七章　彼得大帝改革的反对者们

对于彼得大帝的改革，很少有人能理解。在庞大的克里姆林宫里，几乎没有人知道彼得为什么要改革，也不知道彼得要将俄罗斯改成什么样，就连彼得自己也没有对他的改革进行论证。总之，彼得认为不光自己要全心全意地为俄罗斯服务，整个贵族阶级同样也要为国家鞠躬尽瘁。

正因为这种改革是"不明不白"的，是"有悖祖训"的，所以引起越来越多的贵族和大贵族们的不满。当然他们最大的不满是因为彼得已经触犯了他们的利益，而且还令他们失去了往日悠闲清静的生活。

敌在暗我在明

彼得的改革绝非一帆风顺，从他艰难的登基过程就不难发现敌对势力是如何的强大。那些秉承旧传统、旧事物的旧俄罗斯代表们在彼得改革的过程中，对日益壮大的新俄罗斯备感愤怒和仇恨。在他们的眼里，俄罗斯并不是在日渐变强，而是日渐偏离了正轨，渐行渐远了。

新任沙皇执政之后，身边围绕着当面阿谀奉承、背后却暗中仇视咒骂的达官贵族们。每当他们从宫廷回到自己的住所后，会将满脸的笑容收起，把头上的假发扯下来狠踩几脚，大吼大叫，肆意发泄心中的愤恨。不管是虚情假意的拥护者、公开辱骂的敌对者，还是那些从彼得这里领取俸禄的人，他们经常聚在一起，私下辱骂沙皇彼得。甚至还有一群人，居然散布谣言，说真正的沙皇彼得被人在斯德哥尔摩掉包！

虽然大家都知道这个谣言是虚假的，但那些彼得的反对者们却宁愿相信这一切都是真的。既然无法将这个"假冒伪劣"的沙皇赶下台，那么他们就使用各种"巫术"来诅咒彼得。总之，这些老规矩的顽固捍卫者们每天所想的都是如何杀死彼得。

彼得与第一任妻子费奥多罗夫娜·洛普金娜所生的儿子阿列克谢，成为双方争夺的一枚棋子。彼得在刚结婚的时候，整天沉浸于自己的"战争游戏"和"海上事业"，稍有点空闲就要去莫斯科处理国家大事以及出访别国，根本就没有多少时间来照顾妻子和刚出生的儿子。儿子阿列克谢由母亲和他的奶奶抚养长大，她们都是传统思想的继承者和崇拜者，特别是彼得的妻子费奥多罗夫娜·洛普金娜。目光狭隘、吹毛求疵且凶狠、虚荣心重、迷恋权势的费奥多罗夫娜·洛普金娜对丈夫彼得有很大的怨气，她经常向彼得抱怨，抱怨他满脑子只有事业和游戏，抱怨他给不了自己莫斯科皇后应有的生活。费奥多罗夫娜·洛普金娜不了解彼得，她与彼得结合后，不仅没有帮助彼得发展事业，而且还起到了绊脚石的作用，企图与索菲娅公主一起将自己的丈夫杀死。从这个意义上说，她不是彼得的伴侣，而是他的敌人。

每当彼得热情地邀请费奥多罗夫娜·洛普金娜去欣赏他的"游戏"和"事业"时，费奥多罗夫娜都会嗤之以鼻，甚至都不正眼看一眼；同样，费奥多罗夫娜让彼得陪自己参加喧哗取众、虚情假意的宫廷宴会，彼得也是丝毫提不起兴趣。两人之间的矛盾越来越大，不和睦的家庭生活势必会影响到渐渐长大的儿子。彼得没有时间去照顾阿列克谢，只能将儿子托付给家人、保姆和奶妈们照料。而阿列克谢的母亲又对其父亲彼得一肚子怨气，她在孩子面前丝毫不掩饰对彼得的厌恶和反感，还嘲笑和讥讽彼得的事业；而逐渐长大的阿列克谢自然会耳濡目染，对父亲产生厌烦的心理。

阿列克谢日后自己也承认，从小就受到母亲和身边其他人的影响，只要是父亲说的话，他一概不听从；只要是父亲喜欢的事，他一概不做。这种意识是被人强行培养的，并不是阿列克谢的天性。

除了母亲和奶奶之外，幼年的阿列克谢的身边还有个叫作尼基福尔·维亚泽姆斯基的老师。这位老师是个十足的小人，嫉妒心强，就连男仆的头发比自己的好看，他都会上前去撕扯男仆的头发。他的傲慢与自负，深深感染着正在成长的阿列克谢。

当母亲费奥多罗夫娜·洛普金娜东窗事发，被落发成为修女后，阿列克谢母亲的族人——纳雷什金家族的人，例如瓦西里、米哈伊尔等，成为照顾阿列克谢的仆人。这些人因循守旧，崇尚旧有的俄罗斯生活方式，厌恶喜欢新鲜事物的彼得，更厌恶他所带来的各种改革和创新。他们对彼得没有一丝好感，再一次强化了小阿列克谢对父亲彼得的厌恶心理。

当彼得发现这些问题时，亲自挑选好的老师来教育阿列克谢。新来的老师教授阿列克谢语言、历史、地理、筑城学、炮兵学、航海学，这些都是父亲彼得最喜欢的课程，但让彼得惊讶的是儿子阿列克谢居然对学习这些课程和知识没有一点兴趣。相反，儿子对教士、宗教神学却越来越有兴趣，他经常与那些神学家和教士们交往，并且相谈甚欢。

反对彼得的人们，发现皇子也站在彼得的对立面。敌人的敌人，就是朋友。反动的大贵族和神甫们围绕在阿列克谢的身边，组成一个阴谋反叛的小集团。为了躲避彼得的眼线，他们之间用密码和代号来交流。阿列克谢也是用这样的方法与正在修道院被监禁的母亲保持联系，密谋反叛彼得的事。1707年，阿列克谢偷偷探访了母亲费奥多罗夫娜·洛普金娜。

彼得知道了他们母子俩的这次见面，彼得意识到儿子正在走一条违背自己的道路，他必须帮助儿子去除这些恶习，成为一名外交家和当之无愧的沙皇继承人。带着这个目标，彼得将一些国务活动交给阿列克谢去完成，竭力让他把精力放在伟大的事业上，父子齐心，俄罗斯帝国一定会更加繁荣昌盛。

阿列克谢草草地完成了父亲交给自己的任务，他越来越懈怠，为父皇效力的热情也越来越小。彼得为此经常责备阿列克谢，父子俩之间的关系越来越冷淡、矛盾越来越尖锐。

不可调和的父子矛盾

皇子身边的大贵族和神甫们公开对阿列克谢说，天底下最大的幸事，是沙皇彼得立刻死去。阿列克谢不予否认，他经常公开发表评论说，如果他当了沙皇，第一件事就是毁掉圣彼得堡，然后将波罗的海及其沿岸归还给可怜的瑞典人；至于陆军和海军，没有存在的必要，上帝庇佑的俄罗斯根本不需要这些残忍的工具，应当全部遣散和撤销；最后，祖辈所制定的规章制度应当全部恢复，包括正规的衣着要求、讲究的语言措辞以及宫廷礼节和宗教仪式；至于沙皇的住所，只保留两个，一个是莫斯科的克里姆林宫，作为冬天居住的场所，另一个是雅罗斯拉夫尔，夏天避暑的最佳选择。

儿子的每一句话都深深刺痛彼得的心，他对儿子的思想和行为感到非常焦躁，儿子不仅选择了与自己相反的方向，而且还越走越远。为了让阿列克谢能够了解自己的事业，彼得在1709年将阿列克谢派到国外的德累斯顿，那里没有反对彼得的小人，阿列克谢可以安心地学习。

可是，智力平庸、怯懦、懒惰但却很凶狠的阿列克谢依然顽固，他拒绝学习新知识，固执地与父亲彼得的意志作对。他不会也不屑于学习科学知识，当彼得询问他的学习进度时，他竟然说自己的身体被疾病所折磨，记忆力完全丧失，智力和体力也严重透支，除了休息之外，什么都不能做。但实际上，阿列克谢躲在房间里，偷着学习神学，废寝忘食地阅读圣书和基督教义——阿列克谢几乎就是旧莫斯科罗斯的化身。

彼得挖空心思，让儿子能够了解改革的好处。彼得努力让儿子同外国人接触，让他见识一下外国的经济和文化，看看世界发展的势头。1707年，彼得想撮合阿列克谢与德国公主莎尔洛塔·沃尔德芬比特尔斯卡娅的婚事，如果儿子娶了一位美丽的德国公主，一定会产生了解德国的兴趣，继而对整个世界也有了兴趣。1710年，彼得让阿列克谢与莎尔洛塔相会，无奈阿列克谢对这件事非常抵触，还没有见到公主，就说不喜欢她。

尽管儿子不同意这门婚事，但彼得还是让他们在1711年的10月14日在萨克森完婚了。结婚后，两人很少交流，阿列克谢不懂德语，而莎尔洛特则不懂俄语，他们俩是性格完全不同的两个人。1715年，他们的儿子彼得出生，不久，莎尔洛特去世了。

莎尔洛特死后，父子二人的矛盾更加深了，阿列克谢埋怨他短暂的婚姻，全由父亲彼得一手造成。他直言道，一辈子也不会原谅父亲。此后，阿列克谢日渐憎恨彼得，憎恨有多大，恐惧就会有多大。每当彼得召见他时，他都像受刑一样浑身难受，一秒钟也忍耐不了。

妻子死后，阿列克谢从国外搬回俄罗斯居住。彼得想让阿列克谢待在自己身边，亲自进行提点，然而阿列克谢皇子为了躲避父亲的"恩赐"，居然用手枪去射击自己的另一只手，手被火药严重烧伤，这才算"躲过了一劫"。

彼得不是傻瓜，他也曾年轻过，知道儿子阿列克谢在想些什么。为此，他决定与儿子开诚布公地谈一次。他知道儿子不想面见自己，更不喜欢与自己交谈，彼得就写了一封信《告我儿书》，托人转交给了阿列克谢。信中，彼得要求阿列克谢能够改变自己的任性行为，希望他能够抛弃之前错误的观念，最终能够与自己一起改革俄罗斯。

阿列克谢很快就回复了父亲，他用放弃皇位来回答父亲。彼得一看就知道，这是那些老奸巨猾的大贵族们给阿列克谢出的馊主意。就算阿列克谢发表声明说放弃皇位，但因为他是彼得唯一的儿子，是沙皇法定的继承人，因此这样的声明没有任何意义。彼得绝对不能让这样的皇子登上沙皇的宝座，他代表的未来是退步，而不是前进。阿列克谢登基后，一定会将彼得辛苦一生的改革全部毁掉，让尘封已久的旧制度再次重见光明。

父子双方摊牌后，彼得还是心存不忍，他想给阿列克谢反悔的机会，于是，又写了第二封信《再次最后提醒》。阿列克谢恳求彼得能够准许他进入修道院——阿列克谢表达了自己不再过问世事的决心，他的这个恳求会打消彼得的顾虑。但是彼得明白阿列克谢不是真心想进修道院，也不会不问世事的——僧侣的帽子可以随时戴上去，也可以随时摘下来。当阿列克谢摘下僧帽时，一定会将沙皇的桂冠戴在自己头上。

1716年，彼得向皇子下了最后的通牒——要么来到自己身边，要么进修道院，永远不再出来，否则会把他当作犯人一样处理。阿列克谢非常惊恐，他连夜逃到了国外，向维也纳皇帝求援，希望他能反对父亲彼得，并救自己一命。阿列克谢和他的党羽们早已有了外逃和叛国的打算，很早之前他就偷偷地与瑞典大臣赫兹进行了秘密谈判。

奥地利皇帝查理六世将阿列克谢保护了起来，让他暂时居住在那不勒斯的圣艾尔莫城堡，同阿列克谢一起居住的还有他的情妇叶夫罗西尼娅。沙皇彼得对阿列克谢的一举一动了如指掌，他立刻派亚历山大·鲁缅采夫和彼得·托尔斯泰去那不勒斯找阿列克谢。

皇子担心父皇彼得会将自己处死，不肯回国，但托尔斯泰还是设法成功地说服他返回了俄罗斯。1718年1月，阿列克谢不情不愿地回到了莫斯科，彼得答应阿列克谢，只要他将自己的同谋者交代清楚，就仁慈地宽恕他。

阿列克谢为了保全自己，将基京、维亚泽姆斯基和玛丽娅·阿列克谢耶芙娜公主等人供了出来。沙皇下令将心怀不轨的亚科夫·伊格纳季耶夫、阿布拉姆·洛普逮捕，对叶夫多基娅·洛普希娜和亲信大主教多西费和少校格列博夫进行了严刑拷打。少校格列博夫在严刑拷打后，被就地处死，基京和多西费等人也被车裂而死。

审讯的结果让彼得大为震惊，他原本以为儿子只是对自己的事业和改革不满，没想到他和他的同党居然已经着手密谋叛乱，甚至通敌卖国了！彼得在彼得戈夫亲自秘密审讯了阿列克谢和他的情妇叶芙罗西尼娅。皇子亲口承认了密谋叛乱的事实，审讯完后，被监禁在彼得堡罗的要塞之中。

审讯结束后，皇子阿列克谢的罪行一清二楚了。彼得痛苦地看着儿子，昔日襁褓中那个嗷嗷待哺的婴儿，那个依偎在自己脚下、牙牙学语叫着"爸爸"的儿子，居然成了密谋杀害自己的叛徒！彼得心中万分矛盾，自己既是一位父亲，又是一个国家的国君，阿列克谢是自己唯一的儿子，试问天下哪位父亲能轻易下决心将自己儿子杀死呢？但是，饶恕他就意味着饶恕国家的罪人，他的行为是极度危险的，如果再有效仿者，俄罗斯的未来将不堪设想。这个唯一的、糟糕的儿子让彼得头疼不已，"父亲"和"沙皇"不停地斗争着，谁都有道理，但谁也下不了狠心。

最终，扮演沙皇的角色战胜了父亲的角色。彼得召集了一百多名委员，对皇子的审判进行最终决议，最终通过了将皇子处死的决议。

1718年6月26日，皇子阿列克谢死了。没有人知道阿列克谢究竟是怎么死的，因为刽子手进入监禁阿列克谢的单人囚室时，发现阿列克谢已经死了。还有一种说法是他躺在彼得保罗要塞的一个炮台上，被发现时身体已经冰凉。

当时，各种版本的传言在民间流传。有人说，是沙皇彼得亲自将儿子的脑袋砍下了；也有人说，阿列克谢是因为静脉被割断而死的。随后，政府公告宣布，皇子阿列克谢在倾听判决书时，突发脑溢血而死。然而这些都不可信，唯一值得可信的，是亚历山大·鲁缅采夫所写的一封信，信中没有直接写皇子是怎么死的，但将信的内容全部读完的话，不难得出这样的推测——皇子是被布图尔林、托尔斯泰和乌沙科夫用枕头窒息而死。

　　彼得的敌人是如此残忍，居然将他的儿子当作旧制度复辟的筹码和棋子。儿子阿列克谢的死，并没有让彼得害怕和退缩，反而更加坚定了他改革的信念——彼得已经将改革俄罗斯当成了自己毕生的事业，他死也要死在改革的道路上。

熊熊燃起的起义之火

　　除了身边的亲人与克里姆林宫内的贵族们之外，还有一群人，他们同样反对彼得的做法。这群人就是生活在俄罗斯国土之上的人民。

　　苛捐杂税、无休止的徭役，彼得时代的俄罗斯人民已经严重透支了。他们世代生活的小房子，被政府强行霸占充当赋税；妻离子散，家里唯一的男丁也被拉去当兵，或者送到了遥远的圣彼得堡去挖土，农民们已经无法再在俄罗斯这片土地上生存了。

　　逃亡的农民、罢工的工人，还有手握长矛和火枪对彼得政府不满的士兵们，他们的负面情绪日益高涨，起义的火苗也越来越旺。

　　终于，在1705年，集工商业大城市、军事要塞于一体的阿斯特拉罕爆发了大规模的人民起义。阿斯特拉罕有强大的驻防军，还有很多久经沙场的士兵团；作为工商业大城市，布哈拉、亚美尼亚和波斯商人经常在这里进行贸易，士兵驻守在此，可以有效防止外国人的入侵。除了正规军外，阿斯特拉罕还有很多遗留下来的射击军，他们是昔日莫斯科的防卫军，却被彼得解散，落得四处讨生活的境地。

　　起初，这里的环境还是很不错的。外国商人的到来，增加了这里赚钱的机会。小商小贩们买下外国商人手中的小玩意，再到国内其他地方兜售，运气好的话，可以小赚上一笔。但是到了18世纪初，这里的环境陡然恶化——阿斯特拉罕的士兵和射击军、城内居民与工人们的处境明显恶化。

导致这种状况发生的原因有两点：首先，财大气粗的商人、督军和其他官吏，将这里最好的捕鱼地段强行霸占，依靠捕鱼为生的市民们失去了最佳的经济来源；其次，阿斯特拉罕的督军勒热夫斯基在彼得政府高额的税收之外，还随意增加税收的种类。国家征收"甜汁税"，他就再增加一个"啤酒税"；国家收取"棺材税"，他也想出了一个"洗澡税"；国家颁布"食盐税"，他将盐税的额度又提高了一倍——总之，国家征什么税，他要在此基础上，再增加十几个新的税种。

勒热夫斯基督军的专横跋扈与粗暴残忍，让阿斯特拉罕的市民们恨之入骨。这位督军将百姓的口袋搜刮得差不多后，又将视线转移到了士兵身上。随意克扣、拖延士兵的军饷和粮饷，只要他看哪个士兵不顺眼，就会将这个人扔进监狱并严刑拷打。如果想洗脱"罪行"，唯一的办法就是向他行贿，用金钱来恳求他的"宽容"。士兵们再也无法容忍下去，他们在背后咒骂督军，恨不得将他一枪杀死。

1705年6月，有谣言在阿斯特拉罕传开。谣言说，首都莫斯科和圣彼得堡发生了政变，沙皇彼得被赶下了台，更加凶残的沙皇马上就登基。这个消息对阿斯特拉罕人民来说，不是一个好消息，因为新的沙皇会给阿斯特拉罕带来新的灾难。人民本已无力生存，如果对他们的剥削和压迫变本加厉的话，他们还不如去死！于是，在6月30日的夜里，阿斯特拉罕城内发生了暴乱。驻守阿斯特拉罕的士兵、射击军以及市民们纷纷揭竿而起，他们直捣勒热夫斯基的督军府，将躲藏在鸡窝中的勒热夫斯基揪出来，用极其残忍的手法杀死了他。此外，勒热夫斯基的其他幕僚和大约三百余人的上层人士们也被起义军一一杀死。

将督军杀死后，起义的士兵和市民们选举出自己的领导机构。他们中有贵族舍卢佳克、地方行政长官加夫里拉·甘奇科夫、射击军伊万和商人亚科夫·诺索夫。新的阿斯特拉罕领导者们为了捍卫自己的起义成果，需要建立自己的联盟，而建立这一联盟的方式就是让其他城市也通过起义建立自己的临时政府。起义的信息由可靠的人从阿斯特拉罕发出，送往了其他城市。

　　附近的城市听到阿斯特拉罕人发动起义成功后，也加入到起义的行列中。这些城市分别是黑亚尔、红亚尔、古里耶夫以及北高加索的捷列克小城。几乎所有收到阿斯特拉罕起义信息的城市，都起义成功了，唯独在顿河哥萨克发动的起义没有成功。阿斯特拉罕的使者送信送错了地点，他们来到了哥萨克上层人物所在的切尔卡斯克，这里的人都誓死效忠沙皇彼得，绝对不允许有暴动起义的发生。哥萨克上层人物将阿斯特拉罕的使者逮捕并处死，并将其他城市发生起义的消息传达给了彼得。

　　政府军将阿斯特拉罕围堵，里面的人出不来，外面企图与起义者联合的人也进不去。安德烈·霍赫洛夫领导的起义军被政府军击败，季梅卡·伊什克耶夫为首的巴什基尔人的起义队伍也没能解救被围困的阿斯特拉罕人。

　　但是，阿斯特拉罕起义的消息还是迅速传遍了全国各地。莫斯科城内的百姓也跃跃欲试，他们企图发动人民风暴。莫斯科城内草木皆兵，政府军死守莫斯科城墙，以防止其他起义军攻打进来。在彼得的指示下，卡尔梅克汗阿尤克率领他的两万骑兵前往阿斯特拉罕去镇压起义，其他几个兵团也来到了阿斯特拉罕的城外。

　　可悲的是，阿斯特拉罕的起义队伍还没与外敌作战，内部就已经产生了分裂。

　　有钱的商人们以及上层的军官们脱离了起义的队伍，他们一方面担心起义失败后，自己取得的一切会瞬间化为乌有；同时也担心这些起义的人有仇富心理，将矛头对准自己。组建的临时政府垮台，甘奇科夫被罢免，其他临时政府的人各自逃窜了。

　　群龙无首的场面十分混乱，当阿斯特拉罕贵族的财产和商人的储藏库摆在贫苦者们面前时，这些穷困潦倒的人们为了争夺财物发生了内讧，起义者杀死了起义者。先前起义的商人们派出了代表去奥尔沙去拜见彼得，向彼得悔过认罪。其他商人和神甫们见状也赶紧从起义者的队伍中脱离出来，向沙皇彼得表达了自己的忠心，希望大慈大悲的沙皇能够宽恕他们一时糊涂甚至身不由己的罪行。

阿斯特拉罕人内部的分裂，给彼得镇压起义造成了可乘之机。1706年3月，舍列梅捷夫和阿尤克率领的大军向阿斯特拉罕进发，他们沿途相继收复捷尔基、黑亚尔、红亚尔、古里耶夫。当大军兵临城下时，阿斯特拉罕起义者才从混乱中清醒了过来，他们扔下财宝和金银，拿起武器同彼得的正规军进行斗争。虽然他们进行了顽强的抵抗，但始终不是正规军的对手。3月12日，起义军向彼得投降，等待他们的，是一场惨绝人寰的大屠杀。

阿斯特拉罕几乎被屠城，正规军走后，城里空荡荡的，一个人影也看不到。人们谈起阿斯特拉罕的起义时，更多的是恐惧和残忍。尽管如此，起义还是没有得到遏制，一年半后，顿河上又爆发了起义。

盟友的起义与反抗

顿河上的哥萨克人为彼得出了很多力，他们英勇善战，在任何战役中都冒死冲锋陷阵，为沙皇彼得效忠的每一场战役都能看到顿河人的白骨，彼得对他们有着很高的赞誉。在很长的时间里，这里有个不成文的法律规定——顿河不用进贡。哥萨克人在顿河上的生活是自由的，他们享受着顿河的静谧，任何苛捐杂税和徭役都与这里没有关系。

然而，这一切"特权"，在顿河起义后消失得无影无踪。

正规军将险些失陷的亚速收复，沙皇的督军们从北方的沃罗涅日和南方的亚速两个方向共同威胁着静静的顿河。沙皇彼得抛弃了之前的所有恩与义，要求顿河上的哥萨克人必须服徭役，并且课以重税。

一向忠诚于彼得的哥萨克人之所以会发动起义，正是因为他们已经觉察到了政府的凶残和暴戾，他们要用双手保护自己的安危。

由于顿河享有的"特权"，很多逃亡者纷纷逃到了这里。农场主、地主和工厂主们非常不满。他们抱怨说，正是因为有这样的特权地方，才导致有罪的人免于惩罚。对于这一点，政府也是日益感到不安，这些有罪的逃亡者和流浪者在这里积聚起来，数量越来越多，他们的敌对情绪难免会危及国家的安危。

于是，彼得下令将那些有罪的逃亡者从顿河上抓回来。被抓回去的人大多数是刚"搬来"的新哥萨克人，也有已经在这里生活了很长时间的老哥萨克人，这一点让哥萨克人非常不满，沙皇彼得居然破坏了之前的约定，逮走了顿河上爱好自由的儿子们！

1707年10月9日黄昏时分，德高望重的哥萨克康特拉季·阿法纳西耶维奇·布拉文率领自己的哥萨克人民起义了。勇猛的哥萨克人向驻扎在舒里京镇附近的禁卫军队伍发起进攻，多尔戈鲁基校少校的禁卫军队伍被全部消灭。

战斗打响后，顿河上游的城市都积极响应布拉文的号召。巴赫穆特首领向全体哥萨克人发布了声讨政府的战斗檄文，周边的哥萨克人被发动了起来。当彼得得知这一消息后，派同样是哥萨克人的卢基扬·马克西莫夫来镇压起义。卢基扬·马克西莫夫所率领的军队被称作是"最伟大的顿河军"，他们主要来自顿河下游，属于哥萨克人中富有的阶层；而布拉文所领导的哥萨克人，则属于比较贫穷的阶层。

"富哥们"打"穷哥们"，布拉文的先头部队被打败了，他将军队撤到了米乌斯河。然而起义并没有停止，规模反而越来越大，扎波罗热营地也加入了起义军的行列。富有的哥萨克人拒绝援助布拉文的顿河哥萨克，就连乌克兰的统治者马泽帕，也不断督促扎波罗热人交出叛军头领布拉文。可是扎波罗热人并没有听从马泽帕的命令，他们中有三千多人一起向顿河奔去，投靠布拉文的部队。

布拉文的起义不仅号召了哥萨克和沃罗涅日各造船厂的工人们，甚至连沃罗涅日和科兹洛夫的农奴制农民也响应起义了。起义者们将地主、工厂主以及监督他们的各级官吏全部杀死，选举出自己的首领，去投靠顿河的布拉文。

到了1708年3月，起义的规模更加壮大，霍皮奥尔河上的普里斯坦镇已经被起义军占领，成为布拉文的大本营。俄罗斯所有东南边区、坦波夫、博里索格列布、瓦卢伊以及伏尔加河沿岸地区，都积极响应布拉文的号召，爆发了农民起义。人们追杀地主、督军和聚敛官们，将他们的房屋和庭院付之一炬，大批官员被起义军杀死。

为了从后方保障自己的安全，布拉文率军向切尔卡斯克进军，那里没有富裕的哥萨克军威胁。在1708年4月9日这天，两支哥萨克队伍在利斯科瓦特卡河相遇，并展开了激战。原本派来镇压起义军的马克西莫夫大军发生了分裂，他们中的普通哥萨克军纷纷脱离队伍投向了布拉文大军，布拉文大军获胜。

1708年4月28日，布拉文大军来到了切尔卡斯克，经过短暂的谈判，切尔卡斯克里的哥萨克人将城市交给了布拉文的起义军。城里效忠于沙皇彼得的官员被逮捕，并于几天后被全部处死。

然而，一路披荆斩棘、战无不胜的哥萨克人，最终也是失败在自己的内讧里。由于在瓜分财产时，那些有罪的逃亡者们在瓜分完切尔卡斯克城的财产后，还要瓜分生活在下游富裕阶层的哥萨克人财产，这引起了队伍中富裕的哥萨克人的不满，他们为了避免自己的财产受到损失，等待机会打败这些穷人们。

布拉文在与政府军作战时，将队伍分成了几支小队。当布拉文率领扎波罗热人和顿河人，向亚速进攻时，被亚速城堡要塞和海船的大炮轰击撤退了。阴谋者趁这个机会，将势单力薄的布拉文包围在居住的切尔卡斯克小屋里。布拉文用枪顽强地与这些阴谋者作战，但这样的抵抗是不会有奇迹出现的，布拉文不甘心被这些凶残的人折磨，于是在小屋里饮弹自尽了。顿河上的起义也就这样逐渐结束了。

沙皇彼得对起义者的惩治是残酷的，顿河上游的城镇被焚烧殆尽，男性哥萨克居民几乎全被杀光。后来，顿河上游地区被划入沃罗涅日州，在这里确立了农奴制法权，哥萨克人像其他地区的农奴一样，也需要纳税、服徭役了。

顿河起义之后，还有一场发生于1705至1711年的巴什基尔人起义。这场起义的规模也很大，是彼得时代的第三次大规模人民起义。起义军们由多个民族组成——巴什基尔人、鞑靼人、马里人、乌德穆尔特人、楚瓦什人，这场起义几乎引发了俄罗斯整个民族的起义，但终因缺乏统一的指挥，再加上贵族的破坏和临阵退缩，最终以失败告终。

18世纪初爆发的人民运动，其原因不是因为反对彼得的改革，他们要反抗的是封建社会的剥削制度，是对君主专制和农奴制的抵抗。因此，不能将人民起义与彼得的改革联系在一起，更不能将之与射击军叛乱、大贵族反对彼得的阴谋同等而论。在封建社会里，哪里有压迫，哪里就有反抗，18世纪初的人民运动，正是这个道理。

第十八章 彼得辞世与后人的评价

童年超乎寻常的惊吓、长大后的纵欲与饮酒以及常年的征战与斗争，都让彼得的身体日渐虚弱。尤其是皇子阿列克谢与自己的公然对抗，让彼得痛不欲生。所有因素加在一起，疲惫的沙皇彼得快要走到了他生命的尽头。

彼得之死

阿列克谢皇子死后，彼得同第二个妻子叶卡捷琳娜又生了几个儿子，但这些儿子也都去世了。之后，没有儿子做继承人，彼得只能制定新的皇位继承制度。根据新的制度，国君可以自行决定谁是自己的继承人。

彼得的第二任妻子叶卡捷琳娜是立陶宛的萨穆伊尔·斯卡夫隆斯基家族的成员，她是农民的女儿，原名为玛尔塔·斯卡夫隆斯卡娅。童年时的叶卡捷琳娜就成了孤儿，她随母亲来到利夫兰，在马连堡牧师格柳克家中当女仆和保姆。

牧师格柳克把叶卡捷琳娜嫁给了一个瑞典的龙骑士，结婚第二天，这位龙骑士就上了战场与俄罗斯人打仗，从此音信全无。叶卡捷琳娜无依无靠，只能再回到牧师格柳克的家里，再次做了他的女仆。1702年，马连堡被舍列梅捷夫的军队攻克，玛尔塔同格柳克全家一起成了俘虏，一个俄罗斯龙骑兵将她献给了舍列梅捷夫元帅。缅希科夫看到年轻美丽的叶卡捷琳娜，便从舍列梅捷夫处将她夺走；最后，她又到了彼得的身边。

叶卡捷琳娜刚留在彼得身边时，只是沙皇的一个宠姬。叶卡捷琳娜没受过教育，但她天性聪明，性格开朗快活、温柔并且心肠好，她与彼得的妻子费奥多罗夫娜·洛普金娜不仅不同，而且还完全相反，这一点深得彼得的喜爱。她将彼得的事业当作自己的事业，同彼得一起分担忧愁。彼得伤心时，她会跟着伤心；彼得高兴时，她会替彼得感到高兴。两人无话不谈，经常聊到深夜忘记了睡眠。在交谈过程中，彼得会将自己事业中的困难告诉叶卡捷琳娜，叶卡捷琳娜是一个很好的倾听者，她在彼得将心中的不快倾诉完后，时而给予恰当好处的建议，时而耐心地劝解。多数情况下，她对彼得最多的还是爱抚和安慰，她会将狂暴如牛的彼得搂在怀里，轻轻抚摸他的头发，很快，彼得就忘记了愤怒，心情也平复下来。虽然叶卡捷琳娜不懂国家事务，也不知道科学文化是怎么回事，但她支持彼得所作的一切决定，从来都不违背他的意愿。

1711年，彼得远征普鲁特时，将她带到了家人的面前，并公开称呼她为妻子，第二年，两人结婚。1724年后，叶卡捷琳娜接受加冕礼，成为俄罗斯的皇后。

其实，彼得是不必为叶卡捷琳娜加冕的，因为皇后费奥多罗夫娜·洛普金娜还没有死，她只是被监禁在了修道院里而已，彼得特意在临终前将她加冕为皇后，似乎别有用意。

皇子阿列克谢死后，彼得膝下无子，他与叶卡捷琳娜又生了几个儿子，但都死去了。他的几个女儿中，安娜·彼得罗芙娜嫁给了戈尔希提尼亚公爵，小女儿叶莉扎韦塔·彼得罗芙娜还太小，他的皇位恐怕无人能继承了。彼得在这个时候为叶卡捷琳娜加冕，似乎暗示已经将她视作下一任的皇位继承人。当然，彼得的真正用意谁也不知道，史册上也没有记载，后人只能从一些细节中推测出沙皇可能的意思。

彼得的身体原本是强健的，然而常年的战事与奔波使他过度疲劳，生活中的纵欲无度又使他的身体更加虚弱。1724年秋，彼得跳进冰冷的河水，与士兵们一起推搁浅的小艇时，腰部受凉。这个病几乎是致命的，他行动不便，就连站起来都要紧咬牙关。然而，作为沙皇，他不能像普通人一样躺在床上静养，他要出席各种外交场合，要参加舞会，还要为贵族的子女诞辰进行庆贺演说，总之，他不能休息，一刻也不能休息。为了尽快治好自己的病，他听信了来历不明医生的药方，把潮虫、活蛆当作药剂服用。这些糟糕透顶的药剂，不仅没有治好他的病痛，而且还加速了他的死亡！

随着年龄的增加，彼得不仅身体病了，精神也大不如前，他经常感到疲惫不堪，注意力也很难集中。不久后又发生了一件事，这件事几乎让他精神崩溃——他最好的一位朋友，因为盗窃国库的财产、收受巨额受贿，被抓住了。按照法律的规定，这位朋友被送上了断头台。这件事深深刺激了彼得，他变得非常多疑和敏感，开始怀疑身边所有人，经常突然宣布要对某人进行检查，但最终因为没有证据，只能中途告吹。

之后的彼得不再像以前那样开朗和活力四射，他从不停歇的手和脚居然在某一天突然闲了下来，他不再举起他心爱的小板斧和凿子，也不再匆忙地四处奔波了。周围的人，在沙皇的眼中看到了从未有过的疲惫，也感受到了他从未有过的冷漠，甚至是忧郁。即便是他最心爱的"卡特丽努什卡，心爱的好友"，也无法用自己亲手腌制的黄瓜让彼得开心起来，她轻抚着彼得的头，这只曾经暴跳如雷的狮子，此刻已经没有了一丝生气。

彼得的忧郁，还在于俄罗斯的未来。自己最疼爱的大儿子，背叛了自己，背叛了这个国家，而其他子女又无法成为合适的继承者，那么谁才能继续他未完成的事业呢？谁才能保证俄罗斯前进的方向，与自己所拟订的道路相同呢？那些反动的旧势力早已虎视眈眈，他们在等待彼得咽气，伺机摧毁彼得毕生的成就，如果俄罗斯再次回到那个落后的莫斯科罗斯，彼得不敢想象！

1725年1月16日，彼得大帝病倒了，他再也没能起来。1月27日，他向身边的人要了纸和笔，准备书写遗嘱。长期的病痛，使彼得已经无力拿笔，他在纸上潦草地写下"请你们把这一切都交给……"后，便沉沉地昏睡了过去。次日清晨，当人们发现时，彼得大帝已经与世长辞了。

他要将这一切，交给谁呢？他究竟把谁当作自己的继承人呢？没有人知道！彼得将这个秘密带进了棺材，成了一个千古之谜。

在彼得保罗大教堂里，人民自发举行了盛大的追悼会。费奥凡·普罗科波维奇致了悼词，这篇悼词不长，却继续了一个钟头左右，因为在他念悼词期间多次被哭声所打断。所有人，都为彼得的去世而痛哭。

费奥凡·普罗科波维奇悲伤地说："啊，俄罗斯的人们啊！我们这是怎么了？我们究竟遭遇到了什么事？我们看到了什么，又在做些什么？我们，正在埋葬伟大的彼得大帝啊！"他用简练的语言对彼得毕生的功绩进行了总结，他接着说："彼得离开了我们，但是他的事业将永世长存！他离开我们时，我们俄罗斯再也不是乞丐和贫儿，他为我们争取到了无尽的力量和光荣！他让敌人变得对俄罗斯胆战心惊，敌人便永远会害怕俄罗斯；他让俄罗斯在全世界赢得了光荣，这份荣誉将永放光辉！"

伟大的改革家就这样与世长辞了。

是非功过留予后人说

彼得和他一生的事业、改革和战斗，得到了人们极为热烈但又颇为矛盾的评价。他的形象对于一部分人来说，是反基督教的罪人；但对另一部分人来说，彼得又是活在人间的上帝。

当时，在俄罗斯社会的不同阶层中都存在着彼得的敌人。他们中有乱喊乱叫的妇人，有坐在教堂门前台阶上大骂彼得是反基督教疯子的教徒，有那些领取彼得俸禄的士兵，还有打着彼得的旗号疯狂从国库里偷拿金钱的贵族。当然，在敌人的势力范围内，还有一个彼得最不想看到的人，那就是彼得的儿子阿列克谢。

彼得死后，出现了很多公开辱骂彼得的人，他们不惧怕绞刑和车裂，甚至敢于挑战最凶狠的刽子手费奥多尔·尤里耶维奇·罗莫达诺夫斯基。这些人是旧习俗的热烈捍卫者、是宗教狂热分子，他们看不到彼得的改革将俄罗斯带到了一个什么样的高度，他们只在乎"小酒鬼沙皇"是如何一步步地毁灭旧传统，他们对彼得的行为决不饶恕。

贵族、僧侣和射击军反对彼得，是因为他们不满彼得的改革，他们属于阴谋叛乱。而黎民百姓所反对的则是针对彼得所统治的封建国家，这个为贵族、为富人服务的国家有着数不清的苛捐杂税和徭役，这才是人民真正要反

对的东西，只是彼得不幸成为了封建国家的代言者而已。

只有真正了解彼得、了解彼得毕生事业的人，才不会对彼得作出不公正的诋毁。

有着"俄罗斯历史之父"称呼的塔季谢夫，将俄罗斯取得的所有成就，全部归功于彼得并将它们写入了史册，以此歌颂伟大的彼得大帝。

彼得最早的传记作家、历史学家克列克申，也热情洋溢地评论彼得，他将彼得大帝称作是整个俄罗斯人民的父亲，是彼得创造了俄罗斯，让它从无到有。

还有人说，如果要找一个与上帝一样的人，那么除了彼得大帝之外，全世界再也找不到这样的人了。这样的赞誉或许言过其实，但彼得对俄罗斯产生的影响，的确深入人心。彼得所从事的事业，像在宁静的夜晚敲响的钟声一样，唤醒了沉睡的俄罗斯。

到了叶卡捷琳娜时代，著名的教育家别茨基评价彼得时说，彼得的改革具有片面性。博尔京也抱怨说，彼得大帝的改革过于急于求成，他想让俄罗斯在短短几年内完成一件需要几百年才能完成的事。还有的贵族抨击彼得，说他强迫贵族劳动，让平民进入贵族阶层，这是非常荒唐的一件事。

恰达耶夫却对彼得评价甚高，他说，正是因为彼得大帝的改革，才消除了使俄罗斯变成瑞典的一个州的危险性。伟大的俄国革命启蒙运动者、批评家别林斯基在他的著作中同样高度评价了彼得。他说，俄罗斯要改革是一件非常困难的事，它需要一个极其英明的巨人来完成，这个人就是彼得。

在苏维埃以前的时代，对贵族和资产阶级历史学而言，彼得的改革没有得到正当的评价。历史学家们甚至说，彼得之死是"鼠疫流行时的筵宴的应有结局"，彼得一死，他那毫无意义的改革就完了。

这种局面一直持续到了苏联时期，关于彼得的改革、关于他对外政策的问题，马克思列宁主义理论都作出了解答。苏联学者们根据新的观点，给了彼得应有的评价，同时也指出了彼得急于求成和自身阶级的局限性。

彼得大帝的改革，无论在俄罗斯的历史上，还是世界历史上都具有伟大的意义。他将俄罗斯的国家发展重心西移，向欧洲各国靠近，使欧洲发达、进步的文明更容易进入到俄罗斯国内。同时，他还结束了俄罗斯由旧莫斯科势力所统治的黑暗时期，将俄罗斯带入了光明的新时代。

在军事方面，彼得创建了俄罗斯最强大的正规军和第一流的海军，使俄罗斯由一个内陆小国，一跃成为海上强国；在政治方面，他削弱了大贵族的权势，通过改革国家机构，建立了君主专制的政体；在经济方面，他鼓励兴建工业和手工工场，奠定了俄罗斯工业的基础，刺激了国内外贸易的迅猛发展，促进了国民经济的大发展；在文化方面，彼得简化了斯拉夫字母，创办了俄罗斯第一份报纸，还在国内推行普及教育，修建了大批的中小学和大学院校……这些，都是彼得大帝改革的重要成果。

由于彼得所领导贵族阶层的阶级局限性，由于君主专制和农奴制的局限性，彼得大帝不可能彻底解决俄罗斯存在的所有问题，他在他力所能及的范围之内最大限度地振兴了俄罗斯的军事、经济、外交和文化，他无愧于俄罗斯的人民，无愧于"大帝"这个称号。他，就是伟大的彼得大帝！